문화예술정치

이론과 실제

김진각

박영사

머리말

문화예술은 근본적으로 국가나 민간 지원의 영역으로 간주되어 왔다. 시대를 거슬러 올라가면 중세시대부터 문화예술 분야에 대한 외부의 지원이 이루어졌다. 특히 문화예술은 정치권력의 주된 관심사였다. 중세 이후 르네상스와 바로크 시대 등 근대를 거쳐 현대에 이르기까지 당대의 정치권력은 예외 없이 음악과 미술을 중심으로 예술가들을 후원했다. 궁정음악가와 궁정화가 등이 흔한 현상으로 발견된 이유였을 것이다.

정치권력으로부터 경제적 후원을 받은 예술가들은 정치적 지배자들의 행보를 적극적으로 추종하거나, 미화한 작품을 제작하는 데 주저하지 않았다. 일종의 보은(報恩)이었고, 보는 시각에 따라선 문화예술과 정치권력의 유착으로 여겨지기도 했다.

문화예술과 정치의 동거는 가시적이었고 직접적이었다. 17세기 프랑스의 절대적 정치 지배자로 '태양왕'으로 불렸던 루이 14세는 궁정음악에 천착하면서 장바티스트 륄리 같은 예술가를 정치의 장으로 불러들였고, 이에 륄리는 예술을 통해 자신의 권위를 과시하려했던 루이 14세를 위한 음악 작곡에 스스럼이 없었다. 구 소련의 독재자 스탈린과

20세기 최고의 작곡가 중 한명으로 꼽히는 쇼스타코비치와의 관계도 내용적 측면에선 차이가 나지만, 비슷한 맥락에서 이해할 수 있을 것이다. 예술의 정치 수단화를 통치의 주요한 방식의 하나로 추진했던 스탈린에 쇼스타코비치는 순응하기도 했으나, 때론 비판적 태도를 견지했다. 쇼스타코비치에게 '논쟁적 예술가'라는 수식어가 붙은 이유가 여기에 있다고 해야 할 것이다. 나치 독재자 히틀러의 바그너에 대한 집착과 바그너의 반유대주의 성향 관련 논쟁에서도 예술과 정치와의 상관관계, 좁혀 말하자면 정치의 예술화를 엿볼 수 있다.

20세기 이전까지는 주로 순수예술 분야에 국한되었던 문화예술과 정치의 내밀한 관계는 20세기 이후 영화 등 대중예술의 발전이 본격화하면서 그 범위가 확대되기 시작했다. 대중예술을 정치 행위에 활용하려는 정치권력의 시도가 목도되었다. 정치권력은 영화와 대중음악 등 대중예술의 주요 장르에 대해 검열 등 통제의 형태로 접근하는 모습이 나타났다. 1960~1970년대 우리나라에서 발견할 수 있는 일단의 현상이 여기에 해당한다.

현대 사회에서 문화예술과 정치의 밀착은 더욱 노골적으로 이루어지는 경향을 보이고 있다. 정치권력의 요구에 의한 것일 수도 있으나, 문화예술인 스스로 당당하게 정치의 영역에 간여하는 흐름이 동서양을 막론하고 구체화하고 있다. 정치지도자를 뽑는 선거에 예술인들이 특정 후보에 대한 지지를 표명하는 모습을 쉽게 볼 수 있다. 배우 출신 등 대중예술인이 아예 정치 무대에 뛰어들어 대통령으로 선출되거나, 국회의원 등 정치인으로 활동하는 것은 더 이상 뉴스거리가 아니다.

이 책은 문화예술과 정치와의 관계를 이론적으로 접근하면서도 다양한 실제적 사례를 통해 분석함으로써 전문 학술서의 범주를 훌쩍 뛰어 넘는 특징을 지닌다. 문화예술과 정치의 담론을 다루는 기존 서적들이 대부분 문화연구와 정치이론에 바탕한, 딱딱한 이론적 분석에 머물고 있다면, 이 책은 관련 이론의 토대 위에 구체적이고 생생한 사례를 제시한 뒤 이것이 갖는 문화예술정치적 의미를 분석하는 데 초점을 맞추고 있다.

총 5부로 구성된 이 책은 제1부에서는 문화예술과 정치와 관련한 이론적 담론을 관련 분야 전공자 외에도 일반인들이 이해하기 쉽게 소개하고 있다. 제2부 이후는 본론에 해당하며, 주로 사례를 중심으로 문화예술정치를 본격적으로 논한다. 정치 권력자와 예술인의 관계를 실제 사건 위주로 서술하고 있다. 제3부는 순수예술과 대중예술의 주요 장르와 정치를 개별적인 사례를 통해 살펴보고 있으며, 제4부는 우리나라와 외국의 대중예술인들이 정치와 어떻게 관계맺고 있는지 최근 사례를 포함하여 집중적인 분석이 이루어져 있다. 제5부에서는 문화예술과 정치의 미래를 전망하고 있다. 문화예술과 정치는 분리될 수 있는 관계가 아닌, 상호 긴밀성을 유지할 수밖에 없는 동행의 파트너라는 결론에 도달하게 된다.

이 책은 문화예술정치의 이론과 실제를 함께 다룬 첫 전문 학술서 겸 교양서라는 의미를 지닌다. 이 책이 대학의 문화예술 분야 전공자와 정치 분야 전공자는 물론 정치인과 문화예술인, 문화예술정치에 대한 근원적 이해가 필요한 국회와 대통령실 등 정치권과 정부, 문화예술 공공기관, 기업인, 지방자치단체 문화재단 직원 등에게 유용한 지식과 정보를 제공할 것이라 기대한다.

2023년 8월
서울 강북 연구실에서
저자 김진각

차례

제1부 서론

제1장 문화예술과 정치

제2장 문화예술정치 이론의 탐색

제2부 문화예술정치의 포용과 불화

제3장 문화예술 지원과 통제

제3부 문화예술 장르와 정치

제5장 순수예술과 정치

제6장 대중예술과 정치

제4부 국내외 대중예술과 정치

제7장 한국의 대중예술과 정치

제8장 외국의 대중예술인과 정치

제5부 문화예술정치의 미래

제9장 문화예술과 정치의 동행

제1부

서론

문화예술과 정치

I. 문화예술의 이해

법률적 잣대로는 거의 같은 의미로 사용되고 있는 '문화, 문화예술, 예술'을 단일 개념으로 정의하는 것은 쉽지 않다. 학자에 따라 그것에 대한 정의와 해석을 달리한다.

와이츠는 예술이란 계속해서 변화하는 일종의 열린 개념으로 이해해야 한다면서 이른바 '예술 정의 불가론'을 언급하였다. 그리스올드도 예술작품을 공연이나 작품처럼 실체가 있는 구성물로 보고 이를 '문화적 대상'(cultural objects)으로 지칭했다. 그리스올드는 예술을 "형식으로 구체화된 공유된 의미"로 정의했는데, 이는 듣거나 보거나 만질 수 있고 표현할 수 있다는 뜻으로 받아들여진다.

프랑스 미학자 샤를바뙤는 예술을 기계예술, 미적 예술, 실용예술로 분류했는데, 이런 구분은 전통사회 때부터 현대사회에 이르기까지 예술의 특성을 종합하기에 적합하다고 볼 수 있다. 이 가운데 기계예술은 예술을 과거에 공작품이나 공예처럼 삶에 필요한 물건을 단지 보기

좋게 장식하는 것쯤으로만 보았을 때의 개념이다. 기술적 요소가 중시된 측면이 있다고 해야 할 것이다. 미적 예술은 아름다운 예술을 의미하며, 실용예술은 생활과 예술을 엮어 주는 현대사회에 적합한 개념으로 수공의 의미를 내포한다.

이처럼 예술은 미적 예술, 수공, 기술의 의미를 모두 포함하였으나, 근대 사회 이후에는 점차 미적 의미에 한정되면서 일반 기술과 구별되는 순수예술 또는 기초예술 개념이 확립되었다.

알렉산더는 명시적 문화(explicit culture)에 속하는 영역을 예술로 규정했다. 예를 들어, 시각예술, 오페라, 고전음악, 무용, 문학 등 순수예술 또는 고급예술로 분류되는 장르들이다. 또한 대중음악이나 대중소설, 영화, 드라마 등을 포함하는 대중예술과 민속예술 등도 예술에 속한다고 판단하였다. 알렉산더는 또한 인터넷의 발달로 순수예술, 대중예술, 민속예술, 하위문화의 예술 외에 사이버 공간에서의 예술 활동이 증가함에 따라 '웹 예술'을 추가했으며, 예술에 포함시키거나 배제하기 모호한 영역을 회색지대로 설정했다.[1]

법률적 측면에서 문화예술을 살펴볼 필요가 있다. 이것은 문화예술의 정의와 범주를 파악하고, 그것이 갖는 역할을 논의하는데 유용한 접근이다.

우리나라의 사례를 살펴보자면, 대표적인 문화관련 법률인 <문화예술진흥법> 제2조 제1항 제1호는 문화예술의 범주와 관련하여 아래와 같이 정의한다.

---

1) 빅토리아 D. 알렉산더 저·김은하 외 역, 『예술사회학』, 살림, 2017.

"문화예술이란 문학, 미술(응용미술을 포함한다), 음악, 무용, 연극, 영화, 연예(演藝), 국악, 사진, 건축, 어문(語文), 출판, 만화, 게임, 애니메이션 및 뮤지컬 등 지적, 정신적, 심미적 감상과 의미의 소통을 목적으로 개인이나 집단이 자신 또는 타인의 인상(印象), 견문, 경험 등을 바탕으로 수행한 창의적 표현활동과 그 결과물을 말한다."[2]

이와 같은 정의는 문화예술이란 대중예술 산업, 다시 말해 문화산업이 포함된 개념으로, 순수예술과 문화산업을 분리하지 않고 포괄적인 범위로서 이해할 수 있다. 문화예술 관련 법령의 모법(母法)이기도 한 〈문화예술진흥법〉 외에 〈문화예술후원활성화에 관한 법률〉, 〈예술인 복지법〉, 〈지역문화진흥법〉 등은 문화예술에 관한 정의를 문화예술진흥법상의 그것에 준용한다. 다만 공연은 〈공연법〉에서 별도 정의하고 있다.

이처럼 여러 문화관련 법률이 명시하고 있는 예술의 개념적 정의와 범주를 고려한다면 문화와 문화예술, 예술은 유사한 의미로 파악할 수 있다.

1. 문화예술의 분류

문화예술은 크게 순수예술, 대중예술로 분류할 수 있으며, 2000년 이후에는 인터넷과 IT기술의 발달로 웹상의 예술상품도 문화예술의 범위에 포함시키는 흐름을 보이고 있다. 이와 관련하여 알렉산더가 제시한 문화예술의 범위는 보다 구체적이라고 할 수 있다.

우선 고급예술로 불리는 순수예술은 시각예술(회화, 조각, 소묘,

---

2) 법제처 국가법령정보센터, '문화예술진흥법', https://www.law.go.kr/법령/문화예술진흥법, 검색일 2023년 3월 19일.

동판화, 미술관에서 볼 수 있는 다른 작품들)을 비롯하여 오페라와 교향악, 실내악 연주, 녹음된 고전음악, 연극, 무용, 실험극 등 기타 공연예술, 문학과 순수소설 등의 장르가 포함되어 있다.

대중예술은 할리우드 영화, 독립 영화, 텔레비전 드라마와 텔레비전 시트콤, 통속 소설, 대중음악(록, 팝, 랩 등), 록 콘서트 등이 대표적이며, 방송광고도 포함된다.

〈표 1〉이 제시하는 것처럼 전술한 논의와는 다른 협의적 성격의 문화예술 영역 분류도 있다.

표 1 협의적 성격의 문화예술 영역분류

영역(대분류)	중분류	세분류
공연예술	음악	양악(관현악, 실내악, 합창, 오페라, 재즈 등)
		대중가요 콘서트
		전통음악(국악 등)
	연극	연극, 넌버벌 퍼포먼스, 인형극 등
		뮤지컬3)
		전통연회
	무용	고전발레, 현대무용, 비보이댄스 등
		전통무용
	기타 공연예술	기타 혼합장르
시각예술 및 공예	미술	현대미술(회화, 조각, 설치 및 영상, 판화)
		전통미술
	사진	사진
	만화	만화
	공예	현대공예(도자, 금속, 섬유, 옻칠 등)
		전통공예
	디자인	그래픽, 의상, 캘리그라피 등
	건축	건축설계(건축기공과 공학 제외)
	기타 시각예술	기타 혼합장르

영역(대분류)	중분류	세분류
문학	문학	소설, 시, 희곡, 평론, 번역 등
대중예술	영화	영화
	방송연예	교양, 드라마, 연예오락 등

출처: 한국문화관광연구원, 『문화예술통계 중장기발전 실행방안 연구』, 2011.

이에 따르면 문화예술 영역은 크게 공연예술, 시각예술 및 공예, 문학, 대중예술 4개의 영역으로 나뉘며, 이들은 다시 음악, 연극, 무용, 기타공연예술, 미술, 사진, 만화, 공예, 디자인, 건축, 기타 시각예술, 문학, 영화, 방송연예 등 14개로 분류될 수 있다.

2. 문화예술의 가치와 특성

문화예술은 가치적 성격과 함께 본연의 특성을 내포한다. 우선 문화예술의 가치는 크게 본원적 가치와 사회적 가치로 구분할 수 있다.

본원적 가치는 미의 추구와 자아의 인식 및 표출로 정의되는 예술이 가진 그 자체로서의 가치로, 예술의 본원적 목적과 맥락이 닿아 있다. 부언하자면 예술행위를 통해 자기 내면의 세계를 표현하고 창작의 과정에서 상상력과 본응을 자극하며 감정을 일깨우는 것이다.

사회적 가치는 소통 매개로서의 문화예술을 의미한다. 사람들은 공통된 문화를 경험하고 같은 예술작품을 체험하면서 공감 능력과 소통 능력을 배양한다. 이러한 소통은 공통된 문화예술 작품을 공유하는 데서 생기는 것이지만, 서로 다른 다양한 예술에 대한 이해에서 비롯되

---

3) 뮤지컬은 2022년 9월 국회 본회의를 통과한 문화예술진흥법 개정안의 문화예술 범주에 독립적 장르로 신설된 바 있다. 이것은 법률적으로도 뮤지컬을 문화예술 분야의 독립적 영역으로 인정한다는 의미다. 따라서 <표 1>처럼 연극의 세부 장르로 뮤지컬을 규정하는 것은 적절치 않다는 시각도 있다.

기도 한다.

문화예술은 사회를 반영하거나 사회에 의해 규정 또는 결정된다는 논의도 있다. 이를 반영적 접근(reflection approaches)이라고 하는데, 이 것은 문화예술이 사회에 대해 무언가를 말해 준다는 신념에 기초한다. 예컨대 미국의 텔레비전 범죄 프로그램이 인종 차별주의를 반영하고, 초상화는 무엇보다도 어떻게 미소 짓는 것이 최선의 방법인가에 대한 신념을 반영하고 있다.

미국의 사회학자이자 재즈 뮤지션 겸 사진작가였던 하워드 베커는 문화예술을 사회적 시각에서 접근하면서, 예술을 집단적 행위로 보아야 한다고 믿었다. 즉 문화예술 생산은 집단적 노력을 통해 이루어진다는 논리다.

베커는 이와 같은 주장을 뒷받침하기 위해 첫째, 문화예술은 만들 어지고 감상되는 작품으로 정의했다. 만일 어떠한 작품이 그것을 향유 할 수용자가 없다면 문화예술이 아니라는 것이다.

둘째 서구를 지배하던 생각, 다시 말해 문화예술 작품은 혼자서 작 업하는 창조적인 천재 예술가에 의해 만들어진다는 것에 대해서도 문 제를 제기하였다. 예를 들어, 할리우드 영화에서부터 시에 이르기까지 존재하는 모든 형태의 문화예술이 많은 사람들의 노력을 담고 있으며, 이러한 노력이 없다면 문화예술은 존재할 수도 없고 의미도 없다는 점 을 강조한다.[4]

문화예술은 곧 이미지로 귀결된다. 어느 순간에 갑작스런 해방감 을 주는 심리적 복합체로 정의되는 이미지는 문화예술 창작에서 매우

---

4) Howard S. Becker, 『Arts World』, Berkeley: University of California Press, 1982.

중요하게 다뤄지고 있다. 특히 문화예술 작품이 던지는 이미지는 뒤에서 논의할 정치와의 관계에서 매우 밀접한 상관성을 지니게 된다.

문화예술에서 이미지 가치는 그것의 참신함에서 두드러진다. 이러한 이유 때문에 영화와 텔레비전 드라마 등 대중예술 장르에 등장하는 인물의 이미지를 어떻게 설정할 것이냐가 관건으로 부각되기도 한다.

3. 문화예술의 영향력

문화예술 작품은 사회에 적지 않은 영향을 미치고 있다는 논의는 19세기 말부터 본격적으로 시작되었다. 이러한 논의는 형성적 접근법(shaping approaches) 또는 형성 이론으로 설명할 수 있다. 형성 이론은 문화예술이 사람들의 머릿속에 어떤 생각들을 집어넣을 수 있다고 주장한다. 형성적 접근은 문화예술이 사회에 영향을 미친다는 핵심적인 믿음 또는 은유를 공유하는 광범위한 이론을 포함한다. 이 같은 형성적 접근은 전술한 반영적 접근과는 상반되는 것으로, 문화예술과 사회의 관계를 단순한 일직선적 관계로 파악하고 있지만, 핵심은 문화예술이 사회에 영향을 주는 것으로 본다.

논의를 좀 더 확대하자면, 순수예술은 정신적 고양 효과를 낳는다. 19세기 시인이자 문학비평가로 형성 이론가 중 한 명인 매튜 아놀드는 "문화예술이란 세상에서 말과 생각으로 표현된 것 중에 최고의 것으로 구성된다"고 강조했다. 아놀드에게 문화예술은 순수예술을 의미하는 것으로, 순수예술은 도덕적이고 사회적이며 유익한 특성을 가지고 있기 때문에 이를 접하게 되는 수용자들이 정신적으로 성장하는 효과를 가져온다.

아놀드는 이러한 순수예술을 통해 사람들은 분노, 시기심, 원한, 적대감을 바탕으로 한 천박한 본성에서 벗어날 수 있다고 보았다.

아놀드는 더 나아가 인류의 전반적인 상황을 개선시키기 위해 모든 사람이 순수예술에 접근 가능해야 한다고 믿었으며, 문화예술이 가진 교화적인 영향력이 없다면 사회는 무정부 상태(anarchy)에 빠지게 된다고 파악했다. 아놀드는 특히 순수예술의 문명화 효과를 주목하면서, 이러한 문명화 효과가 모든 계급에 영향을 미치지만 각 계급에 따라 다르게 작용한다고 설명한다. 즉 문화예술은 교육을 통해 중간계급에게는 힘과 지도력을 갖출 수 있게 하고 귀족에게는 피할 수 없는 쇠락에 대비하도록 한다. 하지만 노동자 계급에게 문화예술은 겸허함과 그들이 복종해야 하는 권위에 대한 수용을 주입시킨다고 파악했다.[5]

이와 같은 아놀드의 분석은 순수예술이 계급에 따라 다른 효과를 나타내는 이중적 특성을 설명하고 있다.

예술사학자이자 사회비평가인 존 러스킨도 비슷한 생각을 표출한 바 있다. 그는 문화예술은 육체적 삶에 해독제가 되고 예술활동은 모든 사람에게 치유제가 된다고 생각했다.

표 2 문화예술의 사회적 영향 관련 이론

주요 이론	주요 논의
반영적 접근 (reflection approaches)	• 문화예술은 사회를 반영한다. • 문화예술은 사회에 의해 규정되거나 결정된다. • 문화예술은 사회에 대한 정보를 담고 있다.
형성적 접근 (shaping approaches)	• 문화예술 작품은 사회에 영향을 끼친다. • 문화예술은 사회에 대체로 부정적 영향을 미친다. • 문화예술과 사회는 일직선적 관계다.

5) Matthew Arnold, 『Culture and Anarchy』, London: Cambridge University, 1960.

순수예술에 대한 이와 같은 긍정적 영향 평가와 달리 대중예술은 사회에 부정적인 영향을 주고 있다는 논의가 대두되었다. 마르크스주의자와 사회비평가들을 중심으로 제기된 대중예술의 부정적 평가는 대중예술이 노동자들로 하여금 자본주의를 받아들이게 하고 그 속에서 기꺼이 일하도록 사회화시키는 역할을 한다고 보았다.

예컨대 1920년대 재즈 음악이 사회를 주류 밀매점에 주정뱅이들로 가득 차게 만들었고, 1930년대 펄프 픽션(pulp fiction)[6]은 사회의 도덕을 훼손했다. 1960년대 영화 '슈퍼맨'은 아이들을 지붕에서 뛰어내리게 했으며, 1980년대 랩 음악은 법과 질서에 대한 존중을 손상시켰고 1990년대 선정주의 예술은 가족가치를 훼손했다는 것이다.

독일의 문화비평가이자 사상가인 아도르노는 대중음악을 사례로 들어 대중예술은 대중의 의식없는 노동을 반영하기 때문에 그 또한 의식 없는 형태로 나타난다고 주장했다.

> 사람들은 대중음악과 같은 형식 내에서 피난처를 찾는다. 대중음악 소비는 항상 수동적이고 끊임없이 반복되며 세계를 있는 그대로 받아들이도록 한다. 진지한 음악은 상상의 즐거움을 안겨 주며 다다를 가능성 있는 미지의 세계에 대해 생각하게 한다. 대중음악은 사무실이나 공장에서의 삶과 비생산적인 상관관계를 맺고 있다. 노동의 긴장과 지루함은 사람들이 여가 시간에도 노력을 기울이지 않도록 만든다. 사람들은 노동시간에는 새로움을 거부당하고 또 여가시간에 새것을 찾기에는 너무나 지쳐 자극을 갈망한다. 대중음악이 이 갈망을 채워주는 것이다.[7]

6) 미국에서 19세기말부터 20세기 중반까지 유행했던 싸구려 통속소설을 의미한다.
7) John Storey, 『An Introduction to Theories of Popular Culture』, London: Routledge, 1993.

미국 근현대 작곡가인 찰스 아이브스(1874-1954).
그는 말년에 미국 모더니즘 음악을 개척한 선구자로 재평가되었다.
미국 현대 음악에 큰 영향을 미친 음악가로 알려져 있다.

이처럼 문화예술의 부정적 영향을 지적하는 시각과 달리 문화예술이 긍정적인 방식으로 사회를 형성하고 있다는 관점도 설득력을 지닌다. 가령 그린 아트(green art)는 재활용을 촉진하고, 암환자에 대한 영화는 그들에 대한 동정심을 불러일으켜 의학 연구 기관에 기부를 장려한 사례도 많다.

II. 문화예술인의 이해

1. 순수예술과 예술인

문화예술의 형성에는 다양한 행위자들이 있지만, 그 중심에는 예술인이 자리한다. 예술인은 문화예술을 생각해 내고 그것이 실재하도록 하는 역할을 한다.

순수예술에서 예술인은 창작을 견인하는 핵심적인 임무가 주어져 있다. 이는 예술인의 역할이 문화예술 분야를 산업적으로 존재하게 하는 수많은 예술상품 또는 예술작품을 생산하는 핵심 기제라는 것과 등치된다.

예술인에 대한 일반적 정의와 역할에 대해서는 베커의 논의를 살펴볼 필요가 있다. 베커는 예술인이란 특권을 가진 특별한 사람이기 때문에 서구의 예술 개념에서 예술인의 역할을 매우 중요하다고 판단했다. 그는 예술인을 네 가지 유형으로 분류하였다.

첫째, 통합된 전문가(intergrated professionals)로 이 개념은 순수예술과 대중예술에 종사하는 예술인 대부분을 포함한다. 이들은 수용될 만한 방식으로 그들의 예술작품을 수정하며 당대의 관례를 받아들이거나 받아들이려고 애쓰는 예술인들이다. 통합된 전문가 중 일부는 뛰어난 재능을 보유하고 있지만 대다수는 그렇지 않다는 게 베커의 생각이다.

둘째, 이단자(mavericks) 유형은 그들이 속한 예술계의 관례가 억지로 강요됐음을 알고 있으며, 예술계가 수용을 거부한 혁신을 추진하는 예술인들이다. 이른바 '인정받지 못하는 천재'들이다. 여기에 해당하는 예술인은 찰스 아이브스를 들 수 있다. 아이브스는 활동 당시 우주교향곡 등 자신의 작품이 거의 연주되지 않은 이단자였다. 대부분의 이단적인 특성의 예술인들은 예술계에서 소외되고 잊혀지지만 일부는 사후에 다시 예술계에 받아들여지기도 한다.

셋째, 민속 예술인(folk artists)은 전문 예술계에서 완전히 벗어나 창조적인 작품을 생산해내는 사람들이다. 이들은 자신의 작품을 팔려고 하지 않거나 동네 축제와 같은 아마추어적 장소에서만 작품을 파는 경향을 띤다.

넷째, 소박한 예술인(naive artists)은 어떤 예술계에서 완전히 벗어나 창조적인 작품을 만들어 내는 예술인이다. 예를 들어, 유리병으로 장식한 거대한 집을 만들거나, 포일로 감싼 가구 등을 제작한 예술인이 해당된다. 소박한 예술인은 전문적 예술계 내에서 교육받지 않은 사람을 의미하는 것이 아니라 예술계 밖에서 작업하는 사람을 지칭한다.

베커는 이렇게 예술인 유형이 다양하지만, 이들은 유형과 관계없이 예술계와 고립되어 있지 않고 예술계 내에 자리하고 있으며, 그들의 창조 형식은 예술계와의 관계에 의존한다고 파악했다.[8]

제프리는 예술인을 시장적 정의, 교육과 협회적 정의, 자신과 동료에 의한 정의 등 세 가지로 나누어 정의하고 있다.

---

8) Howard S. Becker, op.cit, 1982.

표 3 예술인에 대한 정의

정의	내용
시장적 정의	• 예술인으로서 생계를 이어 나간다. • 예술인으로서 수입의 일부를 조달한다. • 예술인으로서 생활비를 벌고자 한다.
교육과 협회적 정의	• 예술인 조합에 속해 있다. • 순수예술 분야에서 정규 교육을 받았다.
자신과 동료에 의한 정의	• 동료에 의해 예술인으로서 인정받는다. • 스스로를 예술인이라고 여긴다. • 예술을 창조하는 데 상당한 시간을 사용한다. • 특별한 재능이 있다. • 예술을 하려는 내적인 동기가 있다.

출처: Joan Jeffri and Robert Greenbaltt, 'Between Extremities: The Artist Described', Journal of Arts Management and Law, 1989.

우리나라는 여러 법령을 통해 예술인을 정의하고 있다. <문화예술진흥법>, <저작권법>, <예술인 복지법> 등이 각각의 목적에 따라 예술인을 정의내리고 있으며, 순수예술과 대중예술에 종사하는 예술인을 두루 지원하거나 권리를 보호하는 성격을 띠고 있다.

1972년 제정된 이후 여러 차례 개정을 거친 <문화예술진흥법>은 제2조 제1항의 문화예술 범위로 문학, 미술(응용미술 포함), 음악, 무용, 연극, 영화, 연예, 국악, 사진, 건축, 어문, 출판, 만화, 게임, 애니메이션 및 뮤지컬 등 16개 장르를 제시하고 있다. 이와 같은 16개 예술 장르에 종사하고 있다면 예술인으로 정의내릴 수 있다.

2011년에 제정된 <예술인복지법>9)은 국내법상 최초로 예술에

----

9) 예술인복지법은 예술인의 직업적 지위와 권리를 보호하며 예술인 복지 지원을 통해 창작활동의 증진 및 예술계 발전을 목적으로 하고 있다.

대한 한정적 정의를 하고 있다. <예술인복지법> 제2조는 예술인의 정의와 관련하여 "예술 활동을 업으로 하여 국가를 문화적, 사회적, 경제적, 정치적으로 풍요롭게 만드는 데 공헌하는 자로서 문화예술진흥법 제1조 제1항 제1호에 따라 문화예술분야에서 대통령령으로 정하는 바에 따라 창작, 실연, 기술지원 등의 활동을 증명할 수 있는 자를 말한다"고 규정하고 있다.

<저작권법>은 저작물에 관여하는 방식에 따라 예술인(실연자)의 범주를 명확히 구분함으로써 저작물에 관한 예술인의 권리와 재산권 행사의 근거가 되고 있다.

<저작권법> 제2조 제4항에서의 실연자, 즉 예술인이란 "저작물을 연기, 무용, 연주, 가창, 구연, 낭독 등과 그 밖의 예능적 방법으로 표현하거나 저작물이 아닌 것을 이와 유사한 방법으로 표현하는 실연을 하는 자를 말하며, 실연을 지휘, 연출 또는 감독하는 자를 포함한다"고 정의하고 있다.

이러한 정의를 분석해보면, 창작과 실연, 기술지원 등의 인력을 예술인으로 분류하는 <예술인복지법>과 달리 <문화예술진흥법>과 <저작권법>은 창작에 직접 관여하는 경우에 한해 예술인으로 인정할 개연성이 있다.

외국의 예술인 정의

우리나라는 <문화예술진흥법> 등 여러 문화 관련 법령에서 예술인을 정의하고 있음을 살펴보았다. 하지만 외국, 특히 유럽 국가들은 고용상태에 따라 예술인을 비교적 세부적으로 분류한다. 이는 유럽 국가들이 시행하고 있는 예술인 사회보험제도와 연관성을 지닌다고 볼 수 있다.

유럽 국가들은 예술인을 자영 예술가, 고용 예술가, 자유계약 예술가, 유한기간 계약자 혹은 앙떼르미땅 등 다양하게 구분하여 관련 정책에 적용하고 있다. 이와 같은 분류는 예술인 분류의 세분화 외에도 예술인 복지 강화 측면에서 이해할 수 있다.

이러한 관점에서 호주에 본부가 있는 '국제 예술위원회 및 문화기관 연합'(IFACCA)의 예술인 정의를 주목할 필요가 있다. IFACCA는 각 나라의 세금과 예술인을 위한 특례 사항에 따라 예술인을 다섯 가지로 정의하고 있다.

① 공인된 예술인 단체의 구성원을 예술인으로 인정하기
② 전문가가 동료 예술인으로 구성된 별도 위원회에서 예술인 지위를 결정하기
③ 과세 당국이 예술인 여부를 결정하기
④ 예술작품과 창작물로 예술인 정의하기
⑤ 창작활동의 본질로 예술인 정의하기

위와 같은 기준으로 예술인을 정의한다는 것은 세부적인 예술인 분류라는 점에서 주목할 수 있으나 논란의 여지가 있다. 개인을 예술인으로 인정하는 권한을 위원회 등 특정 집단에게 부여할 경우 결정의 정당성에 의문이 제기될 수 있다. 하지만 이러한 우려에도 불구하고 상당수 유럽 국가들이 다양한 사회보장제도와 세금제도를 통한 예술인 정책을 시행하고 있는 것은 고무적이라고 할 수 있다.

전 세계의 교육, 과학, 문화보급과 교류를 위해 설립된 유엔의 전문기구인 유네스코(UNESCO)도 1980년 열린 정기총회에서 회원국 만장일치로 '예술인 지위에 관한 권고'를 채택하였다. 전 세계 예술인들의

법적·사회적 지위를 다지기 위한 일종의 공인된 문서인 이 권고는 예술인과 예술을 함께 정의한다. 예술은 세계 평화와 안전에 이바지하며 인간 생활에서 없어서는 안 되는 영역이며, 예술인은 예술을 창작하는 주체로 규정하였다.

또한 예술인에게 표현의 자유, 창작활동의 여건 보장, 사회보장과 보험혜택 같은 법적·사회적·경제적 이익을 보장할 것을 요구하고 있다.

2. 대중예술과 예술인

대중예술

대중예술에 관한 논의는 정형적이지 않다. 21세기의 문화예술이 갖는 의미는 특정 계층 및 계급의 소유 여부와 무관하게 그 자체로서 중요한 경제적 행위이자 하나의 이데올로기라는 사실이다. 특히 대중예술은 다양한 문화상품에 대한 개인적 선호나 소비에 따른 개인적 쾌락이 실현되는 장이면서 이데올로기로 작동하는 장이기도 하다. 대중예술은 의도적으로 생산된 문화상품이 소비되는 장소이면서 새로운 소비상품이 생산되는 장소이다.

대중예술은 대중을 주체로 호명하여 물질적 행위를 낳고, 때로는 대중들의 억압된 욕망을 풀어주어 견고한 사회적 지배 체제에 틈을 내기도 한다.

자본주의 체제 속에서 대중예술은 비판적 관점으로 언급되기도 한다. 대중예술은 자율성을 잃고 상품으로 전락하여 시장에서 소비된다는 것이다. 이렇게 하나의 상품으로 분류된 예술의 사용가치는 후면으로 물러나고 교환가치만이 전면에 부각된다.

이와 같은 역전 속에서 '저 작품이 나를 얼마나 자유롭게 했을까',

또는 '저 작품이 어떤 의미를 던졌고 어떤 비전을 제시했을까'라는 질문은 실종되고 있다. '저 작품은 얼마짜리다'라는 말에 대부분 고개를 끄덕일 뿐이다.

이러한 현상은 대중예술 작품과 수용자 사이에 이른바 물화(reification)[10]가 개입되는 것으로, 이것은 동시에 '소외'로 이해할 수 있다. 즉 대중예술 작품은 소외의 양상이 되고, 수용자 스스로도 타자를 소외시키고 자신 역시 타자로부터 소외되는 것이다.[11]

이처럼 대중예술을 둘러싼 여러 담론들이 활발하게 펼쳐지고 있으나, 정작 대중예술을 한 마디로 정의하는 것은 난망한 과제로 남아있다.

보통 대중예술은 순수예술과 반대되는 영역으로 간주되고 있으며, 보다 구체적으로는 법령을 통해 확인하는 것이 그것의 정의에 명료하게 접근할 수 있다.

우리나라는 <대중문화예술산업발전법>이 대중예술 영역을 구체화하고 있다. 이 법령에서 규정하는 대중문화예술산업, 즉 대중예술 관련 산업은 아래와 같이 정의된다.

> 대중문화예술산업이란 대중문화예술이 제공하는 대중문화예술용역[12]을
> 이용하여 방송영상물·영화·비디오물·공연물·음반·음악파일·음악 영

---

10) 물화는 헝가리 출신의 철학자이자 미학자인 게오르크 루카치(Georg Lukacs, 1885－1971)가 자신의 저서 『역사와 계급의식』에서 사용한 개념이다. 루카치에 따르면 물화는 인간 존재가 상품이나 물건처럼 사고 팔리는, 그리하여 모든 것이 사물의 관계로 나타나는 전도된 양상을 보인다. 예술활동에서 전형적으로 발견되는 질적이고 자발적인 인간의 창조활동이 자본의 운동에 의해 획일화되고 통제되어 화석화된다는 것이 루카치 물화이론의 핵심이다.
11) 김춘규·최상민, 『현대대중문화와 예술』, 책만드는집, 2016.
12) 연기, 무용(안무), 연주, 가창, 낭독, 그 밖의 예능과 관련한 용역을 뜻한다.

상물·음악 영상파일 등을 제작하거나 대중문화예술제작물의 제작을 위하여 대중문화예술인의 대중문화예술용역 제공을 알선·기획·관리 등을 하는 산업으로서 대통령으로 정하는 산업을 의미한다

특히 아래에서 확인할 수 있듯이 <대중문화예술산업법> 시행령 제2조는 대중예술산업의 범위를 명시했는데, 공연물에 따른 공연물 중 연극, 무용, 국악 등 순수예술 형태의 공연물은 제외하였다. 즉 순수예술 장르는 법적으로 대중예술 산업에 포함시켜 운용할 여지가 없다는 것을 확인할 수 있다.

1. 대중문화예술인이 제공하는 대중문화예술용역을 이용하여 다음 각 목의 대중문화예술제작물을 제작하는 산업
   가. 공연법에 따른 공연물(무용, 연극, 국악 형태의 공연물은 제외한다)
   나. 방송법에 따른 방송을 위하여 제작된 영상물(보도, 교양 분야의 영상물은 제외한다)
   다. 영화 및 비디오물의 진흥에 관한 법률에 따른 영화 및 비디오물
   라. 음악산업진흥에 관한 법률에 따른 음반, 음악파일, 음악영상물 및 음악영상파일
   마. 이미지를 활용한 제작물

2. 제1호 각 목에 따른 대중문화예술제작물의 제작을 위하여 대중문화예술인의 대중문화예술용역을 제공 또는 알선하거나, 그 제공 또는 알선을 위하여 대중문화예술인에 대한 훈련·지도·상담 등을 하는 산업

대중예술인

대중예술인은 전술한 <대중문화예술산업발전법>에서 그 정의에 보다 가까이 다가갈 수 있다. <예술인복지법>이 예술인, 특히 순수예술인의 복지를 목표로 하면서 예술인의 범위를 예술 활동을 업으로 해야 하고, 창작·실연·기술지원 활동에서 증명이 가능한 자로 설정하고 있는 반면, <대중문화예술산업발전법>은 산업 발전과 공정한 계약 등을 목표로 한다는 차이점이 있다.

여기서 <대중문화예술산업발전법>을 통한 대중예술인의 요건을 좀 더 구체적으로 살펴볼 필요가 있다. 이 법령에서 대중예술인은 대중문화예술용역을 제공하기만 하면 그 요건이 충족된다. 즉 연예활동을 하면 대중예술인이 되는 것이고, 연예활동은 대중문화예술용역 제공을 직업으로 하는 경우는 물론이고 일시적으로 연예활동을 하는 경우에도 대중예술인에 해당한다.

또한 아직 연예활동을 시작하지 않았지만 대중문화예술기획업자(연예기획사)와 대중문화예술용역 제공에 관한 계약을 맺었다면 데뷔를 하지 않아도 이 법에서 말하는 대중예술인으로 규정된다.[13]

그러나 관련 법령을 통한 이와 같은 규정에도 불구하고 대중예술인에 대한 범주는 여전히 애매한 측면이 있다. 연극배우나 오페라가수 등 순수예술 영역에 종사하고 있으나 TV드라마 및 방송 예능 프로그램, 영화에 출연하고 대중가수 활동을 하는 경우가 여기에 해당한다.

한국콘텐츠진흥원은 대중예술 각 분야의 실무적 활동을 기준으로 대중예술인을 <표 4>와 같이 구체적으로 분류 제시하였다. 이것은 순

---

13) 황승흠·박민·이동기, 『대중문화예술기획업자의 준수사항 I』, 한국콘텐츠진흥원, 2015.

수예술인과 뚜렷하게 구분되는 대중예술인을 설명한다. 예컨대 무용 분야의 대중예술은 안무가의 지도로 무대나 방송 등에서 춤을 추는 댄서 실연자를 의미한다.

표 4 대중예술인 분야와 분류 체계

분야	분류	내용
연기	연기자	영화나 TV 드라마에 등장하는 인물의 배역을 맡아 연기하는 자. 단 보조연기자는 제외
	뮤지컬 배우	무대에서 음악·무용을 결합하여 인물의 배역을 연기하는 자
	코미디언	희극 배우라고 하기도 하며 TV 또는 무대 등에서 웃음을 통해 사람들을 즐겁게 해주는 일을 직업으로 삼는 자
무용	댄서	안무가가 개발한 춤을 지도받고 연습하여 무대·영화·방송 등에서 춤을 추는 자. 단 한국무용, 현대무용, 발레 제외
연주	연주자	음악가들과 라이브공연이나 녹음물에 참여하는 악기 연주자. 단 클래식 음악은 제외
가창	가수	노래 부르는 일을 직업으로 하는 사람
낭독	방송 DJ	전문 라디오 프로그램 진행자
	성우	목소리 연기자
모델	패션모델	의상패션쇼 활동에 참여하는 자
	광고모델	상품을 광고하기 위한 활동에 참여하는 자. 단 전문모델이 아닌 연예인이 광고에 참여하는 경우 제외
기타	공연예술가	넌버벌 퍼포먼스 분야나 퓨전국악, 믹싱 DJ 등 기타 대중문화예술 공연을 실연하는 자

| | 기타 방송인 | 특정한 분야 구분 없이 다양한 방송 프로그램에 출연하는 자 |

출처: 한국콘텐츠진흥원,『대중문화예술산업 중장기 발전전략 수립을 위한 기초연구』, 2018, 재인용.

대중예술인과 관련한 직업적·환경적 특성도 살펴볼 필요가 있다. 프리랜서일 수밖에 없는 대중예술인의 불안정한 직업적 특성은 심리적 부적응으로 연결되기 쉽다.

로브와 벤닝은 이와 관련하여 배우들이 일거리를 얻기 어렵고 자주 계약을 잃기도 하며, 이러한 이유 때문에 무료 또는 저임금으로 일하면서 의상 구입이나 대중교통 이용 등 기본적인 생활조차 영위하기 어렵다고 설명한다.[14]

특히 활동이 없는 상태가 길어질수록 삶의 목표를 잃어버리거나 배우로서의 정체성이 흔들리는 모습을 보인다. 이는 대중예술인을 예술 활동의 주체가 아닌 객체로 느끼게 하면서 예술가로서의 정체성 혼란을 겪게 하고 삶의 질을 떨어뜨리는 악순환을 초래한다.

III. 정치의 이해

정치의 사전적 의미는 비교적 명징하다. 국가의 권력을 획득하고 유지하며 행사하는 활동으로, 국민들이 인간다운 삶을 영위하게 하고 상호 간의 이해를 조정하며, 사회 질서를 바로잡는 따위의 역할을 한다고 되어 있다.

----

14) Robb, Due & Venning, A., 'Exploring psychological wellbeing in a sample of Australian actors', 「Australian Psychologist」, Vol.53, No.1, 2018.

그럼에도 정치를 한마디로 정의하는 것은 사실상 불가능에 가깝지만, 주변부와 중심부의 권력 관계에서 비롯되는 다양한 모습의 힘겨루기, 그리고 그 맥락 속의 사물과 관련이 있다. 불균등한 힘의 관계는 개인과 개인, 개인과 집단 또는 집단과 집단 사이 서로의 관계 속에서 개인과 공동체의 삶과 행동방식에 끊임없이 영향을 미친다.

　　정치는 사회 구성원들의 욕구와 필요의 조정에 관한 것으로 설명된다. 한 사회가 가지고 있는 물질적이거나 비물질적인 재화를 사회의 능력이라고 한다면, 그 같은 사회의 능력을 배분하는 일이 바로 정치적 조정이다.

　　이러한 분배의 공식인 정치는 여러 성격으로 이해할 수 있다. 정치 개념을 넓게 볼 때와 좁게 볼 때, 사회가 안정적일 때와 그렇지 않을 때, 개인적인 혹은 집단적인 차원에서 국가나 사회에서의 주류 혹은 비주류의 입장에서 볼 때, 정치적 정보에 익숙할 때와 그렇지 않을 때 등 각 상황마다 정치에 대한 기대가 다른 경우가 흔하다.

　　정치라는 개념은 좀 더 협의의 개념으로 활용되기도 한다. 정치는 특정 정당의 활동을 지지하고 공동체의 이익을 도모하는 데 쓰이거나 한 사회가 가지고 있는 정치역사적 이야기들을 적극적으로 담아내는 데 사용된다. 이렇게 복잡한 의미망을 갖고 있는 정치 관련 개념이 음악 등의 대중예술 장르와 만나 '정치적 대중예술'이라는 개념으로 수용될 때는 대개 협의의 개념으로 사용될 때가 적지 않다.

　　정치는 일반적으로 통치 시스템을 통해 실행된다. 합법적인 합의 과정이 없으면 정치적 안정을 기대하기 어렵고, 공동체 내의 합의 없이 제대로 된 통치를 기대하긴 더욱 난망한 법이다.

　　민주주의의 중요한 요소는 국민의 합의와 동의하에 정부가 권력을 행사하는 것이다. 국가가 의견을 수렴하고 협의 과정을 보장하기 위한 정당한 절차를 갖는다면 개인들은 사사로운 이익을 고집하지 않고 공익에 따르는 것에 동의한다.

사전적인 의미의 정치는 철저히 국가를 중심으로 이해되고 있다. 정치가 대통령이나 국회의원처럼 국가의 행정부와 입법부 등에서 중요한 결정을 하며 지도력을 발휘하는 사람들에게 고유한 활동이라는 생각이나 대통령선거야말로 최대의 정치행사라는 인식도 이와 같은 사전적 의미와 관련성을 지닌다.

1. '정치적'의 의미

정치와 관련한 담론에서 빼놓을 수 없는 내용은 '정치적'이라는 말의 의미이다. 어떠한 사람이나 사안 등을 지칭하면서 "정치적이다"라고 말할 때 우리는 정치적이라는 말의 원론적이거나 일반적인 의미 규정은 고려하지 않고 별다른 구속력 없이 사용한다. 여기서 정치적이라는 말은 '이데올로기다'라고 말하는 것과 비슷하다. 이는 자의적인 정의의 개념처럼, 주장하는 사람의 가치판단에 좌우되어 다른 사람들의 생각이나 일반적으로 인정되어 온 원칙 같은 것은 무시될 수도 있다는 것을 뜻한다. 즉 어떤 것이 정치적이라는 의미는 그것을 합리화할 만한 힘이 있어서 그렇지 않다고 반대하기 어려운 것, 또는 어떤 측면이나 상황에서는 그렇게 볼 수도 있음을 함축한다.[15]

여기까지의 논의는 정치의 전통적 정의이자 통념이라고 할 수 있을 것이다.

그렇다면 이와 같은 정치의 어떠한 측면으로 인해 문화예술이 정

---

15) 전경옥, 『문화와 정치』, 숙명여자대학교 출판국, 2006.

치에 영향력을 발휘하는지 고찰할 필요가 있다.

인간은 정치적인 사고와 신념에 따라 행동한다. 그런데 그러한 신념과 행동은 인간이 가진 가정이나 편견, 매체의 뉴스 보도에서부터 연유한다고 본다. 또한 소설, 회화, 구두이야기나 쓰여진 스토리, 영화, 드라마, 텔레비전 시트콤, 충격적인 소문, 나아가서는 기억될 만한 농담과 같은 모든 장르의 문화예술 작품에서 비롯된다.

그런데 정치적인 뉴스를 접하는 사람들이 그 뉴스에 맞춰 다시 표현하게 되는 모델, 시나리오, 내러티브, 이미지 등은 개인이 만든 것이 아니라 사회적 자본으로 간주할 수 있다. 부연하자면, 직접 경험하지도 않고 접촉하지도 않은 것에서부터 인간은 세상에 대한 이미지와 상징, 혹은 모델이라는 사회적인 자본을 갖게 된다.

문화예술작품에 부여되는 정치적 의미는 주어지는 것이 아니라 취하여지는 것으로 이해할 수 있다. 모든 정치적 사건과 행동은 복잡하고 애매모호한 현상으로 규정된다. 근본적인 요소와 중요하지 않는 요소의 구분, 그 목적 그리고 다른 사건과 구별되는 경계는 개인이 주관적으로 판단하기 마련이다.

문화예술작품은 정치적 행동의 기저에 흐르는 인식과 신념을 만들어내고 정기적으로 다시 생성한다.

이러한 역할은 대부분 그러하듯이 숨겨져 있다. 때로는 문화예술작품은 다양한 수준의 실재와 많은 실재를 만들어낸다. 그리고 때로는 실증주의적인 과학적 저술과 종교적 근본주의가 하는 것처럼 문화예술작품은 하나의 참다운 실재에 대한 신념을 만들어 낸다는 것이다.16)

....

16) Edelman, Murray. 『From Art to Politics: How Artistic Creations Shape Political Conceptions』, Chicago: CUP Press, 1995.

문화예술과 정치가 맺는 관계의 특징은 정치의 특성으로부터 유추할 수 있다. 후술하겠지만 정치는 권력의 문제와 관계한다. 따라서 문화예술에 권력이 개입할 때 해당 문화예술은 정치화된다고 볼 수 있다.

2. 이데올로기와 헤게모니

문화예술과 정치의 관련성은 이데올로기와 헤게모니의 두 수준에서 찾을 수 있다. 문화예술에 정치적 영역, 즉 정치 권력이 개입할 때 이데올로기와 헤게모니가 발생하기 때문이다.

이데올로기란 행위자가 사회현상을 해석하는 틀이자 행위의 준거가 되는 세계관이다. 세계관은 담론적으로 표현되는, 현실에 대해 상대적으로 논리적 일관성을 갖춘 특정한 견해를 말한다. 사람들은 다양한 세계관을 갖고 있으며, 서로 다른 세계관의 집단들은 갈등관계에 놓인다. 어떤 세계관은 사회현실을 긍정적으로 파악하면서 기존의 사회질서를 보호하며, 어떤 세계관은 현실을 바람직하지 않다고 인식한다. 이 경우 전자는 지배 이데올로기에, 후자는 저항 이데올로기에 가깝다.

영국 문화연구에서 대표적 이론가로 꼽히는 스튜어트 홀은 이데올로기를 '사회가 돌아가는 방식을 이해, 정의, 파악, 설명하기 위해 다양한 계급과 사회집단들이 사용하는 정신적 틀, 즉 언어, 개념, 범주, 사유의 상, 재현 체계들'이라고 정의하였다.

여기서 홀이 특히 강조하는 개념은 재현(representation)이다. 재현이란 하나의 사물 혹은 사실을 다른 매체, 즉 언어나 그림, 사진 등을 통해 표현하는 것을 말한다.

논의를 확장하자면 재현에는 영상물도 포함할 수 있을 것이다. 재현이란 인식하는 주체(인간)와 인식하는 대상(객체)을 연결시켜주는 매개물이라고 할 수 있는데, 그 가운데 가장 중요한 매개물이 바로 언어다. 그런데 재현은 항상 있는 사실을 그대로 인간에게 전달해주는 것이 아니라 왜곡된 전달이 나타날 수 있는 한계를 지닌다.[17]

홀을 비롯한 영국 문화연구 전통은 왜곡된 재현 체계로서의 미디어에 주목했다.

영화, 드라마, 뉴스 등은 모두 하나의 언어 텍스트로서 이데올로기로 간주될 수 있다고 보았다. 미디어는 사실을 호도하거나 왜곡하기도 하고, 특정한 사고를 주입하거나 다른 대안적 사고를 방해한다.

헤게모니는 정치적 의미로 '주도권'이나 '게임의 규칙'을 말하며, '동의'라는 개념이 주요하게 다루어진다. 이탈리아 출신의 마르크스주의자 안토니오 그람시는 헤게모니를 지적·도덕적 지배력으로 표현하기도 했다.[18]

국제정치에서 헤게모니의 행사는 권력을 행사하는 국가에 대한 다른 국가들의 암묵적 동의를 전제한다. 예를 들어, 미국처럼 헤게모니를 행사하는 특정 국가는 자유와 인권의 문화적 기호를 환기시키며 다른 특정 국가에 대한 정치적 개입을 정당화하는 식이다.

이처럼 특정 국가의 주도권 행사에 찬성하지 않는 다른 국가는 자유와 인권의 담론 틀 내에서 특정 국가의 행위에 대해 문제를 제기할 수 있지만, 이미 헤게모니로서 작동하는 자유와 인권의 담론 틀 자체에 대한 동의를 철회하는 것은 불가능하다.

이와 관련하여 그람시의 헤게모니 개념은 지배계급의 피지배계급

---

17) 재현의 왜곡된 사례는 베이컨의 우상(偶像)이라는 비유를 통해 확인할 수 있다.
18) 안토니오 그람시의 이데올로기와 헤게모니 관련 논의는 제2부에 구체적으로 서술되어 있다.

지배가 지배계급의 강제가 아닌 피지배계급의 자발적 동의에 기초할 때 지배계급의 헤게모니가 관철된다고 보고 있다.

결국 헤게모니적 지배는 저항 담론의 간섭이 상대적으로 적은 자발적 동의에 기초한다고 해야 할 것이다.[19]

헤게모니를 문화예술에 적용하는 것은 흥미로운 시도일 것이다. 특히 대중예술은 헤게모니를 얻으려는 지배 계급의 의도와 그에 대항하려는 민중들의 의도로 짜여져 있는 일종의 투쟁의 장이라고 할 수 있다.

그러므로 대중예술은 지배 이데올로기로 불리는 상업·문화적 요소와 끊임없이 투쟁, 협상하려고 하는 피지배 계급의 의도가 뒤섞여 있다.[20]

대중예술이란 따지고 보면 일상 생활의 실천이므로 헤게모니의 바탕이 되는 동의가 생기게 할 수도 혹은 그렇지 않게 할 수도 있다. 이 과정에서 대중의 동의는 대체로 상식을 바탕으로 하며, 가부장제적 지배는 일상 생활의 상식으로부터 가능해진다.

헤게모니가 위기가 왔을 때 대중예술에도 영향을 미치는 경향이 나타나는데, 이 경우 텔레비전 드라마의 인기는 떨어지는 양상을 보인다. 시청률을 숙명으로 하는 텔레비전은 다시 인기를 회복하기 위해 약간은 변형된 남녀 관계를 그리며 수용자에게 다가가 동의를 구하려 할 것이다.

이처럼 대중의 일상 안에서 헤게모니를 둘러싼 경쟁은 치열하게 벌어진다. 기존의 질서나 신념, 가치 체계를 지키려는 쪽과 그에 도전

---

19) 채오병, '지배와 저항의 문화정치', 『문화사회학』, 살림, 2012.
20) R. Williams, 『Marxism and Literature』, Oxford: Oxford University Press, 1977.

하는 쪽 간에 경쟁이 벌어지는 것이다.

　　이렇게 본다면 헤게모니란 위에서 일방적으로 주어지는 하향식 (Top Down) 형태가 아니며, 대중의 손에 의해서 자발적으로 생기는 상향식(Bottom Up) 형태도 아닌, 둘의 변증법적 관계에 의해 만들어진다고 할 수 있다.

IV. 문화예술과 정치의 관계

1. 문화예술의 의미생산 메커니즘

　　문화예술은 정치와 어떻게 연관성을 갖게 되는 것일까. 이에 대한 해답은 문화예술의 상징체계 속에서 찾을 수 있다.

　　문화예술이 함의하고 있는 상징체계는 수많은 문화예술 작품에 내재된 기호, 이미지, 언어, 텍스트, 담론, 스타일 등을 의미한다.

　　정치사회적 현상은 문화예술의 이러한 상징체계를 통해 특정의 이데올로기와 욕망, 가치와 규범, 상식, 희망 등이 표현되거나 관철되고 실현되는 기호적 실천이나 의미생산의 장으로 파악된다.

　　문화예술을 정치사회의 현장으로 볼 수 있는 이유는 문화예술이 사회정치적인 의미를 생산하고 실천하는 생산물이기 때문이다. 이러한 맥락에서 정치현상은 기호적 실천, 의미생산을 둘러싸고 권력 관계가 형성되면서 일어나는 실천이라고 볼 수 있다.

　　문화예술이 의미생산을 하는 과정에는 내재적 메커니즘과 사회적 조건이 뒤따른다. 다시 말해, 문화예술과 정치의 관계가 상호관계성을 지니려면 최소한 권력을 가진 자들의 지배적인 기호의 실천, 즉 이미지나 텍스트 등의 배치에 따른 특정 정치사회 현상의 재현 체계와 의미의 유지가 필수적이라는 뜻이다.

문화예술은 의미생산을 통해 정치적 이데올로기를 작동시키며, 이와 관련한 방식은 직접적이기보다는 간접적 형식을 띠는 게 일반적이다.

전통적으로 정치권력은 자신들의 권력유지 및 확장에 문화예술을 활용하고 문화예술의 효과에 의존하는 경향을 보여왔다. 문화예술이야말로 인간의 삶의 조건이나 생산 조건을 재생산시키는 기능을 갖는 이데올로기적 지식이 가장 잘 적용되는 곳이고, 상징적 질서와 긴밀히 관련되어 있다고 파악한 것이다.

결과적으로 문화예술은 의미생산과 이데올로기를 작동시킨다는 점에서 정치와 중요한 관련성을 지니며, 이는 정치에서 문화예술이 정치적 상징조작의 중요한 메커니즘이 되는 요소로 볼 수 있다.

정치적 영역에서 권력자나 지배층은 자신의 기득권을 유지하기 위해 다양한 통치 방법들을 동원하여 정치적 조작 기제를 작동시키는데, 이 같은 기제의 작동 방식은 이성적이고 감성적인 존재인 인간의 두 가지 특성을 바탕으로 한다. 즉 피지배자로 하여금 지배에 대한 정당성을 인정하고 자발적 복종을 유도하는 과정에서 그들의 감정과 이성적 측면을 사용한다는 것이다.

이러한 관점에서 우선적으로 연극 장르와 정치의 관계를 살피는 작업은 의미가 있다고 할 것이다. 연극은 상징이자 축약의 예술로, 연극에서 가늠할 수 없는 존재의 풍부함과 불가해한 복잡성은 간결한 의미 구조로 압축된다. 연극은 보이지 않는 사물의 질서를 일반화하고 이해하기 위한 기본적인 인간 능력의 표현이다.

연극은 일반적으로 다양한 특성을 지닌다. 무대에서 공연되는 구체적 행위는 대사로 표현되지 않더라도 다양한 메시지를 전달하며, 항상 배우와 관객으로 이루어진 공동체적 집단성을 전제한다. 이와 같은 연극적 특징은 정치와 유사성을 갖는다.

예컨대 정치가 이용하는 민족적, 역사적 상징은 연극의 상징과 흡사함을 지닌다. 애국가와 국기, 훈장, 국경일 등은 가시적인 외양만으로 본다면 큰 의미가 없다. 그러나 그것의 상징성이 환기시키는 의미와 연상은 한 사회를 이해하기 위한 중요한 수단이자 사회적 경제성과 지속성을 인식하게 만드는 방도인 것이다. 결국 정치는 상상력과 감수성을 향상시키는 상징체계의 기능을 한다는 점에서 연극에 가까운 특성을 지닌다고 할 수 있다.21)

정치권력의 미란다와 크레덴다

정치학에서 중요한 상징조작 기제로 다뤄지고 있는 정치권력의 미란다(miranda)와 크레덴다(credenda)는 문화예술과 정치의 상호관계성 논의에 소환하기에 무리가 없다.

미란다는 권력을 미화시켜 감탄과 찬사를 자아내게 하는 다양한 내용, 즉 피지배자의 심성에 공감을 불러일으키기 위한 수단을 의미한다. 반면 크레덴다는 피지배자에게 권력의 존재를 정당한 것으로 인식시켜 동의하게 하는 것으로 존경, 복종, 희생 등을 말한다.

문화예술에 내재된 상징과 이미지적 요소는 특정한 의미생산을 통해 직·간접적으로 사람의 감정에 호소하여 정치적 지배에 대한 정당성을 인정하게 하고 피지배자들의 자발적 복종을 이끌어낸다.

정치적 지배자들이 대체로 대중의 감정이나 신념체계 등을 자극하

---

21) 바츨라프 하벨 저·이택광 역, 『불가능의 예술』, 경희대학교 출판문화원, 2016.

여 지배자와 피지배자 간의 전통과 역사에 대한 재인식 등을 통해 피지배자들의 집단적 동조반응을 유도하는 경향이 여기에 해당한다.[22]

표 5 정치권력 미란다와 크레덴다 비교

분류	주요 특성
미란다	권력의 미화, 감탄, 찬사, 피지배자의 심성 공략
크레덴다	권력의 존재 정당화, 존경, 복종, 희생

역사적으로 정치적 지배자들은 문화예술의 상징성과 이미지 요소를 권력유지에 활용해 왔는데, 주로 문화예술을 특정 이미지와 상징으로 작품화하여 지속시키거나 변화시키는 방식이 동원됐다. 즉 지배자의 정치적 목표에 피지배자들이 순응하도록 이미지와 상징체계를 조작한다는 의미로, 문화예술은 정치권력의 유지와 확장에 수단적 의미를 띠는 것으로 이해할 수 있다.

이와 관련해선 반론도 제시된다. 문화예술은 특정 이미지와 상징체계를 통해 오히려 정치의 변화를 유도할 수도 있다는 것으로, 이는 문화예술과 정치의 포용적 관계를 시사한다.

궁극적으로는 문화예술의 이미지와 상징이라는 두 요소를 통해 정치의 유지 및 확장, 변화에 영향을 미치게 되는데, 이것은 몇 가지 측면에서 살필 수 있다.

첫째, 문화예술이 갖는 특정 이미지는 사람들의 침묵을 강화하거나 조장함으로써 정치저 상징조작에 유리하다. 예컨대 한 공영방송에서

---

22) 막스 베버의 감정이입, 로버트 다알의 조작적 설득은 인간의 감정적 측면에 호소하여 피지배자들을 설득해 나가는 방법으로 분류할 수 있다.

방영된 전쟁드라마는 사회주의자들에 대한 부정적 이미지를 한국전쟁이라는 폭력을 통해 시청자들에게 부각시킨바 있다. 이것은 문화예술 작품의 정치적 영향을 보여주는 사례라고 할 수 있다.

둘째, 문화예술은 정치의 영역에서 갈수록 중요성이 커지고 있는 이미지와 모델을 통해 대중들이 직접 관찰하거나 경험하지 않은 것들을 내면화시켜 실재를 만들어 낸다. 영화, 연극, 오페라, TV 뉴스, 드라마 등 다양한 문화예술 작품이 생산해내는 이미지 및 모델을 대중들이 수용하는 형태를 보이고 있는 것이다. 하지만 이와 같은 이미지와 상징은 대중이 처한 환경이나 입장에 따라 수용 여부가 결정된다는 점을 고려하면 문화예술은 간접적 또는 숨겨진 이미지로 정치에 영향을 미친다고 볼 수 있다.

셋째, 문화예술은 현재의 지배체계 유지를 위한 상징으로 파악할 수 있다. 기능주의23)자들의 주장처럼 사회통합 및 유형유지 기능에 문화예술이 수단적 기능을 한다는 의미로 정리할 수 있다.

넷째, 문화예술은 국제정치에서도 작동한다. 특정 문화예술 담론은 국제정치 무대의 행위자, 즉 해당 국가의 지도자의 자격을 규정하는 근거로 작용하며, 기존의 국제정치 행위자들의 지위와 존재의 수준을 결정짓는다는 것이다.

문화예술과 정치의 상호성

문화예술이 정치와 상호 관계를 맺는 방식은 매우 다양하다. 문화

---

23) 사회를 살아 있는 유기체와 같은 것으로 보는 관점이다. 기능주의의 기본적 명제는 사회는 어떻게 욕구를 충족시키는가로 모아진다. 특히 제도와 관행은 사회적 욕구를 충족시켜 사회의 구조나 평형상태를 유지하도록 돕는 것으로 파악한다.

와 예술이 서로 구분된 상태로 정치사회 분야에 영향을 줄 수 있으며, 정치·사회적인 것들이 문화 또는 예술에 영향을 미치기도 한다. 이와 같은 이유로 문화예술과 정치는 상호 관계의 맥락에서 이해할 필요가 있다.

문화예술과 정치가 상호 영향을 끼친 계기는 동서양을 막론하고 사회가 대격변기에 처해 있을 때였다. 예컨대 종교개혁 때 화가들이 프로테스탄트와 가톨릭의 양측 선전담당자 역할을 한 바 있다.

일례로 16세기 화가 루카스 크라나흐는 양측의 후원을 받아 예술가로 성공하였다. 독일의 종교개혁가이자 신학자 루터(1483-1546)가 심문을 받을 때 루터의 친구였던 크라나흐는 온 마을에 내건 루터의 모든 초상화를 그리는 식으로 루터파의 주장을 선전하였다.

이처럼 루터에 경도되었던 크라나흐는 가톨릭의 주문에도 적극적으로 응하여 십자가상이나 성모 마리아를 그렸으며, 루터의 성서에 넣은 목판화 몇 점을 가톨릭 성서의 삽화로 이용하기도 하였다.[24] 이 무렵에 교황을 비롯한 루터파의 반대자를 희화하한 팸플릿이나 전단이 나타났으며, 이것이 훗날 신문의 시국만화로 이어지게 되었다.

또한 프랑스 대혁명기에는 정치적인 상황변동에 수반하여 많은 작가들이 장르별로 자신의 정치적 견해를 표현하고자 하였다. 특히 프랑스 대혁명이라는 정치·사회적 사건은 문화예술 전반에 지대한 영향을 미쳤다.[25]

프랑스는 대혁명 이후, 문학, 정치, 예술 등이 귀족의 전유물로 한

---

24) Clark Kenneth, 『Civilization: A Personial View』, New York and Evanston: Harper & Row Publishers, 1969.
25) 이종은, '상징으로서 예술과 정치', 「한국정치연구」, 제9권 3호, 2010.

정되던 시대가 막을 내렸다. 일반 대중도 정치 참여와 함께 문화예술 작품 소유 및 향유가 가능하게 되었다.

1970년대 한국에서는 문화예술 장르가 정권 및 체제유지를 위한 도구로 활용되었다. 대표적으로 국민들의 반공이데올로기를 고취시키기 위한 범국민 계몽가요 창작 및 보급, 미국의 히피문화에 영향을 받은 대중가요 금지나 옷차림의 규제 등이 단행되었다.

20세기 이후 현재까지 문화예술과 정치의 상호성은 선거 등의 중요한 정치 이벤트를 앞두고 두드러지는 현상이 이어지고 있다.

2. 정치인과 대중예술인 셀러브리티

정치인과 예술인, 특히 대중예술인은 셀러브리티 개념으로 접근할 필요가 있다. 이름이 알려진 정치인과 스타로 분류되는 대중예술인은 셀러브리티라는 공통점을 갖고 있다.

셀러브리티(celebrity)라는 단어의 어원인 'celebritie'는 1565년 영국의 한 주교에 의해 처음 사용되었다. 당시 문헌에서 'celebritie'는 예수의 제자들이 예수의 이름으로 세례를 받은 '그 자체로 유명'해졌다는 의미로 사용되었고, 이후 '잘 알려진 상태'라는 의미가 되었으며, '그의 이름의 혹은 작품의 명성'과 같은 형태로 사용되어 왔다. 이러한 셀러브리티가 개인을 묘사하는 용어로 본격적으로 쓰이기 시작한 것은 랄프 에머슨의 19세기 중반 영국 귀족에 대한 논의에서부터였다.[26]

하지만 20세기 초반에 들어서면서 '귀족'을 묘사하던 단어였던 셀러브리티는 점차 대중예술인과 같이 미디어에 등장하여 대중에게 영향

---

26) van Krieken, Robert. 『Celebrity Society』, London and New York: Routledge, 2012.

력을 행사하는 사람들을 지칭하는 것으로 변화하였다. 이 시기 대중매체의 발달은 미디어의 영향력을 증대시켰고, 미디어는 셀러브리티의 생성에 많은 영향력을 미치게 되었으며, 미디어를 통해 대중에게 영향력을 행사하는 사람들이 셀러브리티가 되기 시작하면서 셀러브리티는 다양한 사회적 영역에서 생산되었다.

이러한 셀러브리티의 등장이 가능하게 된 사회적 조건과 관련해선 여러 가지 논의가 있다.

에반스는 사회적 조건 중에서 미디어 영역의 변화에 주목하였다. 그는 공적 영역에서 명성을 얻을 수 있는 수단들은 점차 산업화되는 미디어 생산 과정과 연결되었다고 파악했다.

예를 들어, 시간이 흐름에 따라 엔터테인먼트 등 대중예술의 가치가 높아지면서 영화의 스타 시스템이 뉴스 취재활동의 영역으로 통합되었다고 보았다.

이로 인해 뉴스는 과거 확인할 수 없었던 스타 시스템의 이면에 접근가능하게 되었고, 배우의 공적 영역과 사적 영역의 구분이 흐려지게 되었다.[27]

맥커넌은 에반스에 비해 보다 거시적인 사회적 조건의 변화가 20세기 셀러브리티 등장을 가능하게 했다고 파악했다. 맥커넌에 따르면 셀러브리티는 민주화, 산업화, 세속화라는 변화에 영향을 받아 현재의 지위를 획득하게 되었다.

이러한 변화가 공동체적 질서를 중요시하던 전통적인 사회적 질서를 무너뜨리면서 재능이나 능력을 바탕으로 개인의 정체성을 구성하도

---

27) Evans, Jessica and David Hesmondhalgh(eds). 『Understanding Media: Inside Celebrity』, Maidenhead, England: Open University Press, 2005.

록 했으며, 이것이 궁극적으로 셀러브리티가 높은 지위를 획득할 수 있
게 만들었다고 보았다.[28]

  셀러브리티는 어떠한 요소를 중요하게 생각하느냐에 따라 몇 가지
분류적 정의가 가능하다. 그것은 첫째, 셀러브리티 한 개인이 지닌 유
명함이라는 속성에 집중한 정의, 둘째, 셀러브리티를 개인이 보유한 사
회적 지위로 보고 내린 정의, 셋째, 특정한 가치를 창출하는 사람으로
서의 정의 등이다.

  이러한 잣대를 적용한다면 정치인과 대중예술인은 셀러브리티로
적확하게 분류되는 데 크게 무리가 없을 것이다.

  정치인과 대중예술인은 본질적으로 공통된 속성을 공유하고 있다.
이들은 모두 대중 앞에서 자신의 모습을 드러내고 있으며, 가능한 많은
사람들로부터 관심과 지지를 얻어야 자신들의 지위를 획득할 수 있다.
그렇게 획득한 지위를 바탕으로 많은 대중에게 자신의 영향력을 행사
하게 된다.

  정치인과 대중예술인은 또한 셀러브리티적 지위를 십분 활용하고
있다. 대중예술인 셀러브리티가 대중매체나 개인미디어인 소셜네트워
크서비스(SNS) 등을 통해 정치·사회적인 이슈에 대해 자신의 의견을
밝히는 것과 마찬가지로 정치인들도 유사한 방법으로 대중에게 접근하
고 있다.

  가령 버락 오바마 전 미국 대통령은 2008년 첫 대선 당시 유명한
TV 토크쇼였던 '오프라윈프리 쇼'에 출연하였으며, 도널드 트럼프 전
대통령도 재임 시절 ABC의 심야 토크쇼인 '지미 키멜 라이브'에 출연하

---

28) McKernan, Brian. 'Politics and Celebrity: A Sociological Understanding',
「Sociology Campass」, Vol.5, No.3, 2011.

였다. 이러한 모습은 정치인 셀러브리티가 대중예술인 셀러브리티의 주이용 대중매체와 소셜 플랫폼을 활용하여 대중적 지지도를 높이려는 시도로 볼 수 있다.

타르트와 틴달은 셀러브리티와 정치인을 구분하고 이를 네 개로 범주화했다. 즉 정책이나 이슈를 위해 열심히 활동하는 '셀러브리티 운동가', 특정 정당이나 정치인을 지지하는 '셀러브리티 옹호가', 배우 출신으로 미국 로스앤젤레스 주지사를 지낸 아놀드 슈워제네거처럼 정계에 입문한 '정치인이 된 셀러브리티', '셀러브리티가 된 정치인' 등으로 분류하였다. 여기에 소속 정당과 정책 제안을 지원하기 위해 셀러브리티를 활용하는 정치인을 의미하는 '셀러브리티 이용 정치인'도 포함되어 있다.

표 6 정치 분야 셀러브리티 구분

분류	셀러브리티 운동가	셀러브리티 옹호가	정치인이 된 셀러브리티	셀러브리티가 된 정치인	셀러브리티 이용 정치인
출신	셀러브리티	셀러브리티	셀러브리티	정치인	정치인
특성	문화예술 등 비정치 영역 출신 셀러브리티로 어젠다 작성 및 정책 실현 행동	비정치적 영역 출신 셀러브리티로 특정 정치인이나 정당 후보 위해 재정적 지원이나 공개지지 활동	비정치적 영역 출신으로 국회의원 등 입법 분야 진출	정치인 출신으로 셀러브리티 못지 않은 활동으로 유명세	정치인이 자신의 당선과 정책 홍보를 위해 특정 셀러브리티 활용

출처: 안차수, '정치참여 연예인 및 인기 지식인의 선거 영향력', 「정치커뮤니케이션 연구」, 2013을 참조하여 재구성.

후술하겠지만 대중예술인 셀러브리티의 정치화 현상도 비슷한 맥락에서 이해할 수 있다. 유명 대중예술인들이 자신들의 전문 분야를 벗어나 정치적인 영역으로 활동 영역을 넓히고 있다. 이것은 정치 영역에 관심을 가지면서 정치적 발언 등을 해왔던 '유명인 옹호인'이 정치화됐다는 의미를 갖는다.

제2장

문화예술정치 이론의 탐색

I. 국가와 문화예술

1. 문화예술의 자율성과 독립성

문화예술 분야, 특히 순수예술은 기본적으로 정부의 재정적 지원을 전제로 한다고 봤을 때, 정부로부터의 재정·운영적 자율성과 독립성을 논의하는 것은 논리적으로 모순일 수 있다. 이것은 재정지원 수혜자가 정부에 또다른 혜택을 요구하는 모습으로 비쳐지고 있다는 관점에서 기인한다.

그러나 동시에 예술 분야에 대한 재정지원과 수혜 기관 및 단체의 자율성 및 독립성 요구는 별개의 사안으로 파악할 필요성을 제기하는 시각도 있다.

자율성 개념은 정치·행정·통합적 자율성으로 분류할 수 있다. 정치적 관점의 자율성은 국회와 정당 등의 정치적 개입이나 정치적 통제로부터 벗어남을 의미하며, 행정적 관점의 자율성은 정치적 통제의 배제를 넘어서 조직 내부 인력이나 재정 등 운용의 자율성을 강조한다.

행정적 관점은 자율성은 정치적 자율성의 개념에 더해 행정기관이 실질적인 의사결정을 할 수 있는가에 관심을 둔다.

통합적 관점의 자율성은 정치적 자율성과 행정적 자율성이 서로 영향을 주고받는 동적인 체제로 이해할 수 있다.

문화예술 분야에서 자율성이란 예술 가치에 대한 적극적인 옹호와 존중을 지칭하는 개념이며, 특히 전문성이 중요한 문화예술 지원 정책에서 가장 중요하게 다루어진다.

선진국을 중심으로 문화예술 분야에서 자율성과 독립성이 본격적으로 부각된 배경은 영국 예술위원회에서 찾을 수 있다. 세계에서 가장 먼저 국가 차원의 문화예술지원 기관인 예술위원회 체제를 구축한 영국은 문화예술을 하나의 생활 양식으로 파악했다. 문화예술을 일종의 '시민 문화' 관점에서 접근하면서, 국가와 정부가 예술을 지원하지만 규제나 통제가 뒤따라선 안 된다고 판단했다.

영국 정부는 이러한 기조를 바탕으로 1946년에 탄생한 영국 예술위원회를 통해 문화예술의 자율성과 독립성 보장을 최우선 가치로 내세우고 있다.

영국은 문화예술 분야에도 일종의 자유방임주의29)를 적용, 역사적으로 세 단계로 나눠 공적 지원을 이어갔다.

첫 번째 단계는 제2차 세계대전 시기에 영국 예술위원회 전신인 음악예술진흥위원회(CEMA: The Council for the Encouragement of

---

29) 18세기 후반 영국 사회 전반을 지배했던 정신이다. 자유방임주의는 개인 또는 민간의 경제 활동에 있어 최대한 자유를 보장하고, 이에 대한 국가의 간섭을 가능한 배제하려는 경제사상이나 정책 등을 의미한다. 19세기 자유주의 시대에는 최소한의 국가기능이 개인의 자유를 최대한 보장할 수 있다는 인식으로 의미가 확대되었고, 이는 문화예술에 대한 영국의 자유방임주의적 시각을 이끌어냈다.

Music and the Arts)가 설치돼 전쟁 중 문화적 전통과 활동을 보존하고 음악, 연극 및 다른 예술을 지방에까지 확대하는 활동을 하였다.

두 번째 단계는 예술위원회 설치로, 설치 목적은 예술에 대한 지식, 이해 및 공연의 개발 및 향상, 공중의 예술 접근 증대, 정부와 지방 당국의 조언 및 협력 등이었으나 제대로 실행되지 못한 측면이 있다. 이것은 당시 재정적 어려움을 겪던 영국 내 경제 상황을 반영하는 것으로, 예술 지원 역시 예술인의 생존 차원에 한해 지원하는 이른바 '구빈법'(poor law)을 적용했다.

세 번째 단계는 1964년에 등장한 노동당정부의 문화예술에 대한 전례없는 관심과 지원이다. 노동당정부는 역대 어느 정부에서도 찾아볼 수 없을만큼 공적 지원이 이루어졌으며, 이를 위한 열정적인 논의가 치열했다.

영국 예술위원회는 공적 후원자 모델[30]의 핵심으로, 정부의 간섭과 예술계의 다양한 압력으로부터 이중적인 자율성을 견지하는 특성을 보인다. 영국 예술위원회는 우리나라처럼 예술단체와 예술가들을 재정적으로 지원하고 있지만, 관리 감독의 관계가 아니라 자율적 창작 활동을 위한 지원의 경향이 두드러진다.

문화예술 분야에 대한 자율성과 독립성이 비교적 잘 지켜지고 있는 영국과 달리 프랑스는 중앙정부의 영향력이 매우 강한 편이다. 이는 예술분야 공적 지원의 재원이 대부분 중앙정부와 지방정부의 예산에

....

30) 후원자(patron) 모델은 샤트랑과 맥코히가 문화예술 지원과 관련한 국가의 역할과 정책 목표를 설명하면서 제시한 네 가지 개념 중 하나이다. 후원자 모델은 영국에 해당되는 것으로, 예술의 수월성을 목표로 국가의 예술지원이 이루어진다고 본다. 이는 국가의 예술지원이 고급예술을 지향함으로써 엘리트주의에 빠질 수 있는 단점을 보인다.

기초하고 있는 구조와 밀접한 연관성을 갖고 있다.

프랑스는 중앙부처인 문화부 주도로 문화예술 전반의 포괄적 정책을 운영하면서, 제도적으로는 예술분과별로 각각의 국립진흥원을 설치하여 집중 지원을 하는 것이 특징이다.

이와 같은 체제는 문화부로 상징되는 중앙권력의 문화예술에 대한 적극적 후원 및 개입을 필연적으로 동반한다. 결론적으로 프랑스는 문화예술의 자율성과 독립성이 보장되어 있다고 보기엔 무리가 따른다.

하지만 이러한 흐름은 1983년 지방분권화를 명시한 지방분권에 관한 법률이 시행되고, 이에 따라 문화예술 지원에 관한 국가와 지방자치단체의 권한과 의무를 구체적으로 규정한 이후 변화가 감지되고 있다.

문화예술 관련 중앙정부 예산과 다양한 문화시설 운영에 관한 권한을 지자체로 이양하도록 함으로써 중앙정부의 직접적 개입이 줄어들고, 이는 문화예술 분야의 지역 분권의 강화로 이어지는 흐름이 뚜렷하게 나타나고 있다.

이 과정에서 중요한 역할을 하는 기관은 문화부 산하의 특별행정기관인 레지옹문화사무국(DRAC)으로, 프랑스 정부와 지자체가 레지옹문화사무국을 매개로 상호 협력적 관계를 형성하고 있다.

레지옹문화사무국은 프랑스 문화부 예산의 37%를 관리하면서 문화예술 인프라 정비와 문화예술 향유 확대, 문화예술 교육, 예술가 지원, 공공 예술 지원 등의 역할을 수행한다. 특히 문화소외 현상을 해소하거나 모든 지역의 균등한 예술지원도 핵심적인 업무로 분류한다.

프랑스는 중앙정부와 지방정부 간 파트너십에 기반한 수평적 협력관계를 강화시키고 지역에 자율과 책임을 부여함으로써 지역의 문화예술 자치 역량을 제고시키고 있다. 이러한 정책이 가능한 이유는 레지옹

문화사무국과 문화부와의 관계가 수직적 구조가 아닌 수평적 구조를 형성하고 있으며, 레지옹문화사무국이 문화부 정책을 단순하게 실행하는 기관이 아니라 문화분권 사업을 추진하는 중요한 동력으로 기능하기 때문이다. 결론적으로 프랑스는 레지옹문화사무국이라는 특별행정기관을 통해 수평적 관계에서 문화분권을 실행하고 있으며, 이 같은 정책기조는 문화예술의 자율성과 독립성을 보장하는 방향으로의 의미를 지닌다고 할 수 있다.

2. 팔길이 원칙

팔길이 원칙(Arm's Length Principle)은 20세기 영국의 문화예술 분야에 대한 지원 정책을 논의하는 과정에서 등장한 개념이다. '지원은 하되 간섭은 안 한다'는 핵심 기조를 지닌 이 개념은 국가의 예술 분야 관여를 사실상 배제하고 있다.

팔길이 원칙의 적용 대상은 예술 분야 지원을 총괄하는 영국 예술위원회로, 국가로부터 지원금은 받지만 팔길이 정도의 독립 운영 원칙을 강조하는 것으로 설명된다. 팔길이 원칙은 '탈정치성'의 관점에서 이해할 수 있는 것이다.

영국 예술위원회 설립 이후 예술지원 정책에서 일관성을 유지해온 팔길이 원칙은 20세기 후반부에 들어 보다 강화됐다.

1976년 영국 경제가 전반적으로 침체되면서 영국 예술위원회에 교부금을 지급하던 정부의 간섭이 늘어나자 당시 옥스퍼드대 학장이던 레드클리프 모드는 예술지원 기관의 독립적인 지위를 적극적으로 옹호하고 나섰다.

모드는 정부가 영국 예술위원회에 교부금 감축을 통해 관여를 노골화하고 있으며, 이와 같은 교부금 감축은 정부의 정치적 판단에 따른 것으로 파악했다.

예컨대 영국 정부의 예술위원회 위원 임명 등의 과정을 살펴보면 정치적 개입이 뚜렷하게 나타난다는 것이다. 1974년에 집권한 노동당 정부는 좌파 성향의 젠킨스를 예술장관으로 임명했으며, 젠킨스는 이듬해 영국 예술위원회 위원으로 케인즈적 문화주의자로 꼽히는 호가트와 윌리엄스를 추천했다. 영국 예술위원회 위원으로 임명된 윌리엄스는 자신이 젠킨스의 특별한 정치적 목적에 의해 배치된 사실을 언급하면서 "정부의 두더지 역할을 하라고 영국 예술위원회 위원에 임명됐다"고 폭로했다. 이것은 영국 예술위원회 위원의 정치성을 직접적으로 언급한 것으로, 팔길이 원칙과는 배치되는 성격을 지닌다고 볼 수있다.

1970년대부터 두드러지기 시작한 영국 예술위원회에 대한 정부의 간섭과 관련한 비판은 지속되었다.

로버트 허치슨은 "팔길이 원칙에도 불구하고 영국 예술위원회는 여전히 정부 정책의 떡고물 안에서 일해야 한다"고 비판했다. 앤드류 브라이튼은 영국 예술위원회에 대한 정치적 관여가 늘어난 것에 관해 "영국 예술위원회는 60년 이상의 독립적이고 자율적인 조직체로부터 정부 정책의 도랑으로 내려갔다"고 표현하기도 했다.

모드가 강조한 팔길이 원칙은 사실 문화예술에 대한 정치의 불간섭과 운영의 자율성을 보장받은 영국 예술위원회가 조직 운영과 관련한 모든 책임을 져야 한다는 점을 동시에 내포한다고 볼 수 있다.

그러나 팔길이 원칙 기관으로서의 영국 예술위원회의 역할을 다른 각도에서 보는 논의도 있다. 로버트 허치슨은 영국 예술위원회는 본질적으로 국가 기구의 성격을 간과해서는 안 된다고 보았고, 같은 맥락에서 정부 간섭을 피할 수 없다는 주장을 펴고 있다. 허치슨은 "영국 예술위원회는 정부의 호주머니 안에는 있지 않다고 하더라도 정부의 피조물이고 정부의 파트너임에 분명하다"고 주장했다.

'팔길이 원칙'의 태동 국가로서 영국은 1970년대에 집권 세력의 변동과 함께 예술위원회도 정치적 논란의 한가운데에 자리할 수밖에 없었다. 새로 집권한 노동당의 예술장관을 맡은 젠킨스는 영국 예술위원회를 민주화하고, '대중을 위한 예술'을 지원하며, 미술작품에도 소유세를 도입하고 미술작품의 공공임대권을 신설하는 계획을 발표하는 등 예술의 정치적 개입을 노골화했다. 이 과정에서 영국 예술위원회의 존재는 미미할 수밖에 없었고, 예술에 대한 정치적 개입을 지켜봐야만 하는 상황에 직면했다.

팔길이 원칙의 고수와 적용을 놓고 극심한 진통을 겪은 영국은 후유증에서 벗어날때까지 시간이 필요했다. 그것의 전환점은 1997년 문화미디어스포츠부(DCMS) 출범이라고 할 수 있다.

예전의 문화유산부에서 부처 명칭을 변경하고 업무 범위를 확장한 문화미디어스포츠부 출범 이후 영국은 팔길이 원칙을 예술정책의 최우선 순위에 두고 있다.

정권의 변화와 관계없이 정부는 문화예술을 위한 지원금 대상과 사용에 대해 일절 간섭하지 않고 예술위원회에 전적으로 맡긴다는 묵시적인 정치적 합의를 유지하고 있다. 이러한 흐름은 영국 예술위원회의 탈정치성에 힘을 실어주는 것인 동시에 팔길이 원칙의 일관된 추진을 의미한다.

표 7 연구자별 '팔길이 원칙' 정의

연구자	연도	규정
큐인(Quinn)	1997	예술위원회가 중앙 정부로부터 상대적 자율성을 갖고 존재 및 운영되어야 한다는 생각에 기반. 예술위원회 활동에 대한 정치적 영향력은 최소화되어야 하며, 이 거리는 예술위원회가 정치적 압력에 의한 과도한 영향과 간섭으로부터 벗어나 스스로 기능할 수 있게 함.
샤트랑과 맥코히 (Chartrand and McCaughey)	1989	다원 민주주의에서 부당한 권력집중과 이해관계의 충돌을 방지하기 위해 필요하다고 여겨지는 '견제와 균형'에 관한 기본적인 시스템.
스위팅 (Sweeting)	1992	예술 활동, 기관 및 관리에 대한 직접적인 개입에 정부가 거리를 두는 것.
휴이슨 (Hewison)	1995	국가와 국가가 설립하였거나 재정적 지원을 하는 기관 간의 관계를 의미. 1970년대까지 문화정책과 관련하여 성문화되지는 않았지만, 오랜 기간 정치인과 관료들의 사사로운 홍보 활동으로부터 거리를 두기 위해 운영되어온 실용적 수단으로서의 원칙.
메이든 (Madden)	2009	독립적인 자금지원기관, 동료평가에 근거한 의사결정과 정의 두 가지 요소의 조합.

출처: Aguayo, 『An arts Council: what for?, Knowledge Politics and Intercultural Dynamics』, United Nations University, 2012를 참조하여 재구성.

II. 문화예술 권력

1. 권력 담론

권력의 개념은 사회의 모든 영역에 편재(遍在)되어 있고 그것을 둘러싼 현상은 자명하다고 볼 수 있으나, 개념적 정의는 매우 다양하다.

사전적 정의를 보면 권력이란 남을 복종시키거나 지배할 수 있는 공인된 권리와 힘으로, 일반적으로 국가나 정부가 국민에 대하여 갖고 있는 강제력을 지칭한다.

하지만 이는 매우 제한적이며 전통적인 관점이라고 할 수있다. 토머스 만은 국가의 역할 확대의 관점에서 권력이란 우리가 처한 환경을 장악해 목표를 추구하고 성취시키는 능력이라고 판단했고, 모스카는 소수가 권력을 독점한다고 파악했다.

모스카는 "권력이란 소수 집단에 집중되어 있기 때문에 지배계층과 피지배계층으로 나뉘며, 피지배계층은 소수의 엘리트집단으로부터 통제받는다"고 진단했다.

이와 같은 권력은 시대에 따라 변하며 정치, 사회, 심리 등 학제 간에도 관점의 차이가 뚜렷하게 존재한다.

권력의 논의와 관련하여 프랑스 철학자 푸코의 설명을 주목할 필요가 있다.

푸코는 권력이란 어떤 개인 또는 집단이 타자의 행동에 대해 갖는 영향력을 가리킨다고 광범위하게 정의하고 있다. 또한 권력을 소유물이 아니라 수행과 전략으로 이해한다. 권력은 점유가 아니라 사람들을 배치하고 조작하는 기술과 기능에 의해 효과를 발휘하는 것이라는 이유에서다.

푸코는 권력과 관련하여 새로운 지식의 대상을 생산하거나 형성하는 움직임이 나타나고 있고, 이를 인식하는 것이 중요하다고 강조한다. 권력의 움직임은 끊임없이 지식을 생산하며, 역으로 지식은 권력의 효과를 유두한다는 것이다

이러한 관점에서 푸코는 계몽주의[31]가 주장한 보편적 이성이라는

---

31) 계몽이란 신에 의지하는 신학적 세계관과 대비되는 개념이다. 인간 자신의 본성

이념은 특정한 시대의 권력 – 지식의 연계가 만들어낸 효과이며, 이러한 이성중심주의의 담론은 결국 다른 담론체계를 비정상적이고 열등한 것으로 구별함으로써 억압하게 된다고 보았다.[32]

표 8 권력의 개념적 정의

연구자	개념적 정의
만(Mann)	권력이란 우리가 처한 환경을 장악하여 목표를 추구하고 성취시키는 능력이다.
러셀(Russel)	권력은 의도된 영향의 결과이다. 가령 A가 B보다 원하는 바를 더 성취했다면 A가 더 큰 권력을 갖고 있는 것으로 봐야 한다.
모스카(Mosca)	권력은 소수 집단에 집중되어 있기 때문에 지배계층과 피지배계층으로 나뉘며, 피지배계층은 소수의 엘리트집단의 통제를 받는다.
베버(Weber)	권력이란 타인의 저항에도 불구하고 자신의 의지를 관철할 수 있는 기회이며, 권력의 지배의 기제로 작용한다.

 푸코를 비롯하여 부르디외 등 많은 후기구조주의 이론가들은 근대 이후 사회는 구조화되어 있어서 간접적이면서 눈에 띄지 않게 작동하는 정형적이지 않은 방법으로 권력이 생산되고 있다고 파악했다.

 특히 이들은 권력을 문화예술과 연결하여 문화연구의 한 영역으로서 문화예술에 작용하는 권력의 작동방식에 대해 연구했는데, 이것은 이전 구조중심의 연구에서 구조작용 중심의 연구로의 전환을 의미한다

과 능력에 대한 자각, 이성적 능력에 의한 인류의 조화와 자기실현의 정신을 의미한다. 계몽주의의 근간은 미신이나 권위에서 해방되어 인간이성의 자율성을 정당화하려는 운동으로 시작된다.
32) 이진경 편저, 『문화정치학의 영토들』, 그린비, 2006.

고 볼 수 있다.[33)

　　이와 같은 연구들의 특징은 권력이 외부에 존재하는 것이 아니라 관계들 속에 내재되어 있다는 것으로, 지배계급과 피지배계급, 문화예술과 권력, 이데올로기와 정치 등에 적지 않은 영향을 미쳤다.

　　문화예술권력이란 문화예술을 통해 사회를 조정하고 지배하는 모든 가치관을 형성하고 조정하며 이를 확산시키는 힘을 의미한다. 이러한 문화예술권력은 의미 생산의 실천에 있어서 물리력과는 다른 차원이지만 실제적으로 강고하게 작동하면서, 특히 문화예술에 있어 사회구성원들의 의사소통이나 합의에 중요한 기제로 기능하는 힘으로도 정의된다.

　　문화예술과 권력의 관계는 주로 지배계층의 통치와 연계된 것으로 논의되어 왔다. 특히 문화예술이 오랫동안 '교양'이나 신적인 그 무엇, 절대적 가치와 보편성을 갖는 '고급예술'과 동의어로 사용되어 왔던 만큼 문화예술은 지배계층의 정체성을 나타내주며 그들에 의한 지배를 정당화해주는 수단으로 사용되었다.

　　정치적 목적에 따른 문화예술의 도구화 현상을 비롯하여 문화예술을 통한 개인과 집단, 지역과 도시, 국가의 고유한 정체성 표현 등 국내외를 막론하고 인류 역사 속에서 문화예술과 정치, 문화예술과 계급, 문화예술과 권력의 연계성을 목격하고 경험하는 것은 어렵지 않다.

　　후술하겠지만 역사적으로 볼 때 기존의 권력자들은 문화예술을 통제함으로써 권력을 유지하려고 하였다.

　　사회주의 체제에서 리얼리즘 미학[34)]이 강조는 이를 통해 체제 및

---

33) 변창자, '문화분석 방법론으로서의 부르디외 문화사회학 연구', 홍익대학교 대학원 박사학위 논문, 2008.

권력 유지에 나섰던 사례로 읽을 수 있다. 주시해야 할 것은 이 과정에서 철저히 사실에 입각한 창작원리를 강조하며 개인적 감정, 행복, 향락, 추상적 사고 등을 거부한다는 사실이다. 즉 문화예술은 오직 사회주의적 이상에 대한 현실성, 집단성 등을 전파하기 위한 수단으로 만들어지고 존재해야 한다는 인식이 지배했다.

2. 두 가지 차원의 문화예술권력 분류

문화예술권력은 두 가지 차원으로 구분할 수 있다.

첫째, 문화예술재화, 즉 문화예술 콘텐츠의 물질적, 상징적 생산과 배포에 영향을 미치는 각종 자원의 동원 능력으로, 이는 행위자 수준에서 문화예술권력의 한 차원을 이룬다. 그 결과, 문화예술 생산자가 소비자에 대해 거의 압도적인 문화예술권력을 갖는다.

또한 다양한 문화예술 생산자들 가운데서도 생산과정의 각 단계에서 더 많은 문화자본을 갖고 정당한 영향력을 행사하는 행위주체의 문화예술권력은 상대적으로 더 크다고 할 수 있다. 상황에 따라서는 아주 적은 수의 행위주체가 문화예술생산 장 내에서 지배적이거나 독점적인 문화예술권력을 행사할 수도 있다.

예컨대 국내 영화시장의 경우 일부 대기업이 투자, 배급, 상영으로

----

34) '리얼리즘'은 객관적 현실을 있는 그대로 보여준다는 의미로, 보통 사실주의로 번역되지만 현실주의, 실제주의라는 단어가 더 많이 사용된다. 영화는 움직이는 이미지로 현실을 그럴듯하게 모방하고 재현한다는 점에서 리얼리즘 예술로 분류된다. 이와 관련하여 수잔 헤이워드는 영화 속 리얼리즘에는 두 가지의 형태가 존재한다고 보았다. 그것은 이데올로기적 의미와 미학적 의미로, 이데올로기적 의미란 '리얼리티 효과'를 뜻한다. 미학적 의미는 촬영과 편집을 최소화하여 조작과 변형을 최소화한다. 즉 이데올로기적 리얼리즘은 필름과 스크린에 만들어진 환영을, 미학적 의미는 편집을 최소화하여 촬영한 그대로를 의미한다고 볼 수 있다.

이어지는 영화산업의 3단계 가치사슬(value chain) 시스템에서 지배적인 독점력을 행사하는 수직적 통합 구조를 구축하고 있는 현실이 여기에 해당된다고 할 것이다. CGV, 롯데시네마, 메가박스 등 대기업을 모기업으로 하는 3대 메이저 영화사들이 수직적 결합을 통해 시장지배력을 행사하고 있다.

이러한 문화예술 권력 행위자들은 권력의 의사결정과정과 의제설정과정에서 영향력을 키우고 있다.

둘째, 문화적 위계질서에 대한 기존의 지배적인 기준이 생산하는 상징적 효과로, 이는 행위자의 실천에 영향을 미치면서 인지적 수준에서 문화예술권력의 또 다른 차원을 형성하고 있다.

예를 들어, 사회구성원들이 고급예술부터 저급예술에 이르는 문화예술을 집단적으로 공유하면서 그러한 분류 틀을 문화적 실천에 이용한다. 공공기관이 연극, 클래식 음악, 무용 등 순수예술 분야를 선별해 재정적으로 지원하는 사례를 통해 이를 확인할 수 있다. 이 과정에서 체화되거나 제도화된 문화적 위계질서는 비가시적인 문화예술권력의 주체로 볼 수 있다.

III. 문화자본

1. 부르디외의 자본 논의

문화예술권력을 규정하는 주요한 개념이 문화자본으로, 프랑스 사회학자 부르디외의 논의가 단연 돋보인다. 부르디외는 계급, 권력, 불평등에 대한 사회학적 연구를 수행하여 왔다. 부르디외는 현대사회에서 모든 것이 생산성과 효율성이라는 경제적 가치, 즉 자본의 논리로 환산되고 있으며, 그와 같은 자본주의 구조 안에 위치한 문화(문화예술로 파악해도 무방하다)도 자본의 논리에서 예외가 아니라고 보았다.

부르디외는 자본을 경제자본(economic capital)과 문화자본(culture capital), 사회자본(social capital), 상징자본(symbolic capital), 학력자본(educational capital) 등 다양한 형태로 분류하였다. 이처럼 다양한 유형의 자본은 이해 추구라는 공통 분모를 갖고 있으나, 자본의 성격에 따라 그것이 경제적 가치로 환산되는 경로가 직접적이거나 간접적인지, 즉각적이거나 그렇지 않은가에 차이가 있을 뿐이라고 부르디외는 설파했다.

이처럼 파편적 형태의 자본은 더 많은 이윤 창출을 위한 형태로 전환하는 시도가 이루어지며, 부르디외는 이를 장(field)의 개념으로 설명한다.

사회는 지배적인 자본이 무엇인가에 따라 다양하고 자율적인 경쟁 공간으로 구성되며, 이러한 공간을 장으로 이해한 것이다. 즉 사회는 단일한 공간으로 구성된 것이 아니라 각 행위자들이 획득하고자 하는 자본의 속성에 따라 다양한 하위 공간으로 구분된다. 부르디외는 그러한 하위 공간을 장으로 파악했다. 예컨대 경제자본을 둘러싼 경제적 장, 문화자본을 둘러싼 문화적 장, 사회자본을 둘러싼 사회적 장 등이 있으며, 그 속에서는 특정한 자본을 둘러싼 투쟁이 전개된다는 것이다.[35]

2. 문화자본의 탄생

부르디외는 경제적 자본만으로는 설명하기 어려운 사회적 권력의 불평등 메커니즘을 분석하기 위해 문화자본이라는 개념을 고안하였다.

---

35) 하상복, 『부르디외 & 기든스』, 김영사, 2006.

문화자본은 경제자본과 달리 계량적으로 환산하기 어렵다. 자본의 물질성을 잠재적으로 보유하고 있는 개인과 집단의 상징적, 정신적, 심미적 능력과 그것이 축적된 상태로 정의된다. 문화자본은 문화예술이 갖고 있는 상징적 코드, 문화적 관계 등의 문화적 생산물을 해독하는데 필요한 능력과 감상을 위한 공감 등을 갖추기 위한 지식이나 능력을 의미한다.

부르디외가 문화자본에 주목한 이유는 사회질서가 유지되고 지배와 피지배 사이의 권력 관계가 재생산되는 과정에서 문화자본의 중요성을 간파했기 때문이다. 즉 문화자본은 문화자본의 소유를 통해 집단간 문화적·사회적 지위의 차이에 따른 계급적인 층화를 설명하기도 하지만, 문화적 성향과 태도, 취향을 설명하는 이론적 틀로도 활용된다.

이처럼 문화자본이 문화적 취향을 형성시킨다는 부르디외의 설명은 단순히 계급적인 위계에 따라 취향이 선형적으로 결정된다는 논의를 넘어선다. 부르디외의 이 같은 입장은 그 이전에 취향이 집단의 사회·문화적 배경에 따라 형성되어 층화된 형태로 나타난다고 파악했다는 점에서 의미를 갖는다. 문화자본의 개념은 문화예술 소비 분석에 유용하게 활용될 수 있다. 공연 관람 등의 원인을 문화자본과 취향의 개념을 통해 파악할 수 있는 것이다.

문화자본의 세 가지 유형

부르디외는 문화자본이 문화예술 생활을 성숙시키기도 하지만 경제력이나 사회적 지위 등에 영향을 받는 사회재의 하나로 인식하였다. 이와 같은 문화자본은 가정환경이나 가정교육으로 형성되어 내면화하거나 학력처럼 제도화한 상태를 의미한다. 부르디외는 이를 다시 세 가지로 분류하고 있다.

표 9 부르디외의 문화자본 유형 분류

문화자본의 유형	주요 내용
체화된 상태의 문화자본	• 정신과 육체에 지속적 영향 • 시간의 흐름, 교육, 사회계급 등의 영향 통해 획득. 대표적인 형태는 교양
객체화된 상태의 문화자본	• 하나의 문화상품 형태로 존재 • 체화 상태의 문화자본 보유해야 가치 지녀
제도화된 상태의 문화자본	• 학력, 수상경력 등 제도적으로 승인된 형태의 자본 • 제도화된 문화자본 확보를 위한 가장 확실한 방법은 교육

첫째, 체화된 상태의 문화자본으로, 이것은 정신과 육체에 지속적으로 영향을 미치는 성향의 형태로 존재한다. 체화된 상태의 문화자본은 시간의 흐름이나 교육, 사회, 사회계급 등의 영향을 통해 획득하며, 이의 대표적인 형태는 교양이다. 교양, 품위, 안목 등은 외적인 부, 즉 경제자본이 한 개인의 내적 요소로 변화한 것으로서 오랜 시간 무의식적으로 축적되는 속성을 지닌다. 예를 들어, 오페라 등 순수예술 공연의 이해 등은 체화된 문화자본의 형태로, 체화된 정도에 따라 문화예술 감상과 이해의 폭이 달라진다. 이는 부모로부터 지식과 교양을 물려받거나, 개인적으로 문화예술 활동과 교육을 통해 얻는 지식 등은 축적된 예술에 대한 기호나 취향으로, 체화된 상태의 문화자본에 해당한다.

둘째 객체화 또는 객관화된 상태의 문화자본으로, 미술작품처럼 문화상품의 형태로 존재하는 자본을 뜻한다. 이 같은 유형의 문화자본은 경제자본을 이용하여 구매할 수 있으며, 개인이 소유하려면 재화에 대한 관심과 애착, 소유에 대한 필요한 기본 지식 등이 요구된다. 하지만 특정 작품을 소유하고 있더라도 이를 향유할 수 있는 능력인 체화된 문화자본을 보유하지 못한다면 객관화된 상태의 문화자본으로 볼 수 없다는 시각이 있다. 체화된 문화자본 없이 그림과 같은 문화예술 작품을 소유한다는 것은 하나의 장식품에 불과하며, 작품 가치 상승에 대비한 투자 정도로 인식될 뿐이라는 것이다.

궁극적으로 객관화된 상태의 문화자본은 체화된 상태의 문화자본으로 활용될 때에만 문화자본으로서의 가치를 띠게 된다고 볼 수 있다.

셋째, 제도화된 상태의 문화자본은 학력, 수상경력처럼 제도적으로 승인된 형태의 자본을 의미한다. 학력증명서와 같은 사회적 제도로서 존재하는 문화자본은 경제적 가치로 교환 가능하다는 특징을 지닌다. 제도화된 문화자본을 보유한 사람은 사회적으로 능력자임을 입증시킨다.

이와 같은 제도화된 문화자본을 확보하는 가장 확실한 방법은 교육이며, 교육제도를 통해 받게 되는 교육은 문화 자본을 형성하는 가장 효율적인 방법이다.

정리하자면, 체화된 상태의 문화자본이 개인을 둘러싼 사회적 구조에 의해 무의식적으로 형성된다면, 객체화된 문화자본은 체화된 문화자본을 가시적으로 드러내 주는 기능을 한다. 제도화된 문화자본은 체화된 상태의 문화자본과 객체화된 상태의 문화자본을 제도적으로 승인해 줌으로써 공식적인 힘을 갖도록 만든다.

IV. 벤야민의 예술론과 정치

1. 예술과 정치의 함수관계

독일의 사상가이자 예술비평가 발터 벤야민이 제기한 예술론의 핵심은 예술과 정치성의 문제이다. 이것은 곧 문화예술과 정치의 함수관계를 의미한다고 볼 수 있다.

벤야민은 예술작품을 대량 복제할 수 있게 하는 기술의 발전은 예술의 기능에 변화를 가져다주었다고 인식했다. 뒷부분에서 논의하겠지만 예술작품을 기계적으로 재생산할 수 있게 됨에 따라 예술작품으로부터 아우라(aura)를 앗아가고, 작품이 곧바로 정치적인 함의를 가지게 되었다.

벤야민은 예술과 정치가 어떤 관계의 연결성을 띠고 있는지에 대한 문제를 파시즘의 정치의 심미화 대 공산주의의 예술의 정치화라는 구도 설정을 통해 해결을 모색했다. 이는 벤야민의 대표적인 논문 '기술복제시대의 예술작품'에서 확인할 수 있다.

'기술복제시대의 예술작품'은 벤야민 예술론의 정치성에 대한 논의를 자연스럽게 받아들이도록 하는 한 요인으로 평가받는다. 여기서 벤야민은 경제적 토대와 문화적 상부구조를 특징으로 하는 마르크스 기본개념에 기초하여 문학을 포함한 문화예술의 역사적 전개과정과 예술개념 자체의 역사적 변화과정을 경제구조와 산업 및 테크놀로지, 미디어의 변화발전과정과 연동하여 분석하였다.[36]

---

36) 이와 관련하여 정의진은 "이 텍스트는 1920년대 후반을 기점으로 마르크스의 이론과 개념을 수용하기 시작한 벤야민의 글 중 방법론과 사유방식에 있어서 가장 역사유물론적인 색채가 짙은 글"이라고 진단한다. 정의진, '발테 벤야민의 역사 유물론적 문학예술론이 제기하는 예술과 정치성의 문제', 「서강인문논총」 40집, 2014.

아우라

예술과 정치의 함수관계를 구체적으로 논의하기 이전에, '기술복제시대의 예술작품'에서 가장 문제적인 개념인 '아우라'를 살필 필요가 있다.

아우라는 봉건적이고 신비주의적인 예술관으로 정의된다.

벤야민은 근대 이전의 예술작품의 아우라는 종교적이고 신학적인 세계관과 전통, 그리고 이와 연동된 경제구조 및 노동방식과 밀접하게 연관되어 있다고 파악했다.

근대 이전의 예술작품은 현대적인 의미의 예술, 다시 말해 독자적인 문화예술의 한 영역으로서의 예술개념을 반영한 것이 아니었다. 신을 대치하는 유일하고 진실한 이미지나 조형물로서 특정한 성소 안에서 자신의 가치를 부여받던 전근대적인 예술작품의 가치를 벤야민은 아우라로 지칭하면서, 이를 제의적 가치로 동일시했다. 이것은 근대 이후에 박물관이나 미술관 또는 각종 박람회나 마켓에 배치된 예술작품의 전시가치와는 근본적으로 다르다고 파악했다. 즉 예술작품의 아우라는 초월적이고 영속적인 가치, 세속으로부터 가장 멀리 떨어져 있는 가치를 반영한 예술관을 전제할 때에만 가능해진다는 게 벤야민의 생각이었다.

이렇게 본다면 아우라는 유일성과 진품성이라는 전통적인 예술개념에 충실한 편이다. 그러나 과학기술이 발전하고 산업구조의 자본주의적 개편으로 문화예술 분야는 사진과 영화의 발명이 이어지면서 아우라의 의미가 퇴색되었다. 이러한 흐름은 예술의 제의적 가치보다 전시적인 가치가 더 중요시되었으며, 예술은 의식에 바탕을 두고 있는데 이제는 예술이 다른 실천, 즉 정치에 바탕을 두게 되었음을 시사한다. '예술의 정치화'는 이러한 맥락에서 이해해야 할 것이다.

요약하자면, 벤야민의 지적처럼 예술작품을 대량 복제할 수 있게 하는 기술의 발전은 예술의 기능에 근본적인 변화를 가져다주었다. 예술작품을 기계적으로 재생산할 수 있게 됨에 따라 예술작품으로부터 아우라를 앗아가고 작품이 곧바로 정치적인 함의를 가지게 되었다.

다시 말해, '아우라의 쇠퇴'는 정치의 예술화로부터 예술의 정치화로의 이동을 의미한다. '정치의 예술화'라는 개념은 예술지상주의를 내세우며 예술과 현대적 미디어 기술을 정치적 목적에 이용했던 파시즘의 성향을 지칭한다.

기술과 사진영화정치

벤야민은 근대 이후 급격한 발전을 가져온 기술이 전쟁이라는 전 인류의 재앙을 불렀다고 판단하면서, 이러한 기술의 재앙적인 결과를 '아우라를 끝장낼 새로운 수단'으로 간주하였다.

벤야민은 '기술복제시대의 예술작품'에서 사진과 영화를 근대적인 테크놀로지에 기초한 새로운 미디어로 규정하고, 민주주의적 활용 가능성을 적극적으로 탐색하였다.

누구나 소유가 가능해진 사진은 이미지 예술의 대중화와 민주화를 촉진시킬 가능성에 주목하였다. 특히 영화는 상업적이고 오락적 성격을 넘어 채플린의 영화나 소비에트 혁명영화의 대중적이고 민주적이며 참여적인 성격에 집중하였다.

벤야민의 이러한 논의는 예술과 정치의 관계를 엿볼 수 있는 이론적 근거로 볼 수 있으며, 동시에 전통적인 회화에 기초한 예술관이 근대적 과학기술과 결합된 새로운 시각적 미디어의 발전과 더불어 결정적으로 위협받고 변화하고 있다는 사실을 전달한다. 이는 결국 아우라의 역사적 소멸로 해석할 수 있다.

2. 예술과 파시즘

벤야민은 '기술복제시대의 예술작품'에서 독일 파시즘이 전통적인 예술의 아우라가 내포한 영원성과 신성성의 가치를 철저하게 정치적으로 전용하고 있는 상황에 주목하였다.

벤야민은 파시즘의 '정치의 심미화'를 비판의 타깃으로 설정하였다. 파시즘의 정치의 심미화는 일종의 전쟁 미학으로, 역사성이 탈색된 낭만주의적인 절대적 숭고미와 아우라를 군중집회와 선전선동에 키치적으로 덧입히는 전략이다.

예컨대 히틀러의 바그너에 대한 집착과 바그너의 반유대주의 성향 관련 논쟁, 히틀러 개인숭배와 파시즘의 감성적인 이상화에 적극 부역한 레니 리펜슈탈[37]의 다큐멘터리 영화 '의지의 승리'[38] 등이 그것으로, 결론적으로는 정치의 예술화를 의미한다고 불 수 있을 것이다.[39]

'기술복제시대의 예술작품'에서 벤야민은 '예술을 위한 예술'을 언급했는데, 이는 매우 구체적인 정치·예술적 상황을 겨냥한 것이었다. 그는 통상적인 예술적 개념이라고 할 수 있는 창조와 천재성, 영원성의

---

37) 독일 출신의 배우, 감독, 영화 제작자로 촬영 기술에서 혁신을 일으키는 등 영화 역사상 중요한 인물로 꼽힌다. 나치 독일의 선전선동 영화를 만들었기 때문에 2차 대전 이후에는 영화계에서 활동할 수 없게 되자 사진작가로 일하기도 했다.

38) 레니 리펜슈탈이 제작한 선전 선동 다큐멘터리 영화. 1934년 열린 나치의 뉘른베르크 전당대회를 다루고 있다. 정치적 논란이 컸지만 미학적으로는 뛰어나다는 평가를 받고 있으며, 앞서가는 촬영 기법으로 영화사적으로도 중요한 작품으로 인정받는다. 상상을 초월하는 거대한 군대의 정열 모습, 신처럼 내려오는 히틀러의 모습을 담아내어 강력한 선전 효과를 발휘한다. 이 다큐멘터리의 장면들은 이후 영화 '스타워즈' 시리즈 등에서 사용되었다.

39) 히틀러와 바그너와 관계에 관해선 제4장에서 상세하게 다루고 있다.

가치와 신비가 파시즘에 의해 악용되고 있다고 지적하였다.

이에 반해 '예술의 정치화'는 예술의 정신화 또는 예술의 미학화와 반대되는 개념으로, 예술의 정신화·미학화에 대한 일종의 대응 전략으로 설명된다. 예를 들어, 히틀러는 정치를 종교적 속성의 아우라를 가진 예술과 동일시하면서 자신의 정치에 대한 일체의 비판을 차단하고자 했다. 이와 같은 상황에서 벤야민은 진품이 가진 아우라를 걷어내는 복제 기술의 또 다른 기능에 주목하면서, 정치의 예술화에 대응하기 위해 예술의 정치화가 필요함을 역설한 것이다.

레니 리펜슈탈이 만든 다큐멘터리 영화 '의지의 승리'의 한 장면.

3. 아도르노의 반론

독일 프랑크푸르트학파[40]를 대표하는 아도르노는 문화예술 분야, 특히 순수예술이 아우라를 상실하고 대중이 이를 소비할 수 있게 되면서 혁명적인 사고와 사상을 할 여지가 없어졌으며 분열된 결과가 나타난다고 일갈한다.

아도르노의 이러한 인식은 아우라를 기반으로 하는 순수예술에 대한 대중의 접근이 정치에 대한 관심을 줄이는 것으로 귀결되었음을 강조한다.

아도르노는 자신의 저서 '계몽의 변증법'에서 당시 대량으로 생산되어 소비되는 문화적 산물을 문화상품으로 칭하면서 이러한 문화상품이 노동자들의 비판의식을 마비시켜 결국에는 사회가 전체주의화된다고 주장했다. 다시 말해, 문화예술 상품의 총합으로 규정되는 문화산업이 규격화되고 조작된 오락, 정보산업들을 생산함으로써 노동계급의 체제 비판적 의식을 약화시킨다고 본 것이다.

하지만 벤야민의 판단은 아도르노의 그것에 비해 크게 차이를 보인다. 벤야민은 아우라의 소멸이 역사를 보다 복잡하게 전개시켰고, 문화적 대상에 보다 민주적으로 접근하고 대상에 비판적인 태도를 갖게 하는 잠재력을 갖게 했다고 파악했다. 소수층이 독점했던 순수예술의

----

40) 독일 프랑크푸르트학파는 프랑크푸르트대학에 있던 사회조사연구소(1920년대 초 설립)에서 활동했던 일련의 독일 지식인 집단을 지칭하는 이름이다. 아도르노를 비롯하여 벤야민, 프롬, 호르크하이머, 만하임, 마르쿠제 등이 대표적이다. 프랑크푸르트학파는 '문화산업'이라는 용어를 학문적으로 처음 사용했다. 이윤 추구적 문화상품을 만들어 내는 기업 형태의 회사인 문화산업에 의해 생산된 대중예술을 집중적으로 논의했다. 김진각, 『문화예술산업총론: 창조예술과 편집예술 산업의 이해』, 박영사, 2022.

세계가 기술복제를 통해 대중에게 확산되는 것을 긍정적으로 보았던 것이다.

이러한 시각은 예술의 정치화를 강조한 것이다. 예술을 위한 예술 보다는 예술의 정치사회적 기능이 두드러지게 됐으며, 의례에 기초를 두는 대신에 예술은 다른 관행인 정치에 기초를 두기 시작하는 쪽으로 변화되었다고 보았다.

마르크스주의의 경제 중심적 사고를 수정하면서 상부 구조에 주목했던 프랑크푸르트학파는 문화예술의 역할에 대한 기대가 비교적 컸다.

그들은 인간 소외나 의식의 왜곡을 치유할 수 있는 방편으로 문화예술을 내세웠다. 문화예술이 현실을 부정하고 비판하는 기능을 할 수 있으며, 그것을 해야 한다고 보았기 때문이다.

이와 같은 인식은 문화예술을 토대의 반영 혹은 이데올로기로 보고 수동적 존재로 파악했던 전통 마르크스주의에 대한 강한 거부로 이해할 수 있다.

아도르노를 위시한 프랑크푸르트학파는 진정한 문화예술은 오히려 사회에 대해 초월적이어야 하고 부정적이어야 한다는 초월적, 자율적 문화론을 펼치면서 문화적 영역의 자율성을 강조했다.

프랑크푸르트학파의 관심은 어떻게 이데올로기가 주체의 완성을 막고, 비판적 정신과 부정성의 정신마저도 자본주의 편으로 끌어오고, 문화예술의 비판적 기능은 완전히 소멸했는가 하는 것에 모아졌다.

문화적 소비는 노동자와 중간 계급의 일상 생활이 그들을 고용하고 있는 자본가들의 그것과 닮아가고 있을 정도로 보편적 행위가 되었지만, 프랑크푸르트학파 시각으로는 대중예술이란 민주적 문화예술과는 거리가 멀다. 대중의 문화예술적 소비는 획일적 소비 패턴을 조장하고 획일적 세계관을 갖게 하는 획일적 수용에 가깝다는 시각을 고수했다.[41]

41) 원용진, 『새로 쓴 대중문화의 패러다임』, 한나래, 2014.

제2부

문화예술정치의 포용과 불화

제3장

문화예술 지원과 통제

I. 정책을 통한 문화예술정치

1. 문화예술지원과 정치

정부는 법령과 예산, 제도 등 다양한 정책 수단을 통해 행정적 정치 행위를 하고 있다. 문화예술 분야에도 이러한 원칙은 그대로 적용된다. 즉 정책 활동이 곧 정치 활동이 되는 것이다.

정책을 통해 이루어지는 문화예술정치 행위는 문화예술지원정책, 문화예술향유정책, 문화예술산업정책 등 크게 세 가지로 분류할 수 있다. 이 가운데 우선적으로 논의할 문화예술지원정책은 정부의 문화예술정치 행위의 핵심이라고 볼 수 있다.

문화예술지원은 공공지원의 의미를 내포한다. 이 개념은 예술인이나 예술기관 및 단체 등의 문화예술 활동에 필수적으로 동반되는 재원을 중앙 정부와 지방자치단체에서 지원해주는 것을 통칭한다.

지원 방식을 보면, 중앙 정부가 직접적으로 문화예술 분야 지원을 집행하는 경우는 매우 드물다. 우리나라는 <문화예술진흥법>에 근거하여 2005년에 출범한 한국문화예술위원회(한국예술위)가 정부의 문화예술 분야 지원을 사실상 총괄하고 있다. 지방자치단체의 지원은 주로 해당 지자체가 설립한 지역문화재단을 통해 이루어지는 구조를 보이고 있다.

　문화예술분야 지원은 이처럼 공공 영역을 중심으로 적용되고 있으나, 기업이나 개인 등 민간 영역에서도 메세나(mecenat)[42]와 기부[43] 등의 여러 방법으로 예술 지원이 비교적 활발하게 나타나고 있다. 정리하자면, 정부와 지방자치단체 등 공공의 문화예술지원은 세금 같은 공공재원을 활용하고 있으며, 민간의 문화예술지원은 문화예술에 관심이 큰 기업과 개인들이 주도하는 형태를 보이고 있다.[44] 우리나라는 개인보다 기업에 의한 민간 예술 지원이 특징적으로 나타나는 경우에 속한다.

　특히 정부의 문화예술지원 핵심기관인 한국예술위는 문화예술과 정치의 관계를 논의하는 데 있어서도 매우 중요한 함의를 갖는다.

　한국예술위는 합의제 기구로서 외부의 간섭과 통제 없이 자율성과 독립성을 보장받는 예술지원 전문 기관 역할을 해야 하지만, 실제로는 그렇지 않다.

---

42) 기업의 문화예술 지원 활동을 의미한다. 로마제국 당시 문화예술가들에게 지원을 아끼지 않았던 정치인 마에케나스(Maecenas)의 이름에서 유래했다. 메세나 활동이 기업의 이미지 등에 미치는 영향이 적지 않아 재계에서는 '제3의 경영'으로 불리기도 한다.
43) 후원의 가장 대표적인 방법으로 대가성은 없지만 금전적인 액수로 파악 가능한 형태를 뜻한다. 재원 등 물질적인 요소가 수반된다.
44) 김진각, 『문화예술지원론: 체계와 쟁점』, 박영사, 2021.

그림 1 한국의 문화예술지원 체계

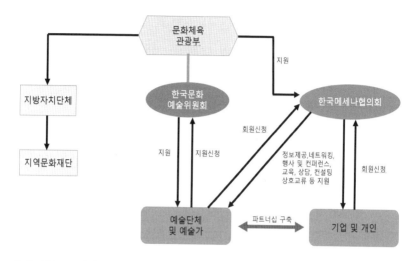

출처: 한승준·박치성·정창호, '문화예술지원 거버넌스 체계에 관한 비교연구: 영국, 프 랑스, 한국 사례를 중심으로', 「행정논총」 제50권 2호, 2012를 참조하여 재구성.

한국예술위에 적용되는 자율성은 정치적 자율성을 의미하는 것으로, 기본적으로 한국예술위가 권력 등 정치적 개입이나 통제로부터 벗어나 자율적이고 독립적으로 운영되는 것을 말한다.

자율성은 특히 전문성이 중요한 문화예술지원정책 영역에서 최우선적으로 다루어진다.

하지만 한국예술위는 이러한 자율성이 제대로 지켜지지 않으면서 합의제 기구라는 의무 부여가 무색해지는 측면이 있다. 정권이 바뀌더라도 독립적이고 자율적인 운영에 따른 예술위의 문화예술 지원의 일관성이 유지되어야 하지만, 현실은 정반대의 결과가 나타났다.

예컨대 노무현 정부에서 이명박 정부로 정권이 교체된 이후 출범한 한국예술위 3기 체제에서 연극 등 주요 장르의 지원 부침이 두드러졌다. 한국예술위의 문화예술진흥기금을 통한 장르별 지원에서 2009년 20.7%를 차지했던 연극은 2010년에는 37%로 급격히 상승하였다. 반면 2009년 24.4%였던 문학은 다음해 12.8%로 거의 반토막 수준으로 떨어졌다.

이와 같은 현상은 문화예술 지원 일관성 상실로 이해할 수 있으며, 이명박 정부의 '선택과 집중'이라는 정책 기조전환이 기금 지원에 그대로 적용된 것으로 볼 수 있다. 하지만 운영의 독립성이 보장된 문화예술 지원기관에 정치적 판단이 개입된 결과라는 시각도 있다.[45]

문화예술지원기관 수장들의 임기가 지켜지지 못한 점도 눈여겨 볼 필요가 있다. 법적으로 한국예술위 위원장에게 부여된 임기는 3년이지만 임기를 채운 경우는 이명박 정부 시절 임명된 오광수 전 위원장과 문재인 정부 박종관 위원장 정도에 머물고 있다.[46]

이것은 한국예술위의 정치적 자율성 확보의 실패라는 관점에서 파악할 수 있다. 정권이 바뀌자마자 예술위의 상위기관인 문화체육관광부 장관이 납득하기 어려운 사유로 전 정부 때 임명된 위원장을 해임시켰는데, 이는 한국예술위가 정치적인 영향력에 고스란히 노출되어 있음을 방증한다.

---

45) 성연주, '한국문화예술위원회의 퇴색된 자율성－2005~2013년을 중심으로', 「경제와 사회」, 제108권, 2015.

46) 한국문화예술위원회 역대 위원장 임기는 다음과 같다. 1기 김병익(2005.08.26 ~2007.07.26.), 2기 김정헌(2007.09.07~2008.12.05.), 3기 오광수(2009.2.12~2012.2.11.), 4기 권영빈(2013.03.15~2015.06.08.), 5기 박명진(2015.06.09~2017.06.19.), 6기 황현산(2017.11.27~2018.3.2.), 7기 박종관 (2018.11.02~2023.01.09.), 8기 정병국(2023.01.10.~)

2. 문화예술향유와 정치

문화예술 향유정책의 직접적인 수혜자가 모든 국민이라는 사실은 정치의 영역이 특히 관심을 보이는 지점이다.

문화예술 향유 대상자는 좁게 보자면 문화예술을 소비하는 수요자와 소외계층 등 문화예술 사각지대에 놓여 있는 특정 계층이라고 볼 수 있으나, 거시적 측면에서는 모든 국민을 향유층으로 이해할 수 있다. 이러한 논의는 정치가 문화예술에 개입하게 되는 동인으로 작용할 개연성이 높다. 뒤집어보자면, 유권자인 국민에게 문화예술 향유정책을 통해 정부와 정당, 정치인에 대한 지지로 이어지게 할 수 있다는 논리가 성립되는 것이다.

문화예술 향유정책은 문화복지 정책의 개념으로 이해하는 시도도 있다. 이 과정에서 문화복지를 사회복지의 한 분야로 간주해야 할지, 확장된 문화예술정책의 고유 영역으로 간주할 것인지에 대한 논란은 적지 않다.

전자의 논의는 사회보장기본법의 사회서비스에 명시적으로 문화서비스와 문화생활도 포함되어 있어 협의의 사회보장 관점에서 접근해야 한다는 논리다.

후자는 명확한 사회복지의 관점보다는 각국의 사회복지 정책의 관점에 따른다는 현실적 접근을 하기도 한다.[47] 이러한 관점은 문화예술 향유정책은 사회복지 정책이 아닌 문화예술정책의 틀에서 봐야 옳다는 인식이다.

---

47) 정광렬, 『맞춤형 문화복지 정책 및 서비스 전달체계 구축방안 연구』, 한국문화관광연구원, 2015.

문화예술 향유정책과 관련한 최대 쟁점은 선별적 정책과 보편적 정책의 양대 방향성이다. 향유정책의 지원 대상을 모든 국민으로 해야 할지, 아니면 취약계층 중심으로 해야 할지가 화두이다. 이와 같은 논의는 문화예술정책의 주요 이념이기도 한 문화민주화와 문화민주주의 와도 맞닿아 있다.

　　문화민주화는 문화예술이 상류층과 엘리트 계층 등 소수의 전유물이 아니라 모두를 위한 문화임을 강조하는 개념으로, 취약계층을 위한 소극적인 문화예술 향유정책을 비롯하여 문화바우처, 문화향유 기회 확대, 문화예술 인프라 및 문화예술 프로그램 확대, 지역문화 정책 등이 주요한 내용적 논의로 다루어진다.

　　요약하자면 문화민주화는 예술가들이 전문성을 바탕으로 창작하고 구축해 온 문화예술에 대한 일반인의 접근성을 높이는 개념으로 이해할 수 있을 것이다.

　　이와 같은 문화민주화 개념을 보완한 측면을 지니는 문화민주주의는 문화예술을 수동적 향유가 아닌 삶의 질 제고를 위하여 개인을 창조적이고 주체적으로 표현하는 가장 중요한 요인으로 인식하는 것이 특징이다.

　　문화예술 활동의 참여를 촉진하는 문화민주주의에서는 문화예술교육, 문화적 기본권, 문해력(cultural literacy), 문화적 역량 등이 강조된다.

　　이 가운데 문화예술 향유에서 가장 중요한 요인은 문화적 역량이다. 이는 문화적 역량이 후천적 학습에 의한 것이기 때문에 대다수 국민이 문화적 역량이 취약하다는 인식에 바탕을 두고 있다.[48]

　　다시 말해, 정치 영역을 포함한 문화예술정책 주체들은 문화적 역

---

48) 김진각, 앞의 책(2021).

량이 취약한 국민 모두 문화예술 향유정책의 대상이 된다고 판단한다. 이에 따라 문화예술정책의 확장 선상에서 문화예술 향유정책을 다루며, 이러한 접근은 결과적으로 문화민주주의를 강조한다.

선진국에서는 프랑스가 문화민주화와 문화민주주의 개념을 예술정책에 활발하게 운용했다. 특히 프랑스는 문화예술정책을 정치적 관점에서 접근한 편이다.

1959년 드골정권은 문화부를 창설하고 앙드레 말로를 초대 문화부 장관으로 영입했는데, 당시부터 형성된 프랑스 문화예술정책의 네 가지 준거가 문화민주화, 문화민주주의, 문화적 예외, 문화의 다양성[49]이었다.

당시 프랑스 문화부 장관인 앙드레 말로가 내세운 문화예술정책의 중심적 방향은 문화민주화였다. 프랑스의 문화민주화는 두 가지 차원의 의미를 내포했는데, 하나는 물려받은 지적 문화의 형태를 간직하고 전파하는 것, 다른 하나는 문화 분야의 창작활동을 지원하는 것이었다.

프랑스 문화민주화의 근본적 목표는 문화예술에 대한 대중의 접근성을 높이는 것이었고, 프랑스의 정치적 민주화와 지방분산 정책은 이를 효율적으로 수행하는 기초가 되었다.

68혁명 이후 프랑스에서 문화민주화는 비전문가들의 창조적 활동을 돋우어 문화의 다양성을 높이는 개념인 문화민주주의라는 새로운 어젠다로 발전했다.

앙드레 말로의 문화민주화가 고급문화와 대중문화를 구분하지 않고 배포의 불평등 해소에 주력하는 것이었다면, 문화민주주의는 상대적

---

49) 문화적 예외는 세계무역기구(WTO) 협상에서 문화산업을 보호하고 문화의 다양성을 보존하기 위한 협정에서 중요한 논리가 됐다. 문화적 다양성은 문화적 예외 개념을 대체하면서 세계화라는 상황 안에서 문화의 역할을 확장시키는 개념이다.

인 평등을 원칙으로 고급문화의 대중적 접근성을 높이고 나아가 노동자 혹은 농촌문화와 같은 소수 문화와 민족, 혹은 젊은 세대와 같은 사회문화적인 정체성을 확립하는 것을 목표로 설정했다.

문화민주주의는 평등과 관련된 개념으로 무엇보다 문화예술 분야에서 시민의 적극적 참여를 독려한다. 고급예술뿐만 아니라 다양한 예술까지 정책 대상의 범위로 아우렀는데, 주로 특권층이 즐겼던 고급예술부터 대중이 즐기는 대중예술까지 지적 수준에 따라서 문화예술의 계급을 검토하였으나 대중들이 선호하는 예술이라면 고급예술과 대중예술을 별도로 구분하지 않고 향유할 권리가 있다고 보았다.

특히 예술기관이라는 정형화된 틀 안에서 활동하기보다는 비공식적이고 비조직적인 정형화되지 않은 문화 활동에 초점을 맞추었다. 이는 규정된 틀 안에서 집권화된 문화예술 작품을 생산하기보다는 틀을 벗어난 분권화된 문화생산을 의미한다고 볼 수 있다.

문화민주주의는 다음과 같은 몇 가지 특징을 내포하고 있다.

첫째, 종족의 정체성을 기반으로 한 소수문화, 소수집단의 이해를 바탕으로 진정한 통합을 추구하기 때문에 문화의 다양성과 문화권[50]에 대한 보호를 강조한다.

둘째, 삶의 질에 영향을 미치는 문화예술과 관련된 정책 결정에 대한 적극적인 참여를 강조한다. 이것은 궁극적으로 문화예술이 시민의 삶을 통해 대중적이고 일상적으로 스며드는 것을 지향함을 의미한다.

셋째, 문화자원과 지원에 대해 사회적으로 동등한 접근을 강조한

---

50) 문화권은 문화적 기본권 개념으로 이해된다. 문화를 향유할 권리, 문화를 창조할 권리, 문화 활동에 참가할 권리로 구성되는 복합적 권리를 의미한다. 문화권이 새로운 권리로 생성되는 과정은 각 사회의 상황과 밀접하게 관련되어 있다.

다. 따라서 문화민주주의는 다양한 사회집단의 형평성과 아마추어의 참여에 주목한다.

넷째, 공동체 문화에 대한 대중들의 참여를 독려하고 강조하고 있다. 특히 문화예술 관련 사업을 추진할 때 아마추어 일반 국민들도 모두 참여할 수 있기 때문에 상향식이라는 평가를 받는다.

우리나라 문화예술정책에서 문화민주주의에 대한 언급은 노무현 정부에서 사실상 처음 등장하였다.

노무현 정부는 문화민주주의 원리가 문화예술 정책 수립 및 집행을 통해 구현될 필요가 있다고 강조하였는데, 여기서 문화민주주의란 "시민사회를 구성하는 다양한 집단들이 자신을 문화적으로 표현할 수 있는 권리를 보장받을 때 실현될 수 있는 것"으로, 이를 실현하기 위해선 "문화권이 기본권으로 보장되어야 한다"는 것이다.

결과적으로 문화민주주의 원리에 따르면, 일반 국민들은 소득, 나이, 성, 지역 등에 관계없이 문화적으로 예술을 표현할 수 있어야 하며, 이를 위해선 필요한 자원에 동등하게 접근할 수 있어야 한다고 파악했다.

정리하면 문화예술 향유정책은 공급자 중심의 문화예술정책을 수요자 중심으로 바꾼 정책의 일대 전환 결과물로 이해할 수 있을 것이다. 이 같은 문화예술 향유정책은 선거 등 문화예술 향유자들이 유권자로 나서는 이벤트를 의식한 정치의 영역에서 정치권의 직접적 개입의 유혹을 끌어낼 소지가 있다.

표 10 문화민주화와 문화민주주의 비교

문화민주화	문화민주주의
모든 사람을 위한 문화	모든 사람에 의한 문화
문화의 단일성(하나의 고급문화)	문화의 다양성
정형화된 틀	정형화되지 않은 문화 활동
하향식 사업추진	상향식 사업추진
정부(기관) 중심	비공식·비전문가 조직
지리적 분산	사회집단의 분산
미학적 우수성	사회적 동등성
보존	변화
전통	개발과 역동성
향유자 중심	형성자 중심

출처: Langstead, Jorn., 'Double Strategies in a Modern Cultural Policy', 「The Journal of Arts, Management and Law」, Vol.19.No.4, 1990, pp.53-71를 참조하여 재구성.

　　문화예술 향유정책은 그것의 목적, 정책 대상, 지원 방식, 정책 수단에 따라 네 가지 유형으로 분류할 수 있다.

　　첫째, 목적에 따른 유형은 문화예술에 대한 접근성 확대와 문화예술 역량 개발이 해당된다. 접근성 확대는 오페라, 연극, 발레, 클래식 음악 등 고급예술을 보다 많은 국민이 누릴 수 있도록 하는 데 초점을 맞추고 있으며, 문화예술 역량 개발은 국민이 스스로 문화예술 역량을 개발하고 참여를 유도하는 것에 목적을 두고 있다.

　　둘째, 정책 대상에 따른 유형은 일반 국민과 취약 계층 등 두 부류로 구분한다. 일반 국민은 문화예술 접근의 기회나 역량이 부족한 국민을 대상으로 문화예술 향유정책을 추진하는 것으로, 예컨대 '문화가 있는 날' 사업을 비롯하여 문화바우처의 기획공연 참여, 문화예술교육 참여 등이 포함된다.

셋째, 지원 방식에 따른 유형은 공급자 지원방식, 수요자 지원방식으로 구분한다. 공급자 지원방식은 문화예술 시설 및 관련 단체 지원을 통해 간접적으로 문화예술 향유정책을 확대하는 것을 의미한다.

가령 도서 지방 등 취약지역 문화예술 인프라 조성, 프로그램 및 단체 지원, 순회 공연 등이 여기에 해당하며, 수요자 지원방식은 문화예술 소비자인 국민에게 통합문화이용권(문화누리카드), 사랑티켓 등을 직접 지원한다.

넷째, 정책 수단에 따른 유형은 현금과 현물 지급방식, 문화예술 서비스 공급방식 등으로 분류한다. 현금 및 현물 지급은 문화예술 향유정책 수요자에게 직접적으로 보조금을 주거나 가격보조 및 바우처 등을 지급한다. 서울시가 시행했던 사랑티켓 등 관람료의 일정 부분을 보조해 주는 가격보조금과 한국문화예술위원회 정책 사업인 기초생활수급자와 차상위계층 대상의 통합문화이용권 지급 등이 있다.

문화예술 서비스 공급방식은 취약계층과 지역을 대상으로 정부가 직접 또는 민간단체를 통해 문화예술 서비스를 공급하는 것을 의미한다. '문화가 있는 날' 등 다양한 문화예술 사업의 무료 공연이나 초청 공연, 전시 및 교육, 지역문화예술회관 특별 프로그램 지원 등이 포함된다.[51]

위와 같은 유형들의 원활한 집행을 위해 정부는 특정 사업에 대한 의미 부여와 홍보마케팅 등 다양한 정치적 행위 도구를 동원하고 있다.

---

51) 정광렬, 앞의 보고서(2015).

표 11 문화예술 향유정책 유형

기준	구분	주요 내용
정책대상	일반 국민	문화예술에 대한 접근 기회 확대, 문화가 있는 날, 문화예술교육
	취약 계층	문화바우처, 장애인·노인·이주민 대상 문화예술복지
지원방식	공급자 지원	문화예술 단체 지원을 통한 문화예술 향유정책 활동, 순회공연, 소외지역 문화예술 인프라 조성
	수요자 지원	통합문화이용권, 사랑티켓
정책수단	현금, 현물 직접 지급	가격보조금, 통합문화이용권, 도서 지급 등
	문화예술 서비스 공급	문화가 있는 날, 문화바우처 기획사업, 지역문화예술회관 특별 프로그램

출처: 정광렬, 앞의 보고서(2015)를 참조하여 재구성

3. 문화예술산업과 정치

문화산업은 문화예술 상품을 경제적 가치 창출의 소재로 활용해 산업화한 일련의 경제활동을 의미한다.[52] 문화산업은 문화예술의 경제적 가치를 부각시킨다는 점에서는 심미적 가치를 추구하는 순수예술의 영역과는 대립되는 측면도 있다. 문화산업은 정책적으로도 예술성과 심미성을 가치 체계의 우위에 두고 추진되는 문화예술지원 정책과 뚜렷하게 구분된다고 볼 수 있다.

---

52) 김민주·윤성식, 『문화정책과 경영』, 박영사, 2016.

문화산업의 정의는 관련 법령인 <문화산업진흥기본법>에서 찾을 수 있다.

　　문화상품의 기획, 개발, 제작, 생산, 유통, 소비 등과 이에 관련된 서비스를 하는 산업으로, 문화예술의 창작물 또는 문화예술 용품을 산업 수단에 의하여 기획, 제작, 공연, 전시, 판매하는 것을 업으로 하는 것을 말한다.

　　문화산업의 영역은 비교적 광범위하다고 볼 수 있다. <문화산업진흥기본법>은 '영화·비디오물과 관련된 산업', '음악·게임과 관련된 산업', '출판·인쇄·정기간행물과 관련된 산업', '문화재와 관련된 산업', '방송영상물과 관련된 산업', '만화·캐릭터·애니메이션·에듀테인먼트·모바일문화콘텐츠·광고·공연·미술품·공예품과 관련된 산업', '대중문화예술산업' 등을 문화산업 영역에 포함시키고 있다.

　　문화산업은 그 영역을 압축하자면 대중예술산업으로 규정할 수 있으며, 그 위력은 다양한 문화예술 콘텐츠에서 발휘되고 있다. 영화, 방송 드라마와 예능, 대중음악, 게임, 웹툰, 에니메이션, 웹드라마 등의 문화예술 콘텐츠가 문화산업의 중심적인 장르로 자리하고 있다.

　　이처럼 경제적 가치 창출에 무게를 싣고 있는 문화산업 분야를 관장하는 문화예술산업정책은 문화예술정치의 관점에서 파악할 수 있다. 즉 정부는 문화산업 성장을 견인하기 위한 다양한 지원 정책을 문화정치의 맥락에서 시행하고 있다. 이것은 김영삼 정부 시절인 1990년대 중반부터 문화예술 영역이 국가경제를 위한 주요 동력으로 등장한 데 따른 조치로 이해할 수 있다. 이러한 배경에는 1980년대부터 세계적 현상으로 몰아닥친 신자유주의(neoliberalism)[53]의 흐름과 관련성을 띤다.

세계화로 일컬어지는 글로벌라이제이션을 강조해온 김영삼 정부는 국내 영화산업을 육성하기 위해 1995년 <영화진흥법>을 제정하여 영화산업에 대한 세금 감면 등의 혜택을 부여했으며, 삼성과 현대, LG 등 재벌의 영화산업 진출을 장려했다.[54], [55]

이와 같은 김영삼 정부의 문화산업 정책은 문화예술정치의 적극성 시행의 단면으로 이해할 수 있다. 하지만 이후 김대중 정부와 노무현 정부는 다소 소극적인 문화예술정치의 모습이 대두되었다. 김영삼 정부 시절 정부 주도의 문화산업 진흥 정책이 김대중 정부부터는 간접적인 지원 성격으로 전환되었다.

김대중 정부 시절 문화예술정치의 큰 골격은 '지원은 하되 간섭은 하지 않는다'는 이른바 '팔길이 원칙'의 적용이라고 할 수 있다. 예를 들어, 2000년 초까지 김대중 정부는 한류를 아시아 각국 확산에 공을 들였으나, 한편으로는 정부 지원이 중국, 일본, 대만 등의 반한류 분위기 조성으로 이어져서는 안 된다는 현실론에 직면했다. 이는 한류 수출 지원과 예산 지원 등 직접적 지원보다는 현지 한국문화원 신설 등 간접적 지원을 통해 아시아에 퍼지고 있는 한류 현상을 지원하는 것으로 이어졌다.

....

53) 밀튼 프리드먼 등 신자유주의를 지지하는 학자들은 국가는 탈규제와 공공기관의 민영화를 통해 국가의 기능을 최소화해야 한다는 입장을 견지한다. 또 시장의 역할을 최대화하고 민간 기업의 이익을 극대화하는 선에 머물러야 한다고 주장한다. 결국 신자유주의의 요체는 탈규제와 소규모 정부라고 볼 수 있다.

54) Lee, Jung Yup, 'Constituting the National Cultural Economy: the KOCCA and Cultural Policy Discourse in South Korea', paper presentd at the Annual Conference of International Communication Association, June.22, 2010

55) Yim, Haksoon, 'Cultural Identity and Cultural Policy in South Korea', 「The International Journal of Cultural Policy」, Vol.8, No.1, 2002.

노무현 정부 들어서도 이러한 간접 지원 방식의 문화예술정치는 형태는 다르지만 지속되었다. 노무현 정부 시절 간접적인 문화산업 지원 정책으로는 방송분야에서 독립제작사 지원과 영화 분야에서 스크린쿼터 축소 등을 들 수 있다. 특히 스크린쿼터 축소는 한국 영화산업에 적지 않은 영향을 미친 간접 지원 정책이며, 정부 지원을 배제하고 탈규제화를 실현한 대표적인 신자유주의 문화정책으로 간주되고 있다.

당시 영화계에서는 스크린쿼터제가 한국 영화를 존립하게 하는 주요 기제로 받아들였다. 그러나 영화계의 이러한 인식과 정반대로 노무현 정부는 2006년 미국과의 자유무역협정 체결을 앞두고 스크린쿼터 축소를 전격으로 단행했다.

문화예술 분야에서 이와 같은 결정은 고도의 정치적 판단으로 받아들여지며, 동시에 정부 역할의 축소를 의미한다. 이것은 국내 문화정치의 글로벌 거버넌스 체제 편입을 뜻하며, 세계무역기구(WTO)와 자유무역협정(FTA)에 의해 국내 문화정치의 방향이 확정되었다는 것을 시사한다.[56]

문화산업 정책적 측면에서의 한국의 문화예술정치는 이명박 정부 이후 큰 변화를 보이고 있다.

이명박 정부는 노무현 정부와는 다르게 문화산업을 발전시키고 문화콘텐츠 수출 진흥을 위한 정책을 속속 도입하였다. 문화산업 분야의 예산이 늘어나고 문화산업 관련 정부 기관의 통폐합이 이루어졌으며 게임과 대중음악 산업을 특히 강조하는 창조콘텐츠 산업 개념 도입의

---

56) Jeannotte, Sharon, 'Going with Flow: Neoliberalism and Cultural Policy in Manitoba and Saskatchewan', 「Canadian Journal of Communication」 Vol.35, No.2, 2010.

흐름을 보였다.[57]

이명박 정부 시절 문화체육관광부의 문화산업 관련 예산 비중은 2007년 9% 수준에서 2010년에는 13.6%까지 늘었으며, 이 기간 중 <콘텐츠산업진흥법>이 제정되어 K팝을 비롯한 문화콘텐츠가 북미와 유럽에 수출될 수 있도록 하기 위한 기반을 조성하였다.

이명박 정부의 이 같은 문화예술정치 행보는 진보주의 정치에서 보수주의 정치로의 회귀 기간에 차별화된 정책의 필요성이 제기되었으며, 이에 따라 문화콘텐츠 진흥을 문화산업 분야의 중점 사업으로 채택한 것과 연관성을 띠고 있다.[58]

이명박 정부 이후 박근혜 정부와 문재인 정부, 윤석열 정부에서도 문화콘텐츠 산업 성장과 발전을 위한 문화산업정책의 추진처럼 문화예술 분야의 산업적 측면을 강조한 문화예술정치가 지속적으로 이어지고 있다.

4. 문화예술 분야의 국회 지정사업

문화예술 분야에 대한 국가 지원 사업은 대부분 공모 절차를 통해 진행되는 흐름을 보이고 있다. 우리나라는 국가예술지원기관인 한국문화예술위원회가 이러한 역할과 기능을 담당하고 있으며, 매년 5,000억 원이 넘는 문화예술진흥기금을 통해 다양한 순수예술 장르를 대상으로 공모를 거쳐 사업비를 지원하는 구조를 띤다.

---

57) Jin, Dal Yong, 'The Power of the Nation-state amid Neoliberal Reform: shifting cultural politics in the new Korean Wave', 「Pacific Affairs」 Vol.87, No.1, 2014.
58) 김규찬, '한국 문화콘텐츠산업 진흥 정책의 내용과 성과: 1974~2011 문화부예산 분석을 통한 통시적 고찰', 「언론정보연구」 제50권 1호, 2013.

한국문화예술위원회가 주관하는 국가 지원 사업은 크게 예술창작역량강화, 지역문화예술진흥, 예술향유기회확대 등 세 가지로 분류할 수 있으며, 이 가운데 복권기금을 통해 기초생활수급자 및 차상위계층을 대상으로 문화누리카드 형식으로 발급되는 통합문화이용권[59]을 제외하곤 대부분 공모 지원 사업에 해당한다.

표 12 문화예술진흥기금 지출 계획(2023년 기준) (단위: 100만 원)

사업 영역	사업비 규모
예술창작역량강화	103,360
- 예술창작지원	51,644
- 예술인력육성	32,629
- 예술인생활안정자금(융자)	18,000
- 예술인생활안정자금	1,087
지역문화예술진흥	10,377
- 지역문화예술진흥	3,294
- 예술의 관광자원화	7,083
예술향유기회확대	270,848
- 예술가치의 사회적 확산	22,055
- 문화예술향유지원	248,793

출처: 한국문화예술위원회 내부자료를 참고하여 재구성

문화예술진흥기금을 활용한 국가의 예술 지원 사업은 기본적으로 사업의 적절성과 타당성 등을 엄격한 심의를 거쳐 결정하고 있다. 관련 분야의 전문가들이 심의에 참여하여 사업 내용을 꼼꼼하게 평가한 뒤

---

59) 2023년 기준 통합문화이용권 수혜 대상은 총 267만 명이다. 통합문화이용권 사업은 저소득층의 문화향유를 증진하기 위한 목적성을 띠고 있다. 청년 저소득층을 포함하여 기초생활수급자 및 차상위 계층 전원에 지원한다. 1인당 지원금은 연 11만 원으로, 공연 관람 등 문화예술 외에도 여행, 체육 분야 등에 이용할 수 있도록 되어 있다.

최종적으로 한국문화예술위원회 전체 회의에서 지원 여부를 의결한다.

이와 같은 프로세스의 엄격성은 정치권 등 외부의 사업 심의 개입을 원천적으로 차단하는 효과를 가져온다고 볼 수 있다.

그러나 문화예술진흥기금 사업에서도 정치가 직접적인 영향력을 미치는 사례가 존재한다. 그것은 소위 '쪽지 예산'으로 불리는 국회 지정 사업이다.

한국문화예술위원회는 공모라는 정해진 절차에 따라 공개 경쟁 방식으로 문화예술진흥기금 지원 사업을 선정하지만, 국회 지정 사업은 공모와는 무관하다. 국회의원들이 예산 심의권을 무기로 표밭 관리를 위한 지역구 민원이나 선심성 행사 등에 문화예술진흥기금을 끌어 들여 '국회 지정 사업' 명목으로 시행토록 하고 있는 것이다.

문화예술진흥기금에서 예산이 집행되어야 하는 '국회 지정 사업'의 내역을 보면 문화예술 진흥을 위한 전국 단위의 사업이 아닌 지역 행사 성격이 강하거나, 순수예술 분야 지원에서 벗어나 있는 사업도 적지 않음을 <표 13>에서 확인할 수 있다.

예컨대 '낙동강문화순회공연 지원', '실버문화학교', '문화바우처홍보사업', '하모니카페스티벌', '서울 K팝 공연', '대한민국청소년트로트가요제', '고마나루 향토 연극제' 등의 사업이 이러한 범주에 포함될 수 있을 것이다. 이러한 '국회 지정 사업'은 적게는 5,000만 원에서 많게는 10억 원이 넘는 금액이 지원되고 있으며, 통상의 공모 사업에 비해 지원 금액이 큰 경우가 적지 않다.

국회의원들이 입법 활동을 하는 무대인 국회가 일방적으로 결정한 뒤 문화예술진흥기금 집행을 요구하고 있는 '국회 지정 사업'은 정치의 직접적인 문화예술 개입이라는 측면에서 이해할 수 있다. 이는 몇 가지 관점에서 논의가 가능하다.

첫째, '국회 지정 사업'은 문화예술 분야의 국가 지원을 원하는 예술단체와 예술기관에는 매력적이고 유혹적으로 다가올 수밖에 없다. 이것은 경쟁이 치열한 공모 절차를 거치지 않아도 적지 않은 금액의 문화예술진흥기금을 지원받을 수 있는 특혜성 장점에 기인한다.

둘째, 해당 사업의 적절성 여부이다. 문화예술진흥기금 공모 사업에 선정되려면 적격성 및 타당성, 사업 효과 등과 관련한 사전 심의를 거치고 있지만, '국회 지정 사업'은 이러한 심의에서 사실상 배제되어 있다. 한국문화예술위원회 위원들이 모두 참여하는 전체 회의에서 '국회 지정 사업'에 대한 논의가 이루어지고 있으나, 이는 요식 행위에 불과한 상황이다. 예술위원회 체제 전환 이후인 2005년부터 2023년 현재까지 '국회 지정 사업'이 지원 취소된 사례는 단 한 건도 없다는 사실이 이를 입증한다.

셋째, 다른 공모 지원 사업과의 형평성 논란이다. 문화예술진흥기금 공모 사업은 보통 10대 1이 넘는 경쟁률을 보이고 있고, 심의 역시 매우 까다로운 편이어서 지원 사업에 선정되는 것이 쉽지 않은 구조를 보이고 있다. 반면 '국회 지정 사업'은 이 같은 절차를 거치지 않고 문화예술진흥기금을 교부받고 있어 공모를 신청한 다른 예술단체와 예술기관 등과의 형평성에서 자유롭지 못하다.

문제는 이와 같은 '국회 지정 사업'에 막대한 예산이 투입되고 있음에도 불구하고 사업 효과 등에 대한 사후 평가가 미비하고, 특히 일부 사업은 타당성이 의심될만큼 비판적인 시각이 있는데도 지속적으로 문화예술진흥기금 활용 예산에 편성되고 있다는 점이다.

일반적으로 공모를 통해 지원이 결정된 사업은 규정에 따라 전문가와 관객 등 외부인들의 사후 평가를 받게 되는 것과 달리, '국회 지정 사업'은 이러한 과정에서 동떨어져 있음에도 이를 해결할 수 있는 수단이 사실상 전무한 대목을 살필 필요가 있다.

　이것은 정치의 문화예술 간여 및 개입을 넘어, 문화예술 행정이 정치의 통제 속에 놓여 있음을 시사한다. 국회의원은 의정 활동 수단의 하나로서 '국회 지정 사업' 제도를 십분 활용하고 있으나, 이는 역으로 문화예술진흥기금을 운용하는 한국문화예술위원회 입장에선 예술지원의 정치적 개입으로 받아들여질 여지가 높은 것이다.

표 13 　한국문화예술위원회 전환 이후 문화예술진흥기금 국회 지정 사업 현황
(단위: 100만 원)

연도	사업명	예산
2007	무대예술인재교육사업	500
2008	낙동강문화순회공연지원	300
	실버문화학교	1,500
	부산국제매직페스티벌	200
2010	대구국제뮤직페스티벌	400
2011	독립운동사 뮤지컬 및 연극개발	500
	오페라해외공연지원	300
	대관령국제음악제	250
2012	생활문화공동체만들기	200
2013	문화바우처홍보사업	500
2014	서울국제무용콩쿠르	400
	하모니카페스티벌	50
2015	창작오페라 선비	199

	아시아민속춤페스티벌	300
	코리아아티스트프로젝트	400
2016	서울국제무용콩쿠르	400
	대한민국행복바라미 문화대축전	200
2017	독도사랑축제	250
	서울K팝 공연	100
2018	아시아아트페어지원	100
	세계한민족미술대축제	400
2019	부산국제매직페스티벌	500
2020	허황후 창작오페라 제작지원	500
	국제일루전페스티벌 개최지원	450
2021	인천-아시아아트쇼	200
2022	창작오페라 코리아웨딩	300
	어반브레이크 아트아시아	100
	창작뮤지컬 팔공산오디세이	200
2023	서울국제무용콩쿠르	50
	창작오페라 코리아웨딩	300

출처: 한국문화예술위원회 내부자료를 참고하여 재구성

II. 검열과 정치

1. 검열의 이해

검열은 국가의 이념에 맞지 않는 내용을 걸러내는 과정으로 인식되고 있으나, 한편으론 국가로부터 공개해도 좋다는 내용을 승인하는 과정으로 받아들여진다.

검열을 거쳐 나온 작품은 국가가 옳다고 생각하는 사상이나 적절하다고 판단한 수위 등에 대한 이데올로기를 포함한다.

검열은 문화예술의 영역에서 검열을 대면하고 있는 수용자의 주체성, 즉 검열에 반응하고 검열을 판단하는 문화예술 소비자들의 인식을 상기시킨다고 볼 수 있다.

일반적 검열에서 문화예술 영역으로 확장된 의미의 검열을 이해하기 위해선 '비재현적 문화연구'의 관점을 제시한 스튜어트 홀을 주목할 필요가 있다.

'비재현적 문화연구'는 확장된 개념으로서의 자본, 상품, 사물, 물질성을 주체의 이동과 변화의 과정, 방해와 잡음 등에 집중하면서 시간과 공간, 주체와 객체, 환경과 기술을 새로운 시선으로 바라보는 것을 의미한다.

검열을 이해하려면 그람시가 주창한 헤게모니[60]를 파악해야 한다. 헤게모니는 기본적으로 시민사회 내부에서 사람들의 믿음을 조절할 수 있는 국가와 지배계급의 능력을 의미한다. 헤게모니적 믿음은 불평등을 강화하고 비판적 사유를 방해하는 지배적인 문화적 동기이며, 동시에 사회질서를 유지하는 데 필요한 강제력을 경감시켜주기 때문에 지배 집단이 보다 효과적으로 통치할 수 있게 해준다.

그람시는 유기적 지식인[61]이 헤게모니적 믿음의 확산에서 중요한

---

60) 헤게모니와 관련한 논의는 제1부에서 기본적 의미와 문화예술 분야 확장 등을 다루고 있다.

61) 그람시는 유기적 지식인이란 복합적인 철학적, 정치적 이슈들을 일상의 언어로 번역하는 사제와 언론인 같은 사람들이라고 정의한다. 이들은 대중들이 어떻게 행동해야 하는지에 관한 지침을 제공한다고 그람시는 파악했다.

역할을 수행한다고 주장했다. 유기적 지식인들은 또한 사회 속의 지배세력, 예컨대 기업가, 귀족, 소부르주아의 동맹인 헤게모니 블록 형성에서 역할을 하기도 한다. 이러한 집단들은 민족주의와 상식적 사유로 구체화되는 헤게모니적 이데올로기를 공유하며 서로 다른 이해관계와 계급위치를 은폐한다.[62]

그람시는 이와 같은 헤게모니를 문화예술과 이데올로기를 포함하는 개념으로 확장했고, 이는 문화예술을 사회 피지배계층의 저항력과 지배계층의 통합력 사이의 투쟁의 장으로 보는 데에 기여했다.

문화예술과 정치와의 관계를 탐색하는 데 있어 그람시의 헤게모니 개념을 중요하게 여기는 이유는 알튀세르의 이데올로기 이론에서 찾아볼 수 있는 주체의 수동성을 탈피하기 위한 이론적 근거라는 점에 있다.

대중은 문화예술을 통해 실존적 경험을 창조하는 능동적 참여자이지 이데올로기에 함몰되는 수동적 주체들이 아니라는 것이다. 다시 말해, 대중은 이데올로기에 매몰된 무비판적이고 수동적인 존재가 아닌 자신을 둘러싼 담론을 바탕으로 적극적인 행동과 분석, 전유를 통해 문화예술 정치에 참여하는 것이다.

헤게모니는 지배그룹이 헤게모니적 권력관계를 통해서 자신들의 이익과 일반 대중의 이익을 동일한 것으로 제시함으로써 대중들로부터 자발적 동의를 획득하고 결과적으로 지배적 권위를 유지하는 과정을 추적할 수 있다. 즉 상식체계를 해체하는 데 필요한 개념으로 볼 수 있는 대목이다. 하지만 지배계층이 도덕적·문화적·시적 리더십을 유지

---

62) 필립 스미스 저·한국문화사회학회 역, 『문화이론: 사회학적 접근』, 이학사, 2008.

하려면 자신들을 반대하는 그룹과 지속적으로 협상해야 한다. 이러한 맥락에서 헤게모니는 지속적인 수용과 협상의 과정이라 할 수 있으며, 문화예술적 저항과 사회변동의 잠재력이 이 과정에서 발생한다.

특히 스튜어트 홀을 경유하며 헤게모니는 더욱 적극적으로 문화예술의 영역에서 설명되기 시작한다. 홀은 "문화예술의 문제는 단연코 정치적인 문제"라고 강조하며 문화예술을 사회적 행위와 중재가 일어나는 장소로 파악했다.

여기서 주시해야 할 지점은 대중들이 일상적으로 소비하는 대중매체의 역할이다. 현대 자본주의 사회에서 가장 중요한 의미생산 체계는 대중적인 미디어라고 할 수 있다. 미디어는 대중의 일상적 경험을 패턴화하는 결정적인 자원인 동시에 일상 생활을 분열된 모습으로서가 아니라 일관되고 이해 가능한 총체적인 모습으로 만들어주고 있다.

이러한 맥락에서 미디어는 결국 자본주의 사회 대중들의 경험을 관리하면서 일종의 문화예술적 리더십을 행사하고 있는 것이다.

그람시는 미디어 프로그램의 형식이 지배 이데올로기적 관점으로 세상을 이해하기에 적합하게 틀이 짜여 있어 수용자, 즉 대중을 미디어의 종속적 주체로 만들고 있다고 파악하였다. 익숙한 것에서 얻는 쾌락을 통해 지배 이데올로기적 실천을 확인할 수 있으며 피지배그룹이 지배체제에 기꺼이 동의하는 것도 가능하다고 보았다.

그러나 푸코와 같은 포스트구조주의 이론가들은 이와 같은 이데올로기 중심의 쾌락론에 여러 가지 문제가 도사리고 있다고 지적하였다. 이 가운데 가장 중요한 반론의 전제는 이데올로기 이론이 미디어 수용자 또는 대중을 이데올로기에 대응할 어떠한 힘도 없는 무능한 존재로 바라보고 있다는 점이다.

하지만 이는 잘못된 논의로, 대중은 어느 하나의 미디어 소스에서 얻은 정보를 일방적으로 수용하는 것이 아니라 주변에 존재하는 다양한 개인적 네트워크를 통해 추가 정보를 더하고 자신만이 가지고 있는 현실세계의 상황을 바탕으로 지식의 소비자 대신 생산자로 기능하는 것을 선호한다는 반박이 존재한다.

결론적으로 구조주의 이데올로기 이론에서 전제하고 있는 종속성으로부터 쾌락이 발생하고, 쾌락은 종속성이 강해질수록 커진다는 주장은 포스트구조주의 이론에서는 수용하기 어려운 것이다.[63]

2. 한국의 문화예술 검열

우리나라의 문화예술 분야 검열은 일제 강점기 출판분야에서 그 시작점을 발견할 수 있다. 일제 강점기 검열기구는 경무총감부 고등경찰과 도서계부터 경무국 고등경찰과 도서계, 경무국 도서과로 변화하였다.

국권침탈 직후에 발간된 조선 경찰 '심루요서'는 출판물에 대한 검열제도에 대한 처벌조항을 설명하고 있다. 당시 <출판법> 제11조는 문학작품전반의 검열을 다음과 같이 명문화하고 있다.

출판법 제11조 ① 국교를 저해하며 정체를 변괴하거나 국헌을 문란한 문화도서를 출판할 때는 3년 이하의 형, ② 외교군사의 기밀에 관한 문서도화를 출판할 때는 2년 이하의 형,

③ 앞 2항의 경우 외에 안녕질서를 방해하며 풍속을 괴란하는 문화도시

---

63) Michel Foucault, 『Discipline and Punish: The Birth of the Prison』, New York: Vintage Books, 1979.

를 출판할 때는 10개월 이하의 금옥, 기타 문서도화를 출판하거나 인쇄할 때는 100원 이하의 벌금을 처한다.[64]

이와 같이 일제강점기는 검열이라는 근대적 제도를 통해 독자적인 법령과 검열기구를 바탕으로 전문인력인 검열관에 의해 검열이 이루어졌다. 이 과정에서 검열관이 책의 표지에 도장이나 수기를 붓칠해놓거나 먹칠과 삭제 등 다양한 검열의 흔적들이 나타나는데, 이는 보이지 않는 권력의 힘을 시사한다고 볼 수 있다.

식민지배권력은 다양한 행정규칙을 통해 삭제, 압수, 발매 및 배포금지, 발행금지 등의 조치를 취하면서 출판과 인쇄시스템을 압박하였다.

국내 검열과 관련한 이러한 논의는 일제강점기라는 특수한 상황에서 이루어진 비정상적인 행정적 조치로 이해할 수 있을 것이다. 하지만 해방 이후에도 검열은 사라지지 않고 미 군정 시기와 냉전체제 속에서 다른 방식으로 나타났으며, 박정희 군사정부 시절인 1960년대부터는 헌법을 통해 등장했다.

당시 헌법에 포함된 검열조항은 이렇게 적시되어 있다.

언론·출판에 대한 허가나 검열과 집회·결사에 대한 허가는 인정되지 아니한다. 다만, 공중도덕과 사회윤리를 위하여는 영화나 연예에 대한 검열을 할 수 있다.

위와 같은 문구는 일반적인 의미의 '문화', 즉 '문화예술'과 '대중

---

64) 정근식 외, 『검열의 제국: 문화의 통제와 재생산』, 푸른역사, 2016.

문화'를 분리하여 대중들이 쉽게 접할 수 있는 '대중문화'를 저열한 것
으로 취급하는 시각이 드러나며, 이는 지금까지도 검열의 존재방식을
증명하는 논리로 작용하고 있다.[65]

시간이 흘러 1970년대는 국내 문화예술사, 특히 대중예술(대중문
화)에 특별한 의미를 부여할 수 있는 시기이다.

1970년대는 대중문화가 본격적으로 태동하고 청년문화가 대두되
었다. 서구문화가 대중문화에 파고들었고, 동시에 청년들의 사회비판
방식 또한 새롭게 등장했지만 유신헌법과 더불어 검열은 점점 더 문화
예술을 희생시킨 측면이 존재한다. 이와 관련하여 전경옥은 "문화예술
이 정치권력에 의해 변질되고 왜곡되었으며, 국가가 유도하는 문화예술
이 국민의 정신세계를 지배했다"고 진단했다.

1970년대에는 상술한 조항들이 더욱 강화되어 문화예술 전반에 대
중사회와 문화에 대한 논의와 양식들이 폭발적 위력을 발휘하였다.

예를 들어, 다양한 장르의 음악, 고고장과 히피문화, 대중소설의
영화화, 청년문화나 제3세대 작가 등에 대한 논의는 1970년대 문화의
다양성과 성장을 직접적으로 보여주고 있다.

이 같은 문화는 일부 집단이나 엘리트 문화가 아닌 대중들이 쉽게
즐기고 향유할 수 있는 것으로, 1970년대의 검열은 명백하게 대중들
이 인식할 수 있는 형태로 드러났다는 점에서 이전 시기의 검열과 구
분된다.

노출된 검열과 함께 성장한 1970년대의 국내 대중문화는 검열을
통해 대중들이 스스로의 의미와 지위를 인식할 수 있는 세기를 맞이한

---

65) 송아름, '1970년대 한국영화 검열의 역할과 문화정치', 서울대학교 대학원 박사
    학위논문, 2019.

것은 아이러니다.[66]

1970년대 군사정부에서 나타난 문화예술 분야의 검열은 대중의 취향과 인식, 육체를 국가가 정한 기준을 바탕으로 옳고 그름으로 구분하려 시도했으며, 그르다고 판단한 이들을 처벌한 결과로 이어졌다. 1980년대 이후부터는 영화를 중심으로 한 검열의 외형적 변화가 나타났다.[67]

3. 대중음악 규제

우리나라 대중음악과 관련한 제도적 규제는 과거부터 지금까지 방송 분야와 공연 및 음반 분야 등 두 가지 영역으로 나눠 분리 운영되는 흐름을 보이고 있다.

방송 관련 규제는 박정희 정부 시절인 1962년 방송윤리위원회 설립, 공연 및 음반의 규제는 1966년 예술윤리위원회 설립 이후 본격화하였다.

이들 기관은 '윤리'라는 잣대를 내세워 금지곡을 지정하였으며, 금지곡 지정을 통한 규제의 근거는 다양했다.

방송윤리위원회는 1965년부터 방송에 부적합한 대중음악을, 예술윤리위원회는 1967년 음반법 제정 이후 심의기준에 맞지 않은 금지곡을 각각 발표하였다.

그런데 예술윤리위원회는 자율적 기구로 음반 규제를 위한 직접적 권한이 없어 금지곡을 음반으로 제작하더라도 이를 규제할 법적 근거

---

66) 이순웅, '그림시의 이데올로기 개념의 형성', 「시대와 철학」 19, 한국철학사상연구회, 2008.

67) 1980년대 이후의 문화예술 분야 검열과 관련해서는 제5부 '영화와 정치'에 내용적 서술이 이루어져 있다.

는 없었다. 당시 정부는 이를 보완하기 위해 1976년 법적 권한을 행사할 수 있는 공연윤리위원회를 설립하였다. 이와 같은 흐름은 법적 근거 없는 금지곡 지정이 9년 가까이 계속되었음을 의미한다.

공연윤리위원회는 사전심의제를 시행하였지만 실제로는 방송윤리위원회에 그 내용이 통보되고 방송사로 전달되었다. 즉 두 기관은 공통된 심의정보를 공유하는 검열조직으로 기능하였던 셈이다.

<1970년대 금지가요 심의절차>

■ 공연윤리위원회: 공연윤리위원회 가요음반 심의부에서 가요음반의 사전심의 규제 목록을 방송심의위원회에 통보

■ 방송윤리위원회: 공연윤리위원회에서 통보된 가요음반 사전심의 규제 내용을 소위원회에 상정 심의, 방송금지결정 및 금지 실시일을 방송사에 통보

■ 각 방송 회원사: 방송금지곡 및 금지 실시일을 방송윤리위원회로 부터 통보받아 시행

1980년 이후 대중음악에 대한 규제는 점차 약화되었으나[68] 뮤직비디오 등급 심의, 방송부적격 가요 심의, 청소년유해물 지정과 같은 사전심의제 성격의 규제는 존치되었다.

---

68) 1987년 노태우 대통령의 6·29선언 이후 대중음악 분야에서도 수많은 금지곡이 해제되었다.

1995년 서태지 음반 4집에 수록된 '시대유감'에 대해 공연윤리위원회에서 가사 일부[69]를 문제 삼으면서 수정을 요구하였다.

그러나 서태지가 이를 거부하고 목소리를 뺀 채 연주곡만 앨범에 수록하면서 일련의 사태가 시작되었다. 당시 PC통신망에서 이를 성토하는 글이 게시되었고, 이후 새정치국민회의 김대중 총재가 '서태지와 아이들 음반관련 진상조사 위원회'를 구성하면서 정치적 이슈로 번지게 되었다. 정치의 개입으로 그 해 11월 '사전심의 폐지의 수정안'이 국회 소관 상임위원회를 통과하면서 사전심의제는 폐지 수순을 밟게 되었다.

이 사건은 정부의 대중예술 규제에 반발한 대중들의 자발적 저항 활동이면서, 정치가 직접적이고 노골적으로 관여했던 사건으로 분류할 수 있다. 특히 정부의 대중음악 규제 정책이 낳은 파문을 수습하기 위해 정치가 뛰어들어 해결한 사례로 기록된다.

현재 대중음악과 관련된 규제로는 방송국의 자체심의, 영상물등급위원회의 뮤직비디오 심의, 청소년보호위원회의 청소년 유해 매체물 지정 등 크게 세 가지가 있다.

뮤직비디오는 출시 전 등급심사를 받는 것에 비해, 청소년 유해 매체물 지정은 시일이 한참 지난 노래에 대해 소급적용되기도 한다.

예컨대 2011년 청소년보호위원회는 한 걸그룹의 히트곡에 대해 음반 출시 3년 5개월이 지난 상태에서 청소년 유해 매체물 지정을 고시할 예정이었으나, 해당 걸그룹 측에서 의견서를 제출하자 유해물 지정을 취소하기도 하였다.

---

69) 당국이 문제 삼았던 가사는 이렇다. '왜 기다려왔잖아 모든 삶을 포기하는 소리를. 이 세상이 모두 미쳐버릴 일이 벌어질 것 같네'

III. 문화예술 분야 블랙리스트

블랙리스트(Blacklist)의 사전적 의미는 감시가 필요한 위험 인물들의 명단, 즉 감시 대상 명단과 요주의자 명단으로 정의된다. 전통적으로 블랙리스트는 기업주의 관점에서 고용기피대상자 명단을 의미하지만 보다 넓은 의미로는 공적인 비난을 살만한 사람들의 명단으로 그 의미가 확대된다.

문화예술 분야의 블랙리스트는 국가의 개입을 정면으로 지칭한다고 볼 수 있다.

박근혜 정부 시절 벌어졌던 블랙리스트 논란과 관련하여 '문화예술계 블랙리스트 진상조사 및 제도개선위원회'는 블랙리스트를 다음과 같이 정의내리기도 하였다.

> 블랙리스트는 정부기관이 정부에 비판적인 성향을 가진 특정 개인이나 단체의 정치적·사회적 성향이나 활동을 조사·분류하여 이를 관리한 문건 또는 내용을 의미한다

블랙리스트의 본질은 일정 명단 대상자에 대한 '지원배제'나 '불이익 제공'에 그치지 않는다. 블랙리스트는 대상자 선정 및 관리를 위해 필연적으로 차별적인 사찰·감시·검열 행위를 수반하게 되고 그 대상자들의 활동과 표현을 위축시키게 된다.[70]

블랙리스트는 국가가 작성한 것와 사인(私人)이 만든 것으로 나눌 수 있다.

---

70) 이준일, '블랙리스트의 헌법적 쟁점',「세계헌법연구」제23권 제1호, 2017.

두 가지를 구분하는 기준은 블랙리스트 작성 및 관리에 법령에 의한 근거가 필요한지 여부이다. 국가가 블랙리스트를 작성하여 관리하게 되면 법률의 근거를 두어야 하며, 이 경우 헌법상 비례원칙의 범위 내에서 관련 단체나 국민의 기본권을 제한할 수 있다.

이에 비해 사인은 법인이든 개인이든 일정한 목적을 위한 블랙리스트의 작성 및 관리가 국가보다 자유로운 편이다. 다만 블랙리스트의 실행 과정에서의 수단이나 방법이 민법상 불법행위가 되거나 형법상 범죄를 구성할 수 있다.[71]

블랙리스트는 헌법상 금지하고 있는 사전검열의 형태를 띠고 있다는 점에서 '국가의 검열'로 이해할 수 있는 측면이 있다.

현행 헌법은 사전검열금지원칙을 표방하고 있어 국가는 직접적이고 노골적인 방식으로 사전검열을 실행하긴 어렵기 때문에 간접적이고 사실적인 방식으로 사전검열을 실행할 위험성이 커질 수 있다. 정부 정책에 반대하거나 정부가 지향하는 정치적 노선과 배치되는 정치적 견해를 갖게 되면 재정 지원에서 배제될 수 있다는 위협을 가하게 되는 것이다.

한국적 상황에서 나타난 문화예술계 블랙리스트 사태는 간접적이고 사실적인 방식으로 이루어진 검열로 파악할 여지가 있다. 정부 정책에 비판적이거나 특정 정당의 정치인을 지지하는 문화예술인의 명단을 작성하여 그들에 대한 국가의 재정적, 제도적 지원을 배제함으로써 문화예술활동에 제약이 가해진 것이다.[72]

....

71) 조기영, '직권남용과 블랙리스트', 「비교형사법연구」 제20권 제2호, 2018.
72) 문화예술계 블랙리스트 사태는 위헌 시비로 번졌고, 헌법재판소는 2020년 12월 23일 이에 대한 헌법소원 결론을 내렸다. 헌법재판소 재판관 전원일치의 위헌 결정이었다. "지원배제 지시는 문화예술인들의 특정한 정치적 표현의 자유에 대

특정 문화예술인과 문화예술단체에 대한 국가의 재정적, 제도적 지원의 배제는 문화예술활동을 위축시키고 냉각시키는 부작용을 낳을 수 있다.

한국 사회를 강타했던 문화예술계 블랙리스트 사건[73]은 문화예술에 대한 정치적 압력 행사, 즉 정치의 문화예술 분야 개입으로 이해할 수 있다. 이 사건은 동시에 문화예술 지원의 기본적인 원칙이자 핵심 기조라고 할 수 있는 '팔길이 원칙', 다시 말해 지원은 하되 간섭은 하지 않는다는 원칙이 실종된 결과로 파악할 수 있다.

여기서 주목해야 할 내용은 블랙리스트 기획 및 실행과 관련한 과정이다. 문화예술인과 단체에 대한 재정적, 제도적 지원은 국가의 문화예술지원기관(우리나라는 한국문화예술위원회가 해당된다) 주도로 이루어져야 하지만, 상급기관인 문화체육관광부의 지시에 따라 블랙리스트를 작성하게 됨으로써 문화예술지원기관은 스스로 자율성과 독립성을 훼손하였다. 특히 이러한 과정에서 정치의 영역으로 분류될 수 있는 청와대가 간여했다는 의혹이 제기되었는데, 이는 정치가 문화예술에 영향력을 행사했다는 지적에서 자유롭지 못하다.

한 사후적인 제한에 해당한다. 이로 인해 앞으로 문화예술인들이 유사한 정치적 표현의 자유를 행사함에 있어 중대한 제약을 초래하게 된다. 특히 특정 견해나 이념에 근거한 제한은 가장 심각하고 해로운 표현의 자유 제한이며, 헌법의 근본원리인 국민 주권주의와 자유민주적 기본질서에 반한다". 노컷뉴스, '헌재, 박근혜정부 문화예술계 블랙리스트 위헌', 2020년 12월 23일자 보도.

73) 문화예술인 블랙리스트는 2016년 10월 12일 언론보도를 통해 처음 수면 위로 떠올랐다. 당시 언론은 9,473명에 이르는 블랙리스트 명단을 함께 공개했다. 이 사건과 관련하여 법원은 "이념적 성향이나 정치적 입장이 다르다는 이유로 지원을 배제하는 것은 평등 원칙에 반하는 위헌이자 위법"이라고 판단했다. 당시 문화예술인 블랙리스트를 기획한 죄로 전 청와대 비서실장과 전 문화체육관광부 장관 등이 기소되어 재판을 받고 있다. 김진각, 『문화예술지원론: 체계와 쟁점』, 박영사, 2021.

표 14 문화예술계 블랙리스트 실행 분야와 사업명

분야	유형	사업명
공통	배제	한국문화예술위원회 블랙리스트 실행을 위한 지원 및 심사제도 개편 사건
전시	배제	'한국문화예술위원회 2016 국제예술교류지원 1차' 등 '화성 열린문화터' 선정 배제 의혹 사건
문학	배제	김형중 등 심의위원 풀 부당배제 사건
문학	배제	김성규 등 주목할만한 작가상 부당배제 사건
문학	배제	작가 김중미에 대한 블랙리스트 등재 사건
문학	배제	2015 아르코문학창작기금 사업 파행 사건
문학	배제	2015 우수문예지발간지원 사업 파행 사건
공연	배제	'2016년도 한국문화예술위원회 공연장 정기대관공모', '극단 놀땅' 선정 배제 사건
공연	배제	한국문화예술위원회 등 '극단 허리' 선정 배제 사건
공연	배제	2015년 공연예술창작산실 심사번복 요구 및 공연포기 강요 사건
공연	배제	한국문화예술회관연합회 등 '극단 진일보' 선정 배제 사건
공연	배제	한국공연예술센터 정기대관 공모사업 '극단 두비춤' 선정 배제 의혹 사건
공연	배제	2015 서울연극제 대관 배제 및 아르코 대극장 폐쇄 사건
공연	배제	한국문화예술위원회 2015년 팝업씨어터 공연방해 및 검열 의혹 사건
공연	배제	2016 한국문화예술위원회 국제예술교류 지원 2차 '극단 드림플레이' 선정 배제 의혹 사건
공연	배제	'2015 한국문화예술위원회 민간국제예술교류지원' 등 서울연극협회 선정 배제 사건

공연	배제	한국문화예술위원회 '2015년 공연예술(연극) 창작산실 대본공모지원' 사업 등 '극단 미인' 선정 배제 사건
공연	배제	한국문화예술위원회 등 '극단 연우무대' 선정 배제 사건
공연	배제	'극단 하땅세(윤시중)' 배제 사건
공연	배제	한국문화예술위원회 2015 문예진흥기금 공모사업 등 '서울변방연극제(임인자)' 선정 배제 사건
공연	배제	윤한솔 연출가 전면 배제 사건

출처: 문화예술계 블랙리스트 진상조사 및 제도개선위원회, 『블랙리스트 진상조사 및 제도개선위원회 백서』, 2019를 참조하여 재구성.

제4장

세계사 속 정치지배자와 문화예술인

I. 루이 14세와 장바티스트 륄리

1. '태양왕'과 예술

통치 기간 중 강력한 절대군주 위치를 구축하면서 '태양왕'으로 불렸던 프랑스 루이 14세는 바로크 시대[74]의 예술 애호가였다. 모루아의 말처럼 루이 14세가 "짐이 국가다"라고 언급한 적은 실제론 없었더라도[75] 그가 그러한 생각을 갖고 왕권신수설에 의한 절대권력을 휘둘렀다는 사실은 변함이 없다.

역사적으로도 회자될 만큼 루이 14세는 화려한 생활을 누린 사치스러운 왕이었으며, 그가 살던 곳인 베르사유 궁전의 초화화스러움만으로도 그의 예술적 안목과 생활은 짐작 가능할 것이다.

....

74) 17세기에 나타난 하나의 미술양식으로 현실에 이상적이고도 화려하고 장중한 성격을 부여하며 유럽의 공식적 예술양식의 규범이 되었다. 질서와 균형, 조화와 논리성, 우연과 자유분방함, 기괴한 양상 등이 강조된다.

75) 앙드레 모루아 저 · 신용석 역, 『프랑스사』, 김영사, 1991.

루이 14세는 총 72년의 재위기간 중 어린 시절을 제외하고 오롯이 절대군주로서 막강한 권력을 유지한 상태로 평생을 살았다.[76] 루이 14세가 강력한 왕이 되어 귀족을 제압하고 그들로부터 강압적으로 충성심을 얻어내는 왕으로 군림하려 한 결정적 계기는 '프롱드의 난'[77]으로 설명할 수 있다. 루이 14세는 '프랑드의 난'을 겪으면서 보다 강력한 힘을 가진 왕이 되고 싶은 욕망에 휩싸이게 되었다. 이러한 그의 심정은 당시 회고록에서 확인할 수 있다.

> 짐과 피를 나눈 방계왕족이자 명망 높은 콩데 공이 적의 선봉에 섰고 국가는 음모로 들끓었으며 고등법원은 짐의 권위를 빼앗아 즐겼도다. 짐의

---

76) 루이 13세 사망 후 6개월 여가 지난 1643년 5월 왕실 고문관 리슈리외까지 죽자 다섯 살 밖에 안 된 루이 14세가 왕으로 즉위한다. 루이 14세가 친정을 하기 전까지인 18년 동안은 재상 쥘 마자랭이 절대 권력을 휘둘렀다. 나이가 너무 어린 왕이기에 루이 14세는 나라를 통치할 수 없었고, 왕의 친척들인 방계왕족과 대귀족들이 서로 권력 행사를 기대하며 들떠있었다. 루이 14세의 어머니인 안 도트리슈는 남편의 유언장을 파기했고, 곧 섭정권을 얻어서 권력을 손에 넣었으나 원하는 직위를 얻지 못한 귀족들의 반란에 부딪혔다.

77) 프랑스의 귀족들이 루이 14세의 중앙집권에 반발하여 일으킨 내란으로, 어린이들의 돌팔매 도구인 프롱드(Fronde)로 돌을 던졌다고 해서 붙여진 이름이다. 1648년 5월 13일 파리 곳곳의 저택 유리창이 돌팔매에 깨졌다. 루이 14세(당시 10세)의 섭정인 어머니 안 도트리슈와 재상 마자랭 세력, 그리고 권력에 대한 공공연한 저항이 시작되었다. 돌을 든 사람들은 놀랍게도 귀족인 파리고등법원 법관들이었다. 법관들은 이탈리아 출신의 재상 마자랭의 독재와 월권을 저항의 명분으로 삼았으나 도화선은 세금이었다. 30년 전쟁에 참전하느라 비어버린 국고를 채우고 어린 국왕의 권력기반을 다진다며 면세 대상이던 법관들에게 직접세를 과세하자 쌓였던 증오가 터졌다. 법원은 결국 새로운 약속을 얻는 데 성공했다. 파리에서 탈출해 반격의 기회를 엿보던 국왕 세력은 영국 찰스1세의 처형 소식이 전해진 직후 최고법원에 대한 과세동의권 부여, 관직신설 억제 등의 개혁안을 1946년 3월 받아들였고 법관들은 제자리로 돌아갔다. 하지만 프롱드의 난은 여기서 끝나지 않았다. 1650년 초 또다시 마자랭의 저택 유리창이 프롱드로 깨져나갔다. 2차 프롱드 반란의 주역은 고위 귀족층이었다. 마자랭의 퇴진을 요구한 귀족들의 저항은 내란에 지친 시민들의 외면 속에 1653년 국왕의 승리로 싱겁게 끝났다. 프롱드의 난은 결국 실패로 돌아가 절대왕정이 더욱 강화되었다.

궁정에서도 충성심은 거의 찾아볼 수 없었다. 겉으로는 순종적으로 보이는 신하들조차도 짐에게는 반역의 무리처럼 부담스럽고 위험해 보였다.[78]

'프롱드의 난'을 계기로 권력의 이면을 터득하게 된 루이 14세는 오랜 시간 자신을 위해 절대권력을 행사하지 못한 슬픈 왕으로 서 있을 수밖에 없었다.[79] 이러한 슬픔의 자리에 그가 사랑했던 발레, 음악, 연극 같은 예술 장르가 대신 차지하게 되었다. 이것은 절대적 정치 지배자인 루이14세가 궁정음악에 천착하게 되고, 이 과정에서 이를 만족시키기 위해 장바티스트 륄리[80] 같은 예술가가 전면에 나서면서 예술의 정치화가 나타날 수밖에 없는 환경이 조성되었다.

루이 14세는 자신의 정치적 영향력을 과시하기 위해 문화예술을 적극적으로 이용했다. 즉 절대 군주로서 자리 잡기 위한 수단으로 예술을 어느 누구보다도 능수능란하게 수용하였다.

예컨대 '카루젤'이라는 거리 축제에서 루이 14세는 로마 황제 복장을 하고 등장하였다. 이때 방패에 '왔노라, 보았노라, 이겼노라'를 모방한 '나는 보았노라 무찔렀노라'라는 라틴어 문구를 새길 정도였다. 루이 14세는 이처럼 화려한 연회를 즐기고 연극과 발레, 음악의 축제를 많이 베풀면서 강조했지만, 정작 민중의 여가 시간을 위해서는 예술을 활용하지 않았다.

---

78) 이영림, 『루이 14세는 없다』, 푸른역사, 2010.

79) 서성복, 『프랑스의 절대왕정시대』, 푸른사상, 2012.

80) 장바티스트 륄리(Jean-Baptiste Lully, 1632-1687). 이탈리아 출신으로 바로크 시대의 무용가이자 음악가. 프랑스의 궁정음악가로 일생의 대부분을 보냈다. 야망과 출세욕이 유독 강했던 륄리는 루이 14세의 궁정용 무용음악과 발레 안무를 다수 창작하면서 왕의 환심을 샀다. 이런 것이 계기가 되어 프랑스 음악의 지배자로 발돋움하였다.

절대군주로 군림했던 루이 14세.

2. 예술과 정치의 동거

절대 왕권을 휘두르던 루이 14세의 예술적 행보를 함께 한 예술가는 적지 않았지만, 그 중에서도 장바티스트 륄리를 빼놓을 수 없다. 륄리는 루이 14세의 예술의 수단화에 적극 동조하면서, 예술을 통하여 궁정에 자신의 권위를 보여주려했던 '태양왕'을 위한 음악 작곡에 스스럼이 없었다.

륄리는 이탈리아에서 사는 동안 단 한 번도 제대로 된 음악 교육을 받아본 적이 없는 것으로 알려져 있다. 하지만 열세살 때 피렌체를 방문한 프랑스 기사 로렌조 로렌 공의 도움으로 루이 14세의 사촌 누나의 사동이자 이탈리아어 교사로 프랑스로 향하게 되었다는 기록이 있다. 프랑스에 정착해 처음으로 수준 높은 음악을 접하고 배우게 된 륄리는 이후 음악적 재능을 발휘해 공주의 오케스트라에서 바이올린을 연주하였고, 왕실의 연회에 참여하면서 자연스럽게 왕실과 인연을 맺게 되었다.

륄리는 1653년 '밤의 발레'를 작곡해 성공을 거두게 되면서 인생 최고의 기회가 찾아왔다. 루이 14세의 '프롱드의 난' 진압을 축하하는 공연에서 단역으로 무대에 오를 수 있었고, 여기에 루이 14세와 함께 춤을 추는 행운을 얻은 것이다.[81] 륄리는 여기에 전부를 걸었다.

륄리는 왕에게 금빛 햇살로 짠 듯 화려한 의상을 입은 아폴론의 모습으로 무대에 서라고 권했다. 태양왕의 위용을 보이라는 주문이기도 하였다. 당시 열네살이었던 루이 14세는 륄리의 조언을 받아들여 이 공연의 마지막 부분에서 솟아오르는 태양처럼 전진하며 중신들에게 위엄을 떨쳤다.

이 공연이 있은 지 6주 만에 스무살의 륄리는 루이 14세의 전속 기악 작곡가로 임명되었고, 궁정 발레 작곡가와 오케스트라 단원으로 활동하기 시작했다. 궁정의 모든 공연에 참여했으며 여러 역할을 동시

---

81) 김영희, 『프랑스 오페라 작곡가』, 비즈앤비즈, 2012.

에 소화하기도 하였다. 그 누구도 따라올 수 없을 만큼 왕의 절대적 신임을 얻으며 프랑스 음악사에 자리를 잡는 순간이었다.

릴리는 특히 태양왕을 무대에 올리는데 심혈을 기울였고, 그의 치세를 무대에서 드높일 생각으로 가득찼다. 이렇게 하기 위해선 발레는 더욱 성대하고 화려하며 고상해져야 했다.

이처럼 최고 정치 지배자와 예술가의 공생은 한동안 계속되었다.

릴리는 루이 14세로부터 개인 앙상블을 꾸릴 권한을 얻어내 불과 몇 주 만에 '레 프티트 비올롱'(Les Petits Violoms)이라는 악단을 만들었다. 10명으로 구성된 이 악단은 전적으로 젊은 군주에게만 봉사하는 목적을 갖고 있었기에 릴리는 마치 사조직처럼 악단을 운영하였다. 그는 악단 단원의 의사와는 상관없이 최상의 효과를 내기 위해 연습을 강행하고 활의 놀림과 각 파트 사이의 유기성을 강화했다. 이런 식으로 3년을 운영한 끝에 릴리는 루이 14세의 작곡가이자 가장 인정받는 무용수 중 한명이 되었다. 릴리는 직접 희극을 연기했으며 코메디아 델라르테[82]의 인물들을 유머러스하게 흉내 내어 관객을 웃겼다.

릴리와 그가 이끄는 무리는 점차 왕실 음악의 위계 조직을 좌지우지할 만큼 영향력을 키우게 되었다. 1661년에 루이 14세는 재상 콜베르의 지지를 얻어 릴리를 음악 총감에 임명함으로써 프랑스 음악 정책은 릴리 손으로 넘어가게 되었다.

이후 릴리는 무서운 지도자의 면모를 드러내기도 했는데, 자신의 법을 강요하여 그의 허가 없이는 어떤 오페라도 무대에 올릴 수 없었다.

서양음악사에서 규정하는 릴리의 모습은 대체로 부정적이다. 뛰어난 작곡가라기보다는 권모술수에 능한 사람이거나 시대를 주름잡은 권

---

82) 중세 말기와 바로크 시대인 16~17세기 사이에 이탈리아에서 유행한 가면 희극.

력형 음악인으로 분류되고 있다.[83]

여기에는 륄리가 정치의 영역에 깊숙이 간여하여 궁정 음악가를 넘어서는 역할을 했다는 비판이 깔려 있다.

륄리는 음악의 예술적 측면보다는 화려한 무대, 연극적 효과, 의상, 발레에 더 큰 비중을 두었던 궁정 예술감독에 더 가까울 수도 있다.

루이 14세 당시 베르사유성은 정치와 예술의 관계를 사유해볼 수 있는 하나의 객체로 파악할 수 있다. 베르사유성은 군주의 영광을 드높이는 도구가 되었다. 이를 위해 루이 14세는 프랑스에서 가장 유능한 예술가들을 곁에 두었다. 음악은 륄리, 연극은 몰리에르, 조경은 르 노트로, 건축은 르 보가 각각 자리하였다. 1664년 봄 루이 14세는 베르사유성에서 '마법에 빠진 섬에서의 향연'이라는 제목의 성대한 연회에 올릴 혁신적인 공연물을 륄리와 몰리에르에게 맡겼다. 음악과 연극이 한데 어우러지는 작품을 두 사람의 합작물로 만들도록 명령한 것이다. 이러한 과정을 거쳐 탄생한 작품이 17세기 통틀어 가장 볼만한 공연물로 평가받는 '엘리드 공주'(La Princesse d'Elide)였다.

이후에도 륄리의 정치적 예술은 계속된다. 루이 14세를 평화의 제왕이자 전쟁의 제왕으로 만드는 것이 그의 새로운 임무였다. 이를 위해 륄리는 오페라 '알세스트'(Alsceste)를 만들었다. 오페라 '알세스트'는 우수 어린 가사와 마음 약해지는 단조의 음악이다.

님프는 주인공이 돌아오기를 애타게 기다리며 하소연한다. 이어 북과 나팔 소리가 울리며 군악대가 행진하고 영광이 하늘에서 내려온다. 왕의 초상이 넵투누스, 마르스, 아폴로, 플루토, 승리한 헤라클레스라는 다섯 신을 통하여 드러난다.

---

83) 스티브 페핏 저·이영아 역, 『오페라의 유혹』, 예담, 2004.

최고 정치 권력자인 루이 14세를 위한 예술이 최대 목적이었던
궁정 음악가 장바티스트 륄리. 륄리는 자신의 출세를 위해
루이 14세가 원하는 방향으로 예술적 활동을 하였다.

30년 동안 프랑스 최고 궁정 음악가로 군림해온 륄리의 음악적 변화나 시도의 중심에는 항상 루이 14세가 있었다.

륄리의 음악적 행보는 오로지 루이 14세만을 향해 있었기 때문에 예술가적 고뇌로 성장하기보다는 시대의 흐름에 맞춰서 자신을 억지로 맞추는 듯한 인상을 남기기도 했다.

이와 같은 정치와 예술의 오랜 동거는 그러나 매끄러운 결말로 마무리되지 않았다는 점을 주목할 필요가 있다.

예술가 륄리는 '태양왕' 최고 권력자의 총애를 얻기 위해서 오페라 등 음악과 발레를 사용했고, 그렇게 해서 얻은 총애로 절대군주의 황금기에 최고의 예술권력자가 될 수 있었지만, 치명적인 불명예로 몰락의 길로 접어들게 되었다.

오래전부터 스스럼없는 난봉꾼으로 궁정의 몇몇 동성애자들과 관계를 맺고 있었다는 사실이 드러나면서 륄리는 고립되었고, 자신의 소유로 되어있던 극장도 빼앗겼다.

건강이 악화된 륄리는 1687년 3월 22일 마들렌 드라 빌레베트 자택에서 사망했다. 3주 뒤 왕의 고문관들이 동료를 추모하는 예식을 마련했으나 루이 14세는 장례식과 추모식 어느 쪽에도 참석하지 않았다.

II. 스탈린과 쇼스타코비치

1. 논쟁적 예술가

역사적으로 정치 권력자에 의해 정치 예술의 길을 걸을 수밖에 없었던 예술가들이 있는 반면 자신의 작품 등을 통해 정치적 성향을 스스로 드러낸 예술가도 있다. 이른바 논쟁적 예술가로, 20세기를 대표하는 러시아 출신의 작곡가 드미트리 쇼스타코비치(Dmitri Chostakovichi, 1906-1975)가 대표적이다.

쇼스타코비치의 예술적 행보는 소련의 독재자 이오시프 스탈린 (Iosif Vissarionovich Stalin, 1878-1953)과 떼어놓고 논의하기는 불가능하다. 볼셰비키 집권 당시 스탈린 정권과 쇼스타코비치의 관계는 그가 음악가로 활동했던 모든 기간에 걸쳐 빼곡하게 투영되어 있다.

스탈린에게 문화예술은 새로운 사회를 건설하는 데 중요한 요소로 작동했으며, 사회의 다른 영역처럼 정치적으로 통제할 수 있다고 여겨졌다.

예술의 정치 도구화가 이 시기의 두드러진 특징이라고 볼 수 있다. 예술 작품의 가치를 평가하는 기준은 독재 체제의 사회적 열망과 정치적 욕구를 반영했으며, 예술의 주요 목적은 체제가 승인한 사회적 가치와 정치적 이상을 협소한 예술 평론가와 후원자의 세계가 아니라 일반 대중이 감상할 수 있는 방식으로 표현하는 것이었다. 이러한 분위기를 반영하듯 스탈린 독재 체제의 모든 문화예술은 예술가들이 자기 만족에 빠진 엘리트주의 문화가 아니라 민주적 문화가 되어야 했다.

'므첸스크의 맥베스 부인'과 정치적 스캔들

'므첸스크의 맥베스 부인'(Lady Macbeth of Mtsensk District)은 쇼스타코비치의 첫 오페라 '코'(The Nose)에 이어 작곡된 두 번째 오페라이다.

니콜라이 레스코프(N. Leskov)의 소설 '므첸스크의 맥베스 부인'(1865)을 기초로 삼은 이 작품은 동시에 윌리엄 셰익스피어의 작품에서 영감을 받은 것으로 알려져 있다.[84] '므첸스크의 맥베스 부인'은

---

84) 므첸스크는 러시아 중부 오룔 지방에 속하는 도시이다. 레스코프의 작품에서는 주인공들의 출신 배경으로 오룔 지방이 자주 등장한다. 이는 레스코프가 오룔 출신인 것과 무관치 않아 보인다.

러시아 시골농장 주인의 부인인 카테리나 이즈마일로바의 사랑과 살인, 자살로 이어지는 비극적인 소재를 다루고 있다.

오페라 '므첸스크의 맥베스 부인'은 1934년 1월 레닌그라드(현 상트페테르부르크)에서 초연된 이후 언론과 대중으로부터 지속적인 찬사를 받았다.

음악적인 관점에서 쇼스타코비치는 타악기와 관악기, 호른과 트럼펫에 중요한 위치를 부여했으며, 약간의 불협화음, 금관악기의 엇나감, 전통과는 거리가 다소 먼 성악적 표현도 이 작품을 통해 끼어들게 했다.

하지만 '므첸스크의 맥베스 부인'은 인기 절정이던 1936년 1월 스탈린이 볼쇼이 극장에서 오페라를 관람한 후 정치적 스캔들을 겪게 되었다. 당시 공연을 관람하던 스탈린은 3막이 시작되기 직전 성난 얼굴로 자리를 박차고 나가버렸다.

다음날 공산당 기관지 '프라우다'(Pravda)는 1면 사설에 '혼돈이 음악을 대체하다'(Chaos statt Musik)라는 제목의 글을 게재하면서, 쇼스타코비치의 작품을 형식주의라고 비판했다. 쇼스타코비치가 대중이 이해할 수 없는 혼란스럽고 난잡한 음악을 만들었고, 그의 오페라에는 사회주의 리얼리즘[85]의 이상과 모순되는 삐걱거림과 투덜거림만 가득하다고 지적하는 내용으로 채워졌다.

---

85) 사회주의 리얼리즘은 스탈린 시대 모든 형태의 문화예술에 무차별적으로 적용된 용어이다. 이 용어는 1932년 5월 '이즈베스티야' 편집장 이반 그론스키기 어느 문학 모임에서 연설하면서 처음 사용했다. 며칠 후 소련의 '문학보'가 그 주제를 다뤘는데, 예술가들에게 소련의 대중은 예술가들과 작가들이 혁명의 위업을 표현하면서 사회주의 리얼리즘의 진실함과 현실성을 드러내주기를 원한다는 사실을 인식하라고 다그쳤다. 사회주의 리얼리즘은 실제로는 스탈린주의 유토피아를 그리거나 묘사하라는 권유였다.

오페라 바로 첫 순간부터 청중은 고의적인 불협화음으로 혼란해진 음의 흐름에 아연해진다. 그것은 선율들의 단편이다. … '므첸스크의 맥베스 부인'의 작곡자는 등장인물에게 정열을 줄 목적으로 그의 신경질적이고 발작적인 인간성의 음악을 재즈에서 빌어와야 했다. … 우리의 비평─음악비평을 포함하여─이 사회주의 리얼리즘을 다지고 있을 때 무대는 쇼스타코비치의 작품으로 가장 조잡한 종류의 자연주의를 우리에게 제공하는 것이다. … '사랑'의 장면을 될수록 자연주의적으로 그릴 목적으로 이 음악은 시끄럽게 떠벌리고 신음하고 헐떡이고 그 자신을 질식시킨다. … 한편 '사랑'은 가장 저속한 방식으로 오페라 전체에 걸쳐서 더럽혀져 있다. 상인의 더블 침대는 무대 중앙에 마무리되어 있다. 그 위에서 모든 '문제'가 해결된다. 똑같이 조잡하고도 사실적인 양식으로 독살과 태형에 의한 살인이, 모두 무대 위에서 실제로 이루어진다.[86]

이와 같은 내용의 프라우다 사설 게재 사태 이후 '므첸스크의 맥베스 부인'은 검열에 의해 레퍼토리에서 축출되었고 예정되어 있던 상영도 모두 취소되었다. 쇼스타코비치가 소비에트 작곡가 연합의 공식적인 지탄 대상이 되는 순간이었다.[87]

'므첸스크의 맥베스 부인' 공연의 정치적 스캔들은 스탈린의 작품으로 보는 시각이 많다. 즉 스탈린 정권이 추구하는 사회주의 노선에서 벗어나는 행동은 그것이 어떤 형태가 되었든 탄압의 대상이 되었고, 쇼스타코비치 역시 이를 피해가지 못한 것이다.

---

86) 채혜연, '1930년대 소련 음악', 「노어노문학」, 제21권 4호, 2009.
87) 로르 도트리슈 지음·이세진 옮김, 『역사를 만든 음악가들』, 프란츠, 2022.

드미트리 쇼스타코비치. 1930년대 스탈린 시대 그의 예술적 활동을 둘러싼 예술의 정치화 논란은 지금도 진행형이다.

2. 변신 또는 몸부림

'프라우다'를 통해 두 번이나 비판당한 쇼스타코비치는 위대한 작곡가가 아니라 공식적인 인민의 적이 되어 동시대 음악에서 동떨어지게 되었다. 쇼스타코비치는 당의 비판이 지나치다고 술회하고 있으나, 스탈린의 대숙청(The Great Purge)[88]이 한창이던 1936년부터 1939년까지 4년 동안 600명 이상의 예술가들이 수용소에 갔던 현실을 감안하면 그것은 아무것도 아니었다.[89] 그로서는 훌륭한 공산주의자의 이미지를 회복해야 했고, 체제의 비판을 모면하기 위해 모든 수단을 동원하면서 당을 지지한다는 이미지를 심어줘야만 했다.

쇼스타코비치는 자기의 신념을 보여줄 수 있는 작품을 만드는 것만이 창작자로서의 자유를 영위하는 유일한 길이라고 판단했다.

1937년 작업에 들어간 그의 대표작 '교향곡 5번' 혁명은 이 같은 생각의 결과물로 볼 수 있다. 쇼스타코비치는 이 작품에 '정당한 비판에 대한 소비에트 예술가의 답변'이라는 지극히 체제 순응적인 부제를 달

---

88) 1934년 12월 스탈린은 잠재적 경쟁자인 레닌그라드 당서기 세르게이 키로프를 암살했고, 이 사건을 빌미로 대숙청을 단행한다. 이후 5년간 체포, 고문, 유배, 처형 등의 방식으로 계속된 대숙청으로 스탈린은 차르와 같은 러시아의 유일한 지배자가 되었다. 대숙청은 당과 연방정부, 군, 사법부, 노동조합, 대학, 연구소, 비밀경찰 등 모든 기관과 집단이 대상이었으며, 이 과정에서 60여만 명의 고위층이 처형되고 500여만 명이 체포되었다. 이정희, '스탈린의 문화혁명과 그 사회적 의미에 관한 일고찰, 1928~32년'.「슬라브학보」제16권 2호, 2001.

89) 쇼스타코비치의 많은 주변 인물들도 대숙청의 재앙을 피하지 못했다. 그의 장모는 카자흐스탄의 강제수용소로 끌려갔고, 삼촌은 체포되어 사라졌다. 누나는 중앙아시아로 유배되고, 그 남편은 강제수용소로 수감되었다가 거기서 죽었다. 쇼스타코비치와 내연 관계였던 여인은 체포되었고, 젊은 시절의 애인은 고문당한 후 17년형을 받았다. 메이에르홀트와 만델시탐 등 그와 함께 작업을 했던 여러 동료들이 사라지거나 총살되었다. 앤더슨 매튜 저 · 장호연 역, 『죽은 자들의 도시를 위한 교향곡』, 돌베개, 2018.

앉다. 그는 므라빈스키의 지휘로 레닌그라드에서 레닌그라드 필하모니와 함께 이 작품을 연주해 큰 성공을 거두었다. 쇼스타코비치는 스탈린의 비위를 맞추기 위해 자신의 음악에 보다 전통적인 표현 방식을 부여해 웅장한 D장조의 군악풍 주제로 작품을 마무리했다. 그동안 비판을 사던 형식주의를 제거했음은 물론이다.

쇼스타코비치의 이 같은 몸부림은 스탈린의 대숙청이 세상을 마비시키는 와중에도 어떻게든 살기로 작정한 한 남자의 메시지이기도 했다.

이러한 대가로 그에겐 보상이 뒤따랐다. 1940년에는 노동 적기 훈장[90]을 받았고 '피아노 5중주'로 당시 소련에서는 최고급에 해당하는 스탈린상까지 수상했다.

스탈린과 '프라우다'의 비판이 있은 지 불과 3년만에, 그것도 강제수용소로 끌려갈지 모르는 처지에서 스탈린의 기대를 한몸에 받는 음악가로 극적인 변신을 이루어낸 것이다. 이를 두고 음악 비평가들은 '교향곡 5번'이 스탈린이 추구하던 사회주의 리얼리즘의 소산이라고 평가했고, 쇼스타코비치가 태도를 고쳤다는 판단을 내리기도 했다.

하지만 쇼스타코비치가 진심으로 자신의 신념을 바꿨는지에 대해선 논란이 남는다. 레닌그라도 초연이 있기 전 연주 허가를 받는 자리에서 자신의 작품 '교향곡 5번'이 즐겁고 낙천적인 것이라고 말했다는 것이다. 이 같은 정황으로 미루어볼때 쇼스타코비치는 연주 허가를 받기 위해 당에 거짓말을 한 것이며, 스탈린 치하에서 살아남기 위해 가면을 쓰기 시작한 것이라는 시각노 있다.[91]

----

90) 생산, 과학, 문화예술, 보건 등의 분야에서 뛰어난 업적을 남긴 인물에게 수여한 훈장이었다.

최고 권력자의 요구

쇼스타코비치의 예술 활동에 결정적인 영향을 미친 최고 권력자 스탈린은 1924년 레닌의 사망 이후 경쟁자들을 제거하면서 소련의 절대적 지도자가 되었다.

스탈린은 소련 공산당 중앙위원회를 통해 예술 분야에 적극적으로 개입하고 통제를 시도하였다.

소련 공산당 중앙위원회는 1932년 작가를 포함한 예술가들의 결속을 다진다는 목표하에 모든 예술 단체들의 재조직을 결정했다. 이것은 예술에 대한 획일화와 함께 스탈린의 직접적 지도가 시작되는 것을 의미했다.

스탈린은 문화예술이 이데올로기를 실현하는 데 있어서 중요한 힘이고, 예술가는 인간 '영혼의 엔지니어'라고 믿었다. 이러한 이유 때문에 예술을 반드시 정치의 통제하에 두어야 했으며, 자율성에 기반한 도발적이고 저항적이고 우상파괴적인 전위 예술을 방관할 생각이 전혀 없었다.[92]

스탈린 시대의 획일화된 당의 지도이념은 1934년 공식화된 사회주의 리얼리즘으로, 이는 "예술은 인민의 소유물이다"라는 레닌의 선언을 근거로 스탈린, 즈다노프, 고리키가 발전시킨 소비에트 예술의 지도 원칙이었다. 이와 같은 스탈린의 사회주의 리얼리즘은 대중성, 계급성, 당성의 세 가지 상호 연결된 근본 원리로 구성되어 있다.

대중성은 예술과 민중 간의 관계로서, 예술은 민중이 이해할 수 있

---

91) 이득재, '역사와 인물: 스탈린과 쇼스타코비치', 「사회평론」, 제92권 4호, 1992.
92) 리처드 오버리 저·조행복 역, 『독재자들』, 교양인, 2008.

어야 한다고 파악했다. 계급성이란 예술은 프롤레타리아에 뿌리를 내리고 부르주아 예술, 서구예술을 배격하는 이데올로기적 성격을 가져야 한다는 개념이다. 당성은 예술가의 소련 공산당에 대한 헌신을 의미한다.

요약하자면 사회주의 리얼리즘은 소비에트 체제에서 예술가들이 추구해야 할 이념이자 미학이며, 동시에 공산당이 예술가에게 요구하는 예술적인 방법이기도 했다.[93]

스탈린은 정치적 목적에 따라 예술가들을 사회주의 리얼리즘의 이름으로 언제든지 처벌할 수도 보상할 수도 있었다.

스탈린의 문화예술 통제가 반드시 예술적 열정이나 감응을 억압하는 것을 뜻하지는 않았다. 소련의 문화예술 생산자들은 대부분 체제가 허용한 형식과 내용의 범위 안에서 계속해서 음악을 작곡했고 그림을 그렸으며 조각했다. 그렇게 하고 싶지 않았던 예술가들은 대부분 자기 뜻에 따라 망명을 떠났다. 쇼스타코비치 역시 이러한 분위기의 직접적인 영향을 받을 수밖에 없었다.

스탈린은 오페라를 좋아했고, 당대의 소련 오페라에 대한 자신의 견해, 즉 사회주의 리얼리즘적 오페라의 정의를 내리고 있었다. 따라서 오페라는 사회주의적 주제를 지닌 각본, 민족적 표현을 강조한 현실적 음악 언어, 새로운 사회주의 시대를 대표하는 긍정적 영웅 등을 보여줘야 했다. 이러한 기준들은 오페라 전문가들에게 전달되었다.[94]

살인과 욕정에 얽힌 줄거리를 토대로 한 어두운 드라마 '므첸스크

---

93) 제임스 보우건 저·연희원 역, 『사회주의 리얼리즘론: 기원과 이론』, 녹진, 1990.

94) Schwartz Boris, 『Music and Musical Life in Soviet Russia, 1917~1970』, New York: W. W. Norton and Company, 1972.

의 맥베스 부인'만큼 스탈린의 바람직한 오페라 개념을 무시한 작품은 없었을 것이며, 스탈린이 이 작품에 격노한 것은 어쩌면 당연했다.

스탈린은 대중을 위한 예술도 원했지만 서구를 향해 러시아와 소련의 고급예술을 자랑하고 싶어했다. 쇼스타코비치는 이를 위한 최적의 정치적 자산이라고 판단한 스탈린은 낙관적인 음악을 요구했고, 그는 이에 응했다. 쇼스타코비치가 작곡한 교향곡은 대단한 호평을 얻었고 서양 사회, 특히 미국에서 큰 성공을 거두면서 스탈린의 상찬을 받았다.

예술을 이데올로기의 도구로 삼는 전체주의 체제에서, 1936년 이후 쇼스타코비치가 예술적 자아를 지키는 방법은 이중적 창작 활동으로 정리할 수 있다.

공적 영역과 사적 영역을 분리하여 공적 영역에서는 사회주의 리얼리즘에 따른 작품을 제작하고, 사적 영역에서는 '형식주의'적이거나 당에서 금지한 장르 등 자신이 원하는 곡을 쓰고 발표는 추후로 미루는 방식이었다.95) 이렇게 본다면 스탈린 체제하의 쇼스타코비치의 예술 작품은 당시 사회주의 리얼리즘을 전적으로 구현했다고 보기에는 무리가 있을 것이다.

---

95) 오경택, '20세기의 역사적 사건들과 쇼스타코비치의 음악: 음악과 정치의 관계에 관한 소고', 「문화와 정치」, 제6권 4호, 2019.

스탈린은 예술을 이데올로기의 도구로 판단하였다.
스탈린은 쇼스타코비치의 예술 작품도 이에 충실하도록 요구하였다.

III. 나폴레옹 보나파르트와 베토벤

나폴레옹 보나파르트(Napoleon Bonaparte, 1769－1821)와 루드비히 반 베토벤(Ludwig van Beethoven, 1770－1827)은 동시대를 살았던 당대의 최고 정치 권력자와 음악사에서 손꼽히는 악성이었다.

군인 출신의 정치지배자 나폴레옹과 역사상 가장 위대한 음악적 업적을 이룬 작곡가인 베토벤이 사적 인연을 맺었다는 기록은 찾아보기 어렵다. 그러나 베토벤의 음악 활동에 나폴레옹의 정치적 행보가 큰 영향을 미쳤다는 사실은 주목도를 높이고 있다.

독일 출신인 베토벤은 프랑스 출신의 전쟁 영웅 나폴레옹의 등장에 고무되어 새 교향곡을 그에게 헌정하는 등 정치색이 짙은 예술 작품 완성에 공을 들여 왔다. 하지만 나폴레옹이 스스로 황제가 되었다는 소식을 접한 뒤 일순간 등을 돌리면서 결별의 수순을 밟게 된다.

1. 나폴레옹의 등장

1789년 프랑스 혁명의 결과로 군주제에서 자유를 쟁취해낸 로베스피에르(M.F.M.I de Robespierre, 1758－1794)를 중심으로 한 혁명정부는 그들의 신념을 실현하기 위하여 무리한 정치, 군사, 경제 개혁을 실시하며 반대세력을 단두대에서 처형하는 공포정치를 시작했다.[96] 특히

---

96) 프랑스 혁명이 일어났을 때 베토벤은 19세의 대학생으로 고향인 본에서 독일 문학을 공부하고 있었다. 하지만 그의 주변 사람은 모두 그가 음악을 만든다는 것을 알고 있었다. 베토벤은 늘 음악 이야기를 했고, 당시에 이미 피아노 작품도 몇 편이나 완성했기 때문이다. 당대를 지배하던 진보주의를 택한 베토벤은 1796년 합스부르크 왕조가 나폴레옹과의 전쟁을 벌일 때는 기존 체제에 대한 애착을 보여주기 위해 소품을 하나 만들기도 했지만, 여전히 혁명 사상에 충실했다.

1789년 루이 16세의 처형은 유럽 왕국들에 큰 위기감을 주었고, 이에 유럽의 국가들은 대프랑스 동맹을 결성하여 혁명정부를 타도하고 왕권 복귀를 시도했다.

나폴레옹은 그 혼란의 시기에 등장한 천재적 군인이었다. 그는 위기에 처한 새로운 공화국가인 프랑스를 전쟁의 승리를 통해 안정을 되찾게 하고 왕권으로 복귀하려는 세력을 쿠데타로 제압한다.

이 대목에서 '쿠데타'를 주시해야 한다. 나폴레옹이 정권을 잡은 것도 여느 독재자들처럼 쿠데타를 통해서였다는 사실이다. 혁명력 8년 브뤼메르 18일(1799년 11월 9일)에 그는 소위 '브뤼메르 18일' 쿠데타를 감행했다. 그는 이집트 원정 도중 귀국하여 군대를 소집하고 파리에 입성하여 지금의 하원격인 오백인회를 해산시키고 헌법을 폐기했다. 그리고 3명의 통령들을 두는 새 헌법을 만들어 국민 투표에 부쳐 압도적인 지지를 얻어냈다. 당시 내부적으로는 대혁명 이후 동요와 불안이 계속되고, 밖으로는 주변국들의 군사적 위협이 끊이지 않던 상황에서 프랑스 국민들에게 젊은 나폴레옹 장군은 구세주였다. 국민들이 열광적으로 지지하며 환호했음은 물론이다.

나폴레옹은 이러한 개인적인 인기를 이용하여 프랑스 원로원으로부터 10년 임기의 제1 통령으로 임명되었다. 통령 정부는 3명의 통령으로 이루어졌으나, 제2 통령과 제3 통령은 명예직에 불과했고 제1 통령은 내정과 외교, 군사 등을 책임지는 막강한 권한이 있었다. 사실상의 프랑스 최고 권력자로 등극한 것이다. 이때 그의 나이는 서른살에 불과했다.

쿠데타 이후 나폴레옹은 자신의 독재 체제를 4년에 걸쳐 완성시켰으며, 정권을 잡자마자 나라 안팎으로 통치력을 발휘했다. 1800년 2월 나폴레옹은 부관들의 만류에도 불구하고, 대규모 군사를 이끌고 험준한 알프스를 직접 넘어 오스트리아를 굴복시켰다.[97)]

나폴레옹은 내정 면에서도 대대적인 개혁을 단행했다. 예컨대 재정 개혁을 통해 세금 제도를 정비하고 산업을 부흥시켰으며, 프랑스 은행을 설립하여 경제 안정을 꾀했다.

행정제도도 대대적으로 개혁해 유명한 레지옹 도뇌르 훈장을 창설, 신분이나 지위가 아니라 실력을 통해 국가에 공헌한 사람들을 격려했다.

또한 전반적인 국내법을 정비하여 1804년 3월 최초의 민법전인 '프랑스 민법전'(Code civil des Français)', 이른바 '나폴레옹 법전'을 공포하였다. 이외에 교육기관을 세우고 교통망도 근대적으로 정비했으나, 나폴레옹의 최대 관심사는 군대였다. 그는 강제 징집과 대리 징병을 통해 군대를 확장시키는 한편, 징집병과 기존 군인을 함께 편성함으로써 신분에 관계없이 최고 계급까지 승진할 자격을 주는 군대 제도를 만들었다.

이러한 대대적인 개혁 작업에 걸림돌은 없었다. 국민들의 지지는 커졌으며 보수적인 원로원도 '국가 공헌에 대한 보상'이라는 그에게 임기 10년을 연장해주면서 나폴레옹이 무한한 권력을 상실하지 않도록 도왔다.

하지만 여기에 만족하지 않고 나폴레옹은 "보나파르트는 종신 통령을 할 것인가"의 문제를 국민투표에 부쳐 절대적인 찬성표를 얻어냈다.[98)] 통령은 왕이나 황제와는 이름도 다르고 의미도 다르지만, 그는

---

97) 이것이 그 유명한 마렝고 전투이다. 나폴레옹은 이때 "내 사전에 불가능이란 단어는 없다"라는 말을 남겼다.

죽을 때까지 프랑스를 지배하는 명실상부한 군주가 된 것이다.

나폴레옹의 강력한 내정 개혁의 성공으로 그의 인기가 치솟자 측근 인사들은 그에게 황제가 될 것을 권유하였다.

나폴레옹 보나파르트를 황제로 등극시키는 결정적인 계기가 된 사건은 왕당파의 암살 음모였다. 나폴레옹의 핵심 참모들은 종신 통령 제도를 세습 제정으로 바꾼다면 암살을 통해 체제를 전복하려는 음모가 사라질 것이라고 주장했다. 이에 나폴레옹은 그것을 다시 한 번 국민투표로 결정하도록 했다. 투표 결과 대다수 국민들이 제정을 수락함으로써 나폴레옹은 1804년 12월 프랑스 제국의 초대 황제인 나폴레옹 1세가 되었다.

예술의 선전도구화

나폴레옹은 천재적인 예지와 뛰어난 통치력을 갖춘 정치가였지만 정치적 프로파간다에도 능숙했다. 나폴레옹은 프랑스 정부의 선전 업무를 직접 관할하면서 철저하게 언론을 통제했다. 자신이 원하는 대로 기사를 쓰게 했으며, 자신이 직접 쓴 기사를 신문사에 주는 경우도 많았다. 이 과정에서 언론 통제가 존재했는데, 모든 출판물은 출간되기 전에 반드시 치안장관에게 사본을 제출하도록 규제했다. 요즘으로 치면 사전검열에 해당하는 조치였다고 볼 수 있다.

나폴레옹은 또 프로파간다를 전쟁 무기로 사용했다. 유럽 언론에 정교하게 조작된 거짓 정보들을 흘려 적군이 프랑스군의 실제 전력과 전략을 눈치채지 못하는 동안 나폴레옹은 자기 군대의 전투 진용을 확실히 가다듬는 전략이었다.

---

98) 357만 7,259명의 투표자 가운데 무려 350만 8,885명이 찬성표를 던졌다. 투표자 98%가 찬성한 것이다.

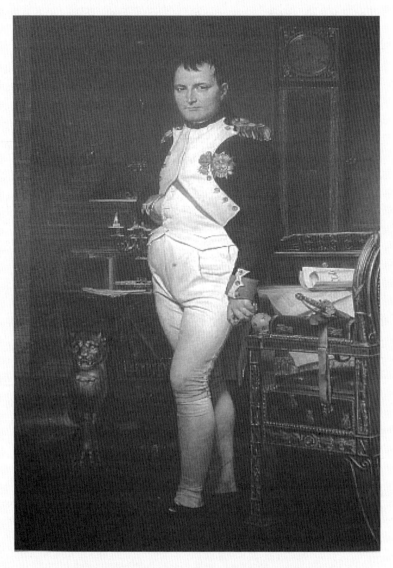

프랑스 출신 화가 자크 루이 다비드(1748-1825)가
그린 나폴레옹 보나파르트의 모습. 다비드는 황제 나폴레옹의
총애를 받으며 궁정 수석화가로 출세가도를 달렸다.

예컨대 1805년 프랑스가 영국 침공을 검토할 때 네덜란드 언론을 통해 프랑스 군이 근동 지역 원정을 계획하고 있다는 기사가 나가도록 지시했다.

나폴레옹은 황제가 된 이후에는 유럽의 모든 언론을 직접 통제했다. 자신의 통치를 정당화하고 프랑스의 위업을 칭송하기 위한 프로파간다였으며, 처음에는 정치적 선전에서 시작했지만 시간이 지남에 따라 더 나아가 자신에 대한 호의적인 이미지를 확립하고 자신을 미화하기를 원했다.

하지만 언론 통제만으로 정권의 안정적인 지속에 한계가 있다고 판단한 나폴레옹은 예술을 정치적으로 이용하기 시작했다.

그는 예술을 통해 전설적인 전쟁 영웅과 나폴레옹을 동일시하도록 만드는 방안을 추진했다.

이를 위해 문학, 연극, 미술, 음악 등 모든 예술을 정교하게 통제했으며, 자신이 원하는 대로 예술 작품을 만드는 작가들을 전폭적으로 지원하였다. 예술의 정치화를 본격화한 것이다. 반면 예술에 대한 통제도 강화되어 극장에서는 현대물 상연이 금지되고 나폴레옹과 동일시 될 수 있는 영웅이 등장하는 신화나 역사를 소재로 한 고전들만 무대에 올려졌다.

이러한 예술 정책으로 노골적으로 나폴레옹을 신격화하는 미술품들이 적지 않았다. 자크 루이 다비드의 '알프스를 넘는 나폴레옹'이 대표적인 사례일 것이다. 힘겹게 대포를 끌고 가는 병사들의 모습에서 험난한 알프스의 협곡을 지나고 있음이 분명하지만, 붉은 망토를 휘날리며 마치 튀어 오를 듯이 더 높은 곳을 향해 진국을 명령하는 나폴레옹은 어떠한 적도 물리칠 수 있는 불세출의 영웅의 모습이었다.

말발굽 아래 있는 바위에, 나폴레옹에 앞서 알프스를 넘었던 전설적인 영웅들인 카르타고의 한니발 장군과 신성로마제국의 샤를마뉴 대제의 이름 옆에 '보나파르트'라는 이름을 선명하게 새겨 놓은 의도는 누구나 눈치챌 수 있다. 이보다 더 노골적으로 월계관을 쓰고 로마 황제의 복장을 한 모습이나, 로마 신화의 전쟁의 신 마르스의 형상을 한 나신으로 나폴레옹을 표현한 작가들도 셀 수 없을 만큼 많았다.

나폴레옹은 예술 분야, 특히 음악을 정치적으로 적극 이용하고 활용했다. 이는 나폴레옹 집권의 정당성 결여를 메우려는 시도로 이해할 수 있다.

쿠데타를 통한 정권 장악이었기 때문에 그의 통치 행위를 바라보는 국민들의 시선을 우호적으로 바꾸면서 관심사를 다른 분야로 돌릴 필요성이 컸던 것이다. 이것이 나폴레옹이 음악을 국가적 제도로 통제하기 시작한 동기라고 볼 수 있다.

나폴레옹은 다른 어떤 음악 장르보다 오페라에 집중했다. 오페라가 국민에게 국가적 자긍심을 줄 수 있다고 판단한 그는 집권 후 파리 오페라단을 대대적으로 정비하기 시작했다.

1802년 3월 극장에 대한 일반지침을 공표하여 나폴레옹과 쿠데타를 공모했던 그의 최측근 뢰데레(Pierre-Louis Roederer, 1754-1835) 국가 참사원 의원에게 오페라의 레퍼토리를 조정하는 일을 맡김으로써 관련 작업을 보다 효과적으로 시행할 수 있었다.[99] 또한 재정 상태가 좋지 않았던 '파리 오페라단'에 막대한 규모의 재정을 지원했는데, 그 금액이 오페라단 연간 관람료 수익의 절반을 넘으면서 과도한

---

99) 0 André Cabanis, 『Roederer』, Dictionnaire Napoléon, éd., Jean Tulard, Paris, Fayard, 1999.

지원에 대한 지적이 제기되었다.[100] 그는 이러한 비판을 의식한 듯 참사원에서 오페라 지원의 정당성을 알기 위한 연설을 하기도 했다.

정부가 오페라를 위해 지불해야 하는 돈은 한 해에 80만 프랑이나 되지만 국가의 자긍심을 높여주는 이 기관을 지원해야 합니다. 새로 세금을 걷지 않고도 우리는 이 기관을 도울 수 있습니다. 다른 극장들에게 들어가는 돈을 끌어다가 오페라를 보호해야 합니다.[101]

하지만 나폴레옹의 오페라에 대한 관심은 지원을 통한 예술 발전을 도모하는 것에 그친 것이 아니라, 검열에 가까운 형태를 띠게 되면서 지원의 순수성을 상실하였다.

그는 제1 통령의 직속 권한으로 관련 부처를 거치지 않고 올라온 레퍼토리들을 직접 승인하였고, '파리 오페라단'의 경영을 자신의 행정부가 맡도록 함으로써 더욱 깊숙이 개입하는 결과로 이어졌다.[102] 황제가 된 후에는 오페라단의 이름을 '왕립 음악 아카데미'로 변경했다.[103]

---

100) David Chaillou, 『L'Opéra de Paris sous le Consulat et l'Empire』, In: Bourdin, Philippe & Loubinoux, Gérard, 『Les arts de la scène & la Révolution française』, Presses Universitaires Blaise－Pascal, 2004.

101) Théo Fleischman, 『Napoléon et la musique』, Editions Brepols, Bruxelles, 1965.

102) David Chaillou, 『Napoléon et l'opéra, La politique sur la scène 1810~1815』, Fayard, 2004.

103) 루이 14세 때 만들어진 파리 오페라난은 정치 상황에 따라 '왕립 음악 이가데미', '국립 오페라단', '공화국 극장', '황실 음악 아카데미' 등으로 잦은 명칭 변경이 있었다. 이는 파리 오페라단이 프랑스 역사상 통치자들의 정치적 관심을 가장 많이 받은 문화예술 기관임을 말해준다. Solveig Serre, 『L'Opéra de Paris, 1749~1790, Politique culturelle au temps des Lumières』, CNRS Editions, 2011.

나폴레옹은 제1 통령이 된 직후 자신의 절대 권력을 선전하는데 사용할 궁정 극장들을 건립하였다. 말메종의 궁정극장, 생 클루의 오락용 극장, 튈르리 궁의 전시용 극장이 불과 5~6년 사이에 차례로 세워졌다. 그는 이 같은 궁정 극장에서 자신의 정치적 영향력을 확대할 목적의 음악회 등 공연을 수시로 개최하였다.

나폴레옹의 음악적 취향은 성악 음악에 대한 선호, 특히 이탈리아 오페라를 좋아했으며, 조용하고 슬픈 음악을 즐겨 들었던 것으로 알려져 있다.[104] 궁정극장의 음악회를 위해 드레스덴의 잭슨 궁정에서 일하던 이탈리아 출신 작곡가 파에르를 데려와 개인적인 궁정 음악가로 임명하기도 했다. 파에르는 음악적 능력보다는 아부를 잘하고 나폴레옹을 잘 섬긴 덕분에 종신 작곡가 겸 음악감독 계약을 맺었다.

나폴레옹은 특히 개인적으로 선호하는 음악가들에게 경제적 지원을 하였고, 이들은 나폴레옹의 중요한 공적 또는 개인적인 행사에 맞춰 자신의 작품을 헌정하였다. 메율, 고섹, 그레트리 등이 나폴레옹의 후원을 받았던 대표적인 음악가로, 이들 중 메율이 특히 총애를 받았던 것으로 알려져 있다.

2. 베토벤의 추종과 분노

나폴레옹과 베토벤 관련 논의는 일반적인 정치 권력자와 예술가 간의 논의와는 다른 차원에서 설명할 수 있을 것이다. 그것은 일차적으로 사적 인연의 부재에서 찾을 수 있다.

베토벤이 나폴레옹 보나파르트라는 프랑스 장군에 대해 소문을 들

---

104) Denise Leprou, 『Napoléon et la Musique』, In : Le Souvenir Napoleonien, n. 342, 48e année, Août, 1985.

은 것은 20대 후반이던 18세기 말이었다. 당시 베토벤은 오스트리아 빈으로 건너가 피아니스트이자 즉흥연주자로서 귀족 살롱 여러 곳을 들면서 유명세를 떨치기 시작했다.

뛰어난 음악적 재능을 펼치면서 정신적으로나 신체적으로 원기 왕성했던 베토벤에게 나폴레옹은 세습군주제를 완전히 물리칠 수 있는 위대한 정치인으로 각인되었다.

프랑스어를 유창하게 구사하는 베토벤은 빈 소재 프랑스대사관저에서 열리는 파티에도 초대받으면서 나폴레옹이 자유와 평등이라는 가치를 누구보다 중요하게 인식하는 인물이라 믿었고, 이는 프랑스와 연을 맺겠다는 바람으로 이어졌다.

베토벤은 일면식도 없는 나폴레옹을 사로잡기 위해 19세기 초 파리의 어느 고위 공무원에게 의뢰받아 발레 음악 '프로메테우스의 창조물'을 만들었다. 이 작품은 국민에게 민주주의를 선서한 지도자들에 대해 처음으로 이야기한 것으로, 함축적으로는 나폴레옹의 계획에 대한 자신의 믿음을 확언한 증빙물이기도 했다.

이후에도 나폴레옹의 열성적인 추종자였던 베토벤은 그의 마음을 사로잡기 위한 전략을 밀고 나갔다. 나폴레옹과 가까웠던 베르나도트 장군을 통해 나폴레옹에게 전달할 교향곡 악보 사본까지 준비했다. 베토벤이 나폴레옹에게 헌정하려고 했던 그 유명한 '영웅 교향곡'을 완성해가고 있었던 시점도 이때였다.

그러나 한 정치 권력자를 향한 악성(樂聖)의 계획은 일순간 분노로 바뀌게 되었다.

베토벤이 나폴레옹에게 '영웅 교향곡'을 헌정하려던 순간 베토벤의 제자 리스(Ferdinand Ries, 1784-1838)가 그에게 나폴레옹이 황제에 즉위할 것이라는 소식을 전했다.

베토벤은 머리에 구멍 난 사람처럼 그 자리에서 굳어버렸다. 그는 무섭도록 분노했다. 펜을 잡은 손에 어찌나 힘을 주었는지 종이가 찢기고 펜대가 부러질 정도였다. 베토벤은 나폴레옹 보나파르트의 이름이 적힌 악보를 갈가리 찢어버렸다.

그래서 이 교향곡은 '한 위인을 추억하기 위한 영웅 교향곡'이란 이름으로 출판되었다.105)

나폴레옹의 정치적 이념과 행보에 매료돼 그를 추앙했으나, 한순간에 분노를 경험한 베토벤은 이후 빈을 무대로 음악적 행보를 이어갔다.

하지만 그의 마음 속에는 숭배자였던 나폴레옹에 대한 분노와 실망이 여전히 남아 있었으며, 반감을 드러낼 작품을 만드는 기회가 오길 기다렸다.

10년 넘게 승승장구하던 나폴레옹이었지만 1812년 러시아의 설원에서 처음으로 패배를 맛보았는데,106) 베토벤은 이를 놓치지 않고 음악으로 옮겼다. 그는 때맞춰 '웰링턴의 승전'을 만들기 시작하였다. 이후에도 베토벤은 연합군이 나폴레옹에게 거둔 승리는 기념하는 작품을 여럿 만들었다.

----

105) Durant, Will & Ariel, 『The Age of Napoleon, A history of European civilization from 1789 to 1815』, Simon and Schuster, New York, 1975.
106) 1813년 6월 12일 바스크 지방의 비토리아 인근에서 웰링턴이 프랑스군을 격멸하였다.

나폴레옹의 정치적 행보에 열광하고 그를 추종했던 베토벤.
그러나 그는 나폴레옹이 스스로 황제 등극을 추진하자 이에
분노하면서 한순간에 등을 돌렸다.

IV. 히틀러와 바그너

독일의 라이프치히에서 태어난 바그너(1813 – 1883)는 위대한 음악가이자 토마스 만, 니체, 버나드 쇼, 테오도르 아도르노 등 당대의 내노라 하는 철학자와 사상가, 시인 등에 큰 영향을 미친 인물이다.

2023년 기준으로 그가 사망한 지 140년이 됐지만, 요즘식으로 말하자면 일종의 바그너 팬덤인 '바그너리아너'(Wagnerianer)가 세계적으로 퍼져 있는 현상은, 바그너의 음악이 전술한 당대의 문화예술 엘리트뿐 아니라 일반인에게도 광범위하게 퍼져 있음을 시사한다. 이와 같은 바그너의 음악적 업적과 영향력과는 별개로 정치적 성향을 보인 그의 예술적 행보는 여전히 논란이 되고 있는 것 또한 사실이다.

특히 나치 독재자 히틀러(1889 – 1945)가 바그너의 오페라에 열광한 것은 논의의 장을 확장시키기에 충분하다.[107] 바그너의 의지가 반영된 것과 상관없이 그의 상당수 작품은 히틀러에 의해 프로파간다용으로 활용되었다.

1. 바그너 음악의 정치성과 반유대주의 논란

19세기 오페라의 황제로 불린 바그너는 나치 독재자 히틀러가 가장 애호하는 음악가였으나, 그 자신이 사상적이고 혁명적이며 정치적인 예술가로 분류되는 논의가 있다. 그것은 바그너 오페라의 반유대주의적 이데올로기 논란과 연관성을 띤다.

---

107) 히틀러가 '니벨룽겐의 반지'를 비롯한 바그너의 오페라에 천착했고, 그 같은 오페라의 세계를 현실에서 실현하기 위해 일으킨 것이 제2차 세계대전이었다는 주장도 있다. 박홍규, 『예술, 정치를 만나다』, 이다미디어, 2007.

바그너가 혁명에 가담한 이유와 관련하여 한스 마이어(Hans Mayer, 1907－1998)의 견해가 비교적 객관성을 지닌다고 볼 수 있다.

마이너는 혁명적인 독일의 격동기를 예술가이자 정치가로 살아온 바그너가 청년 독일 운동과 프루동, 막스 슈티르너 등으로부터 받은 철학적, 문학적 여운을 '위로부터의 혁명'[108]이라는 자신의 독특한 예술적 열망 속에 나름대로 결합하기 위해 노력한 것이라고 파악했다. 즉 바그너는 이 같은 혁명이야말로 자신의 음악과 연극적인 개념을 촉진시킬 수 있다고 믿었던 것이다.

바그너의 사상은 그가 1849년 3월 혁명 이후 발표한 '예술과 혁명', '미래의 예술작품', '오페라와 드라마' 등의 몇 가지 이론들에서 확인할 수 있다.

'예술과 혁명'에서 바그너는 혁명의 필요성을 역설한다. 혁명이 일어나 사회를 전복시켜야 하며 그래야만 예술은 본래의 모습을 되찾을 수 있을 것이라고 주장한다.

바그너의 이러한 혁명관은 1848년 드레스덴의 조국 연맹 집회에서 '공화정치를 위한 노력은 왕정에 대해 어떤 태도를 취할 것인가'라는 제목의 연설에서 드러난다.

그는 통치자로서의 왕의 위치를 중시하면서, 왕은 최초의 그리고 가장 올바른 공화주의가 되어야 한다고 주장하였다.[109] 이는 귀족 제도의 철폐와 평등화를 요구하면서도 왕정은 유지해야 한다는 바그너의 불명확한 혁명관을 보여준다고 할 것이다.

---

108) 구지배계급의 계획과 지도하에 타협적으로 단행되는 혁명을 의미한다. 시민계급의 연대를 통한 시민사회 형성이 거의 원천 봉쇄되어 있던 18~19세기 독일 지식인들에게 각광을 받은 사상이다.
109) 김문환, 『총체예술의 원류』, 느티나무, 1989.

애매한 혁명관을 보이던 바그너는 그러나 1849년 결국 무장봉기에 참여했지만 주도자의 체포로 도피하여 망명생활을 하였다.

바그너의 반유대주의 성향을 찾아볼 수 있는 근거는 1850년에 발표된 '음악에 있어서의 유대성'이라는 글을 통해서다. 바그너는 이 글을 슈만이 창간한 '신 음악 잡지'에 기고하였다.

바그너는 그 시대를 풍미했던 유대적 본질에 대한 민중적 거부의 원인을 예술, 보다 정확히 말하자면 음악과 관련지어 설명했다.

바그너는 이 같은 민중의 거부를 "본능에 가깝다"고 하면서, 이를 정당화하는 일이 그의 과제에 속함을 분명히 한다. 바그너는 무엇보다 유대인의 상업주의적 성격을 비판의 출발로 삼았으며, 이에 멈추지 않고 유대인이 구사하는 언어의 기본적인 특성과 연관지어 공격하기도 했다. 유대인들은 그들이 오랜 세월에 걸쳐 살아온 곳의 언어를 구사하지만, 그 언어는 언제나 외국어로 머물 뿐이며 이는 필연적으로 그들이 그들 자신을 관습적으로 독립적으로 천성에 알맞게 표현할 수 있는 능력을 전혀 갖출 수 없게 만든다는 것이다. 바그너는 결국 유럽의 언어와 예술에서 유대인은 오직 모방만이 가능하며 예술 작품의 창조는 불가능하다고 단언하였다.

바그너는 또한 당대의 유대인 출신 유명 작곡가 마이어베어(Giacomo Meyerbeer, 1791－1864)를 비판하기도 하였다.

마이어베어는 권태라는 질병을 돌보는 일을 자신의 예술적 생애 직업으로 삼았으나. 이 병은 예술의 향수를 통해 치유되지 않는다. 왜냐하면 그것은 의도적으로는 도저히 치료될 수 없고, 오로지 다른 형식의 권태를 통해 자신을 속일 수 있을 뿐이기 때문이다. … 우리는 실제로 그가 예술 작품을 만들고 싶어한다는 것과 동시에 자신이 그것을 만들어낼 수 없다는 것을 스스로 알고 있다고 믿고 있다. 의욕과 능력 간의 고통스러운 갈등으로부터 벗어나기 위해 그는 파리를 위해 오페라를 쓰고 세계 여러 곳에서 공연토록 만든다. 이는 오늘날 예술가가 되지 않고도 예술적 명예를 획득할 수 있는 가장 확실한 수단이다.

바그너의 이러한 인식은 유대인 작곡가 마이어베어가 속임수적인 음악을 하고 있다는 지적인 동시에, 그와 같은 작곡가가 발붙일 만한 곳은 아무데도 없다는 비판으로 받아들여졌다.[110]

바그너가 갖고 있던 반유대주의의 또다른 이유는 부를 축적한 유대인에 대한 반감이었다.

바그너에게 부의 분배는 불공정하고 불공평한 영역으로 이해되었는데, 고리대금업 등을 통해 재산을 불리면서 부를 형성한 유대인들을 향한 그의 시선은 매우 부정적이었다.

이처럼 바그너의 반유대주의 사상에 기반한 예술적 정치성은 그의 음악을 통해 제시되었으며, 이는 그의 오페라에서 확인할 수 있다.

그의 첫 작품으로 알려진 '리엔치'는 중세 전부터 세계를 혼란시키고 고대의 유산을 파괴하며 신을 모독한 유대인을 겨냥한 것으로, 아래로부터의 혁명이 아닌 위로부터의 혁명을 보여주었다. 이는 나치의 선구자적인 작품이라는 평가를 받으며 아도르노의 주목을 받았다. 파리에서 작곡한 '방황하는 네덜란드인'은 바그너의 작품 가운데 가장 비정치적인 것으로 알려져 있으나, 실제로 영원한 유대인의 방랑을 의미했다.

또한 바그너의 독일민족주의는 '탄호이저'와 '로엔그린'에서 더욱

---

110) 김문환, 앞의 책(1989).

분명해졌다.[111]

2. 히틀러의 바그너 절대 숭배

히틀러와 바그너는 서로 다른 세대를 살았지만 바그너의 음악은 훗날 히틀러의 이데올로기와 반유대주의 형성에 큰 영향을 미쳤다.

히틀러와 문화예술의 관계는 직접적이었다. 전쟁 전인 청년기 시절 히틀러는 빈에서 예술가의 업에 손을 댔다. 히틀러는 대단치 않은 수채화를 그리며 근근이 생활했고, 빈 예술아카데미에 들어가 건축 교육을 받는 것이 꿈이었다.

히틀러는 자신의 저서 '나의 투쟁'에서 모든 형태의 예술은 현대성으로 타락했고, 새로워진 도덕적·정치적·문화적 이상에 봉사하려면 그 전에 정화되어야 한다고 주장했다. 히틀러에게 예술적 창조는 게르만 종족의 건강과 영원한 종족적 가치를 표현하는 것이었다.[112]

이와 같은 민족주의 리얼리즘적 예술관을 가진 히틀러는 바그너의 작품을 보고 한순간에 매료되어 스스로 바그너 신봉자가 되었다. 히틀러는 정기적으로 바그너 오페라를 보러 다녔고, 바그너의 음악은 그의 주요한 일상이 되었다.

히틀러를 열광시킨 바그너의 대표 작품은 '니벨룽겐의 반지'였다. 아도르노가 '니벨룽겐의 반지'의 주인공 지크프리트를 제국주의적 불량배로 지적했듯이, 그 주인공은 다름 아닌 히틀러로 대표되는 나치적 인간상이었다.

지크프리트는 '니벨룽겐의 반지' 전체의 영웅으로서 피의 순결을

---

111) 박홍규, 앞의 책(2007).
112) 리처드 오버리 저·조행복 옮김, 『독재자들』, 교양인, 2008.

주장하는 반유대주의의 전형으로 이해된다. 지크프리트는 마지막에 신들로 상징되는 낡은 질서를 파괴하고 자신도 죽게 되는데, 그 어두운 마지막 부분은 오직 증오에 의한 파괴를 보여준다.[113] 히틀러가 이러한 작품에 마음을 뺏긴 것은 당연했다.

히틀러는 특히 바그너의 오페라 '방황하는 네덜란드인'에서 험한 파도를 헤치고 나아가는 선원들의 합창과 '탄호이저' 서곡에 나오는 진군의 나팔소리, 전쟁의 여신인 발퀴레와 '로엔그린'의 전투 장면에 광적으로 환호했다.

10대 시절 히틀러는 바그너를 자신의 우상으로 삼았고, 그의 사상과 예술적 혼을 그대로 물려받기를 원했다.

히틀러는 예술가의 꿈을 꾸던 열두살 때 바그너의 오페라 '로엔그린'을 본 뒤 단번에 빠져들었다. 억울하게 죄인으로 몰린 순결한 처녀 엘자를 구하라는 아버지 파르치팔의 뜻에 따라 몬잘파트 성에서 온 신비로운 성배의 기사가 결국 엘자에게 배신을 당하는 장대한 게르만 영웅 모험 서사극 '로엔그린'에 매료된 것이다.

오스트리아 북쪽 지방 도시에는 당시 비교적 괜찮은 극장이 있었다. 거의 모든 작품이 상연되었다. 열두 살이 되었을 때 나는 비로소 쉴러의 연극 '빌헬름 텔'을 보았다. 그로부터 2, 3개월 뒤 '로엔그린'을 보았는데 내가 오페라를 구경한 것은 그때가 처음이었다. 나는 단번에 매료되었다. 바이로이트의 거장(바그너)에 대한 젊은이(소년 히틀러)의 감격은 그칠 줄 몰랐다. 몇 번이고 나는 그의 작품에 사로잡혔다.[114]

113) 박홍규, 앞의 책(2007).
114) 아돌프 히틀러 저·황성모 역, 『나의 투쟁』, 동서문화사, 2015.

하지만 히틀러를 일깨운 더 큰 사건은 '로엔그린'이 아니라 훗날 경험한 '리엔치'(Rienzi)였다.

히틀러는 이즈음에 알게 된 친구 쿠비첵(August Kubizek, 1888–1956)과 '리엔치'를 관람한 뒤 완전한 황홀경을 느꼈다고 기록되어 있다.[115]

히틀러의 이와 같은 반응은 바그너 숭배의 차원이라기 보다는,[116] 그의 판타지에는 '리엔치'에 상응하여 바그너의 비극적인 호민관에 자극을 받아 자신의 미래의 역할을 형성했다는 의미일 것으로 보는 시각이 있다.

10대 소년 히틀러는 실제로 "나는 호민관이 되겠다"고 맹세할 정도로 '리엔치'의 운명에서 깊은 인상을 받았다. 다시 말해, 호민관의 모습에서 독일의 명성과 위대함을 재건하려는 소년 히틀러의 각오와 희망이 싹텄던 것이다.

그런데 한가지 주시해야 할 대목은 히틀러가 성인이 되고, 심지어 나치의 최후 순간까지도 '리엔치'에 과도한 애정을 드러냈다는 사실이다.

특히 바그너가 훗날 이 작품의 수준을 낮게 평가했고, 내용 또한 정치적인 실패와 몰락에 관한 것임을 감안하면 히틀러의 반응은 의아스럽기까지 하다.

'리엔치'에 대한 히틀러의 집착은 몇 가지 사례에서도 확인할 수

---

115) August Kubizek, 'Adolf Hitler Mein Jugendfreund', Graz: Leopold Stocker Verlag, 1953.

116) Hans Rudolf Vaget, "Wieviel 'Hitler' ist in Wagner?: Anmerkungen zu Hitler, Wagner und Thomas Mann", in 『Richard Wagner und die Juden』, hrsg. Dieter Borchmeyer, Ami Maayani und Susanne Vill, Stuttgart und Weimar: Metzler, 2000.

있다.

첫째, 당시 전독일연맹이 주관하는 린츠와 빈의 행사에서는 바그너의 다른 곡과 더불어 '리엔치' 서곡이 연주되었다. 히틀러는 이러한 관례를 국가사회주의 운동의 초기에 일찌감치 계승하였고 나중에 나치 정당대회의 고정된 찬가, 정치적 전례로 고정했다.117) 다시 말해, 이 곡 연주와 함께 정당대회 개회를 알린 것이다.

둘째, 히틀러는 자신의 쉰살 생일에 다른 바그너 작품의 총보와 함께 '리엔치'의 오리지널 악보를 부탁했고, 패전의 징후가 농후한 전쟁 말기에는 바그너의 손자가 이 악보를 안전한 곳으로 옮길 계획임에도 불구하고 자신의 벙커로 갖고 갔다. 히틀러는 자살하는 마지막 순간에 '리엔치' 대본을 손에 쥐고 있었다.118)

이와 같은 히틀러의 반응과 관련하여 프리드랜더는 그가 '리엔치' 와 자신을 동일시했다고 해석한다. 즉 히틀러는 유대인에 대한 자신의 투쟁이 '생과 사의 문제'이고, 절대적으로 '이것' 아니면 '저것'의 문제라는 것을 되풀이하였다. '리엔치'가 바로 '최종승리' 아니면 '파멸'에 대한 선택을 가장 과격하게 표현한 것에 히틀러가 영향을 받았다는 분석이다.119)

---

117) Vaget, "Wieviel 'Hitler' ist in Wagner?: Anmerkungen zu Hitler, Wagner und Thomas Mann,", 2000.

118) Saul Friedländer, 'Hitler und Wagner', in 『Richard Wagner im dritten Reich 』, hrsg. Saul Friedländer und Jörn Rüsen, , München: Verlag C. H. Beck, 2000.

119) Saul Friedländer, Ibid.

3. 바그너 음악의 정치적 수용

바그너 음악에 경도된 히틀러는 1933년 권력 장악 이후 나치제국에서 그의 음악을 프로파간다로 적극적으로 활용하였다. 바그너 음악이 가진 엄청난 프로파간다의 가치를 매우 잘 파악하고 있었기 때문이다. 특히 나치 치하의 오페라 극장을 비롯하여 오케스트라단, 라디오방송국, 바이로이트 극장이 모두 나치정부기관에 소속되었거나 통제를 받아 바그너 음악의 수용은 한결 수월한 측면이 있었다.

이 가운데 바이로이트 극장은 바그너 오페라의 성지로 꼽힌다. 국민계몽선전부 장관 괴벨스의 제국문화원[120)에 직접 소속되어 있지는 않았지만, 히틀러의 지시로 국가에서 보호해야 할 민족적인 의무행사로서 정부의 재정 지원에 포함되었다.

이후 히틀러는 바이로이트 극장을 자신의 바그너 애착을 구현할 공간이자 프로파간다로 삼았다. 예컨대 히틀러는 2차 세계대전 중에도 전쟁으로 지치고 힘든 독일 군인과 시민들을 조직적인 체계를 갖추어 바이로이트 축제의 손님 청중으로 보내게 했다.

1942년 여름에는 독일뿐 아니라 동부전선에서 무려 3만 5,000명의

---

120) 히틀러 집권 당시인 1933년 독일의 문화예술 단체들은 대부분 강제 해산되면서 새로 설립된 제국문화원으로 활동이 이관되었다. 제국문화원은 괴벨스의 국민계몽선전부 후원을 받아 그해 11월 정식 개원했다. 제국문화원 산하에는 제국음악원, 제국미술원, 제국연극원, 제국저술원, 제국언론원, 제국방송원, 제국영화원 등 7개 분과 기구를 두었으며 문화예술과 문학의 창작 및 배포와 관련한 모든 업무를 관장했다. 이 조직은 히틀러가 예술가와 지식인을 단일하게 통제하려는 의도로 읽히고 있다. 제국문화원은 규정에서 문화적 생산물을 정치적으로 엄격히 통제하겠다는 정권의 포부를 크게 두 가지로 드러내고 있다. 첫째, 해로운 영향력에 맞서 싸우는 것, 그리고 민족 공동체의 행복에 대한 책임감에서 촉발된 가치 있는 영향력을 장려하는 것은 국가의 임무다. 둘째, 국가의 지도로 모든 분야의 창조적 요소를 결합하여 단일한 의지를 실행한다.

청중이 바그너 음악극을 관람하며 '독일정신이 창조해낸 가장 힘찬 예
술작품'에서 전쟁을 위한 힘을 얻고 돌아갔다.[121]

이렇게 바이로이트 극장은 후방에서 전쟁 수행을 돕는 중요한 프
로파간다 역할을 했던 것이다.

히틀러는 1939년 2차 세계대전이 일어나고 1년 반 동안 바그너의
다양한 음악을 축제 극장과 콘서트홀 등을 가리지 않고 공연하도록 했
다. 베를린 필하모니가 연주한 바그너 오페라의 서곡은 전쟁 이후 더
자주 연주될 정도였다.[122]

여기서 주목해야 할 부분은 히틀러가 바그너 음악의 프로파간다 확장
을 위해 라디오라는 당시의 영향력 있는 대중매체를 이용했다는 사실이다.

표 15 2차 세계대전 이후 히틀러 나치의 바그너 음악 연주

일시	연주곡
1939년 10월 12일	'뉘른베르크의 마이스터징어' 서곡
1939년 10월 18일	'탄호이저' 서곡
1939년 10월 29~31일	'뉘른베르크의 마이스터징어' 서곡
1939년 11월 27일, 12월 21일	'뉘른베르크의 마이스터징어' 서곡
1940년 2월 25~27일	'신들의 황혼'에서 지그프리트 장송곡과 마지막 노래
1940년 11월 3~5일	'탄호이저' 서곡
1940년 11월 8일	'뉘른베르크의 마이스터 징어' 서곡

출처: Peter Muck(Hg.), 'Einhundert Jahre Berliner Philarmonisches Orchester',
「Darstellung in Dokumenten, III」, Tutzing, 1982.

121) 김문환, 앞의 책(1989).

122) Peter Muck(Hg.), 'Einhundert Jahre Berliner Philarmonisches Orchester',
「Darstellung in Dokumenten III」, Tutzing, 1982.

바이로이트 축제 극장과 연주홀, 오페라하우스의 모든 바그너 음악 연주는 라이브 방송을 통한 매체의 도움으로 더 많은 대중에게 전달될 수 있었다. 당시 라디오 매체는 공식적인 바그너 음악의 수용에서 대중성과 위엄성을 확보하는 데 양적으로 가장 중요한 도구였다.

히틀러는 이 같은 라디오의 위력을 간파한 뒤 바그너 음악의 영향력을 대외적으로 넓히고 나치의 문화예술 선전에 십분 활용하였다.[123]

개인적 숭배와 동경에 기반한 히틀러의 바그너 음악 예찬과 이에 따른 나치의 다양한 연주 프로그램이 나치의 정책 지도층에 그대로 유입되지 않은 것은 아이러니다. 이것은 바그너의 음악을 프로파간다화한 히틀러의 예술 정치에 대한 비판으로 이해할 수 있다.

예를 들어 바그너 전문가 쿠르트 폰베스테른하겐(Curt von Westernhagen)은 "지도자 히틀러가 바그너를 무조건적으로 찬양함에도 불구하고 많은 나치 운동의 동지들은 바그너를 낯설게 여기고 그를 거절하는 태도를 보인다"고 불만스러운 상황을 언급하였다.[124]

폰베스테른하겐을 비롯한 당시 바그너 음악에 부정적인 입장이었던 나치 고위 간부들은 청소년 운동에서 중요하게 여기는 젊은이들의 공동체 음악은 민요처럼 누구나 쉽게 부를 수 있는 민속음악이나 행진곡, 칸타타와 같은 음악이었는데, 바그너의 음악은 함께 부를 수도 없을 만큼 지나치게 예술적이고 듣기에도 난해하다고 지적하였다.

이 같은 비판은 히틀러의 개인적 찬양과 관계없이 바그너 음악극이 나치의 다른 문화예술 정책 및 이데올로기와 충돌한다는 우회적인

---

123) J.M.Fischer, 'Wagner－Interpretation im Dritten Reich', 『Richard Wagner im Dritten Reich』, 1993.

124) Winfried Schüler, 『Der Bayreuther Kreis. Wagnerkult und Kulturreform im Geiste völkischer Weltanschauung』, Münster 1971.

입장으로 파악할 수 있다.

전술한 바와 같이 히틀러의 바그너 음악 애착과 프로파간다 도구로서의 활용은 그가 스스로 목숨을 끊을 때까지 계속되었지만, 나치 정권에서 바그너 작품은 점점 더 위력을 잃어갔다.

나치가 정권을 잡은 1932~1933년에 독일 내의 바그너 오페라 공연 횟수는 총 1,837회였으나, 이 수치는 이후 계속 줄어들어 1939~1940년에는 1,154회로 감소했다. 반면 같은 기간에 베르디, 모차르트, 푸치니의 작품은 공연 횟수가 크게 늘었다.[125]

또 독일의 가장 대표적인 오페라 하우스가 있는 뮌헨과 베를린에서만이 바그너 작품이 나치 시절에 일정하게 증가했을 뿐 그 외의 도시에서 바그너 작품은 여타 작곡가의 작품과 치열한 경쟁을 해야 했으며 우위의 자리를 내주기도 했다.

나치 시대에 바이로이트 총감독을 지낸 티에첸이 2차 대전 후 남긴 회고는 히틀러와 바그너의 음악을 대하는 당시의 분위기를 전하고 있다.

"실제로 당 대표급 간부들은 제국 시절 내내 바그너를 싫어했다. … 당은 히틀러의 바그너 광신주의까지는 참아주었지만, 나처럼 그의 작품에 헌신적인 사람들은 음으로 양으로 반대하였다. 로젠베르크 주위의 사람들은 공공연하게, 괴벨스 주위의 사람들은 암암리에 우리와 싸웠다."[126]

---

125) 매기 브라이언 저·김병화 역, 『트리스탄 코드』, 심산출판사, 2005
126) 매기 브라이언 저·김병화 역, 앞의 책(2005).

제3부

문화예술 장르와 정치

제5장

순수예술과 정치

I. 클래식 음악과 정치

1. 음악정치

문화예술의 대표적인 장르 중 하나인 음악은 동서고금을 막론하고 정치적 지배의 수단으로 이용되었으며, 저항의 수단으로 사용되기도 하였다.

르네상스 이후 서구 예술의 전통을 클래식으로 불렀는데, 여기에는 엘리트적 문화비평의 관점이 드러나 있다. 클래식 음악에 미적 가치를 부여하는 시각은 음악이 복잡할수록 의미 있고 수준 높다고 판단한다.

음악은 우리 일상의 자연스러운 구성요소가 될만큼 영향력을 키우고 있다.

페터 빅케는 "18세기가 되면서 '음악하기'는 사회 속에서 일상생활을 위한, 그리고 일상생활에 속한 역할을 수행하기 시작했으며, 이로써 음악은 '어디에나 존재하는' 것이 될 수 있었고, 이에 상응하는 음악에

대한 형용사로써 'popular'가 도입되기 시작했다"고 설명한 바 있다.[127]

정치적 독재자들은 이와 같은 클래식 음악을 권력의 경직성을 완화하려 하거나 국민의 감정을 자극하여 애국심을 유도하는 데 이용했다. 이를 '음악정치'로 이해해도 무방할 것이다.

'음악정치'는 음악가들이 독재하에서 주류 이데올로기에 어긋하는 발언을 하지 못하도록 음악의 가사, 리듬, 장르 등 모든 차원에서 제재를 가한다. 리듬이 우울한 것도 환영받지 못하고, 장르 역시 다양하게 활용할 수 없다. 정치적 독재의 정도가 심할수록 한정된 주제와 한정된 분위기의 음악만 환영받게 된다.[128]

음악은 시대의 변화에 따라 그 역할이 변화해왔다. 유럽의 절대 왕정에서 음악은 왕을 신격화하고 절대자인 신을 노골적으로 찬양하게 하였다. 이것은 왕에 대한 충성심을 고양시키려는 목적으로 이해할 수 있다. 하지만 대중사회가 확산하면서 개인의 감정이 존중되고 개인의 감정을 표현한 음악이 두드러졌다.

정치의식이 음악에서 드러난 것은 근대 이후에 특히 활발한 흐름을 보인다. 이러한 경향은 대중사회의 발달과 함께 음악의 보급 역시 활발해지면서 대중과 가까이 가는 수단으로 인식되었기 때문일 것이다.

정치적 음악

클래식 음악과 정치와의 관계를 논의하는 데 있어 주요한 개념의 하나가 '정치적 음악'이다. 이 용어는 1960년대 이후 정치의 비판적 목표에 참여하는 음악이 늘어나면서 1970년대 독일의 음악학자들에 의해

---

127) Peter Wicke, 『Von Mozart zu Modonna: Eine Kulturgeschichte der Popmusik』, Suhrkamp, 2001.
128) 진경옥, 앞의 책(2006).

등장했다.

당시 독일의 음악학자들은 사회적 참여 성격을 지닌 음악을 '정치적 음악'(Politische Musik) 또는 '참여적 음악'(Engagierte Musik)으로 규정하고 이에 대한 논의를 활발하게 전개했다.

이들이 파악하는 '정치적 음악'이란 정치적 목표를 위해 기능하는 음악으로, 이와 같은 음악은 음악 고유의 미학적 가치와 모순되는 것으로 결론 짓는다.

독일 음악학자 달하우스(Carl Dahlhaus)는 참여적 음악과 관련하여 "겉으로는 간명한 개념으로 볼 수 있지만, 그 뒤에는 혼란스러움과 모순을 내재하고 있는 개념"이라고 정의하면서 정치적 음악의 복잡성을 설파하기도 했다.129)

'정치적 음악'이란 단지 정치적으로 기능하는 음악이 아니라 정치에 주체로서 참여하는 음악이며, 따라서 자유로운 음악가의 존재는 정치적 음악의 전제가 된다고 할 수 있다.

서양음악사에서 자유로운 음악가의 등장과 이에 따른 자율성의 미학이 탄생하는 시기는 19세기 이후이다.

또한 음악가의 정치적 참여가 가능하기 위해선 당연히 국민의 정치참여를 형식적으로 보장하는 근대 국민주권국가를 필요로 하는데, 이 역시 서유럽에서는 19세기 중반 이후에 형성되었다.

이처럼 음악가의 정치적 참여의 조건들은 최소한 19세기 이후에 그 형식을 갖추게 되고 20세기에 들어서야 비로소 성숙된다.

따라서 서양음악사에서 정치적 음악은 20세기 이후에 집중적으로

---

129) Carl Dahlhaus, Thesen uber engagierte Musik, in Musik zwischen Engagement und Kunst, 1972.

분포하게 되는데, 이는 정치적 음악이란 특정한 역사적 조건 속에서만 가능한 것임을 보여주는 것이라는 설명이 가능할 것이다.[130]

1970년대에 논의된 '정치적 음악'의 쟁점은 음악의 정치적 가치와 미학적 가치의 문제, 다시 말해 음악이 정치적으로 기능하면서도 높은 수준의 미학적 질을 갖출 수 있는가로 모아진다. 고전주의시대 이후 '예술음악'과 '기능음악'이 분리되면서 미학적 질은 오직 자율적인 예술음악에서만 추구될 수 있었다.[131] 하지만 '참여적 음악'은 정치적 효과를 목적으로 하는 '기능음악'에 속하며 자율음악에 반대되는 개념으로 파악할 수 있다.

그러나 현실에선 충돌이 생길 수밖에 없다. 정치적 목적을 추구하는 음악가들은 자신들의 음악을 프로파간다, 즉 선전물로 규정하지 않는 이상, 동시에 미학적으로도 정당한 것으로 평가받고자 하는 것이다.

이와 같은 생각에는 '참여가 또한 미학적으로 표현될 때 참여적 음악과 그것으로 참여하고자 하는 작곡가이 주장이 설득력을 지닐 수 있다'는 판단이 깔려 있다.[132]

아이슬러와 노노의 사례

20세기에 '정치적 음악'으로 분류된 음악들이 정치적 가치와 미학적 가치 사이에서 딜레마를 겪은 사례는 아이슬러(Hans Eisler)[133]와

---

130) 장인종, '68혁명과 음악 – 정치적 음악에 대한 비판적 고찰', 한국예술종합학교 예술전문사 학위논문, 2003.

131) 크나이프, 『티보르 크나이프의 음악사회학 강의』, 세종출판사, 1999.

132) Otto Kolleritsch, 『Musik zwischen Engagement und Kunst』, in Musik zwischen Engagement und Kunst, 1972.

133) 독일의 작곡가로 동베를린에서 국립음악원 교수를 지냈다. '외인부대', '살렘의 마녀' 등의 영화음악과 동독 국가를 비롯하여 다수의 가곡·관현악·실내악곡 등을 작곡하였다.

노노(Luigi Nono)[134]에서 찾아볼 수 있다.

쇤베르크의 제자로 잘 알려진 아이슬러는 12음계법으로 된 다수의 작품을 썼다. 아이슬러는 1920~1930년대에 아지프로조직에서 활동하면서 투쟁가나 정치적 발라드를 집중적으로 작곡했고, 이후 유럽과 미국에서 망명 생활을 하거나 종전 후 동독에 정착했을 때도 음악을 통한 정치 참여에 적극적이었다.

제2차 세계대전 후 아이슬러의 음악은 예술적 가치와 정치적 가치에 따라 서독과 동독에서 각각 분리 수용되었다. 이는 그가 음악의 두 가치를 모두 중요시했음을 보여주는 것이지만, 다른 한편으로는 진정한 통합보다는 두 가치 사이에서 동요의 측면이 더 강했다는 것을 방증한다. 달하우스는 아이슬러의 이러한 의도에 대해 "잡종 교배적인 중개방식"이라고 비판하기도 했다.[135]

아이슬러의 음악이 정치적 요구 때문에 미학적으로 실패했다는 평가를 받고 있다면, 노노의 음악은 반대로 미학적 요구 때문에 정치에서 실패한 사례로 받아들여진다. 예컨대 '중단된 노래II'(conto sospeso · 1956)와 '인톨레란차'(Intolleranza · 1960)는 정치적 텍스트를 지닌 노노의 대표적 작품들로 분류된다.

하지만 이러한 곡들에서 노노가 추구한 새로운 합창 양식은 텍스트 가사를 음절과 단어로 분해하거나 순서를 바꾸면서 어떤 것은 총보에서 고립되고 부유하면서 원래 텍스트의 의미를 오히려 상실한다.[136]

---

134) 이탈리아 출신 작곡가. 제2차 세계대전 이후 가장 주목받는 작곡가 중 한 사람으로 피에르 불레즈, 슈톡하우젠과 함께 1950년대 유럽 현대음악을 이끌었다. 베베른 후기의 기법을 계승 발전시켜 선율뿐 아니라 음가, 셈 여림, 밀도, 템포 등에 세리의 기법을 도입하여 나름의 작품을 확립해 나갔다는 평가를 받는다.

135) 달하우스 저·주동률 옮김, '음악에 있어서의 미적 가치와 정치적 가치', 『노래 2』, 실천문학사, 1986.

이 대목에서 달하우스의 분석은 흥미롭다. 달하우스는 노노 작품의 이러한 측면이 작곡가가 전달하고자 하는 정치적 내용을 음악적 현상으로 만들지 못하고 결국 가사는 음악 속에서 해체되어 작품의 정치적 기능은 마비되고 만다고 지적한다. 정치적 내용은 다른 수단으로써 더 정확하고 분명하게 말할 수 있는 것인데, 음악으로써 단편적이고 불충분하게 말하는 것은 모순이라는 것이다.[137]

---

136) Hansjorg Pauli, Fur wen komponieren Sie eigentlich?, 1971.
137) 달하우스 저·주동률 옮김, 앞의 책(1986).

독일의 작곡가 한스 아이슬러. 그의 음악은
예술적 가치와 정치적 가치 사이에서 동요했다.

이탈리아 출신 작곡가 루이지 노노.
노노는 정치적 텍스트의 작품을 발표했지만,
정치적 내용을 음악적 현상으로
만들지 못했다는 평가다.

2. 푸틴과 예술가들

2022년 2월 러시아의 우크라이나 침공으로 시작된 러시아와 우크라이나 간의 전쟁은 다른 전쟁이 그러하듯 막대한 상처를 남기고 있다.

러시아의 공격으로 우크라이나는 셀 수도 없이 많은 인명 피해가 발생했으며, 국제 사회의 도움으로 이에 필사적으로 저항하는 우크라이나의 맞공격에 적지 않은 러시아 군인들이 희생되었다. 21세기의 참혹한 전쟁의 후유증이 목도되고 있는 상황인 것이다.

러시아의 일방적인 공격으로 시작된 이 전쟁의 비난의 화살은 단연 러시아 대통령인 블라디미르 푸틴에게 쏠려 있다. 그런데 전쟁이 계속되면서 한편에선 예술가들이 속속 소환되고 있다. 이른바 '친푸틴 음악가'로 불리는 정치적 성향의 예술가들에 대한 차가운 시선이다.

푸틴과 사적 인연으로 얽혀 있는 이들은 러시아의 우크라이나 침공에 침묵하거나 푸틴의 공격을 정당화하는 듯한 태도로 예술의 정치성 논란을 자초했다.

이 중에는 음악계의 황제로 불리는 발레리 게르기예프(Valery Gergiev)가 포함되어 있다. 러시아 남부 출신으로 군 장교였던 아버지 밑에서 모스크바에서 태어난 게르기예프는 피아노 콩쿠르에서 우승한 뒤 지휘로 방향을 바꾸어 존경받는 지휘자 일리아 무신(Ilya Musin)에게 사사했다. 그는 키로프의 오케스트라에서 12년 동안 경험을 쌓으며 오페라 레퍼토리를 익혔고, 키로프와 멀리 떨어진 곳에 있는 아르메니아의 오케스트라에서 교향악 기술을 배웠다.

게르기예프는 공산주의 이후 쇠락해 가던 키로프 오페라를 구해내어 레닌 시대 이전의 영광을 되찾아 주었다는 평가를 받는다.

그러나 게르기예프는 푸틴의 러시아 침공 이후 거의 대부분 해외 공연에서 배제되고 지휘자에서 해고되었다. 그가 푸틴과 매우 가까운 관계라는 사실이 다시 부각되면서 공연 퇴출이 현실화한 것이다.

　　푸틴과 게르기예프의 인연은 1990년대 초 공황 때 푸틴이 게르기예프에게 결정적인 경제적 도움을 주면서 시작된 것으로 알려져 있다.

　　상트페테르부르크 마린스키 극장 예술감독으로 오페라와 발레의 명맥을 계속 이어가던 게르기예프는 러시아 은행에 극장 수익을 보관했으나 공황으로 은행 파산을 겪게 되었다. 졸지에 빈털터리 신세가 된 그는 당시 상트페테르부르크 부시장이던 푸틴에게 도움을 청했고, 이에 푸틴은 급여 명세서를 처리해주었다. 이 일로 두 사람은 급격히 가까워졌다. 이후 대통령에 당선된 푸틴은 게르기예프에게 칠면조 국영독점 판매권을 넘겨주었고, 게르기예프가 전용기는 물론 거대한 저택을 소유할 수 있도록 도왔다.[138]

　　푸틴과 게르기예프는 포스트 소비에트의 혼란을 함께 헤쳐 온 공생 관계다. 게르기예프는 조지아, 크림 분쟁에서 푸틴을 공개 지지했다. 푸틴의 소싯적 유도 대련자인 아르카디 로텐베르그가 이끄는 에너지 기업 스토로이가스몬타슈를 비롯한 올리가르히(러시아 신흥 재벌을 가리키는 러시아어)가 마린스키와 게르기예프 관련 회사에 자금을 대며 그의 예술 활동을 적극 후원했고, 게르기예프는 런던 심포니 음악감독에 오르는 등 유럽에서도 승승장구했다.

　　게르기예프는 자신의 배후에 푸틴 지원이 있음을 공공연히 밝혔는데, 이는 자신의 정치적 성향을 드러냄으로써 예술적 영향력 확대를 노

---

138) 노먼 레브레히트, '당신이 모르는 게르기예프에 대하여', 월간 『객석』 2022년 6월호.

모한 측면이 있다.

하지만 러시아의 우크라이나 침공 이후 세계 공연계가 푸틴의 만행을 규탄하고 우크라이나와 연대하는 움직임이 거세지면서 게르기예프는 이의 직격탄을 맞게 되었다. 미국과 서유럽의 러시아 음악가에 대한 거리두기로 빈 필하모닉 지휘자로 활동하던 게르기예프의 뉴욕 카네기홀 지휘가 전격적으로 취소되었다.

또한 게르기예프가 공연하던 이탈리아 밀라노 극장은 러시아 전쟁에 대한 입장 표명을 그에게 요구했으나 답변이 없자 극장에서 퇴출했다.139) 뮌헨 필하모닉과 로테르담 필하모닉도 각각 게르기예프의 음악감독과 명예지휘자 직위를 박탈했으며, 베르비에 페스티벌, 펠스너 에이전시, 게오르크 숄티재단 모두 그와 절연했다. 에든버러 국제페스티벌 같은 유럽의 각종 예술축제도 게르기예프와의 계약을 취소하였다.

이와 같은 서방의 조치로 해외 무대에서는 사실상 퇴출된 게르기예프는 1988년부터 감독직을 맡아온 마린스키 극장이 있는 상트페테르부르크로 돌아갈 수밖에 없었다.140) 러시아가 일으킨 전쟁이 끝나지 않는 한 게르기예프가 다른 나라에서 재기하는 것은 쉽지 않은 상황을 맞은 것이다.

---

139) 주세페 살라 밀라노 시장은 게르기예프 앞으로 "사태의 평화적 해결을 위한 지지 표시가 없다면 스칼라 잔여 공연을 취소하겠다"며 공개 서한을 보냈지만 게르기예프는 답변을 거부했다.
140) 중앙선데이, '세계 공연계, 친푸틴 게르기예프 등 러 예술가들 줄퇴출', 2022년 3월 24일자 보도.

푸틴과 게르기예프. 친푸틴 성향의 정치적 색깔을 드러내온
게르기예프는 푸틴의 우크라이나 전쟁 이후 서방 공연계에서
사실상 퇴출되었다.

우크라이나 사태를 계기로 무대에서 내려온 친푸틴 성향의 유명 음악가는 또 있다. 러시아 출신의 세계 정상급 소프라노 안나 네트렙코(Anna Netrebko)로, 그는 2022년 상반기 친푸틴 성향을 보이는 예술가에 대한 음악계의 퇴출 압박이 거세지자 스스로 무대에서 내려왔다. 이후 뉴욕 메트로폴리탄 오페라는 네트렙코가 푸틴에 대한 공개적인 지지를 철회하라는 조건을 충족하지 못해 향후 예정된 공연에서 물러나게 됐다고 발표한 바 있다.

네트렙코는 푸틴과 게르기예프 모두 깊은 인연을 맺고 있다. 네트렙코는 게르기예프의 발탁으로 서구에 진출했으며, 지난 2008년에는 푸틴이 수여하는 러시아 인민 예술가상을 받기도 했다.

네트렙코는 자신의 정치적 색깔을 직설적으로 드러내는 스타일로 알려져 있다. 2014년 친러 분리주의자가 장악한 도네츠크 지역의 오페라하우스에 100만 루블(한화 약 2,000만 원)을 기부한 뒤 도네츠크 인민공화국기를 들고 기념촬영을 하였다.

이러한 그의 친푸틴 행보가 취리히 오페라, 바이에른 슈타츠오퍼, 뉴욕 메트 오페라가 줄줄이 출연을 취소한 이유로 전해지고 있다. 그런데 정작 네트렙코는 자신의 SNS를 통해 "예술가에 정치적 견해를 요구하고 조국을 비난하는 행위는 옳지 않다"며 각종 압력에 불만을 표하기도 했다.

네트렙코의 이 같은 반응은 자신이 예술의 정치적 중립에 충실하고 있다는 점을 우회적으로 밝힌 것으로 볼 수 있다.[141]

---

141) 독일 테너 요나스 카우프만은 네트렙코의 입장에 대해 자신의 공식 홈페이지를 통해 "우크라이나 전쟁은 인류 생존과 관련한 문제로, 인간으로서 모두가 개인적 의견을 표명해야 한다"고 지적했다. 친푸틴 성향의 네트렙코를 맥락적으로 비판하는 내용이다.

푸틴과 안나 네트렙코. 푸틴이 주는 인민예술상을 받은 네트렙코는
친푸틴 행보로 서방의 주요 공연 출연이 줄줄이 취소되었다.

지금까지 논의한 게르기예프와 네트렙코의 사례는 클래식 음악과 정치와의 관계를 살펴볼 수 있는 가장 최근의 사건이라고 할 수 있을 것이다. 러시아의 우크라이나 침략이라는 대형 전쟁으로 인해 클래식 음악과 정치, 예술가와 정치의 관계를 21세기의 시각에서 조명할 수 있게 되었다.

우크라이나 사태 이후 러시아 출신 예술가 대부분은 침묵하고 있으나, 반대로 자국의 군사행동을 공개적으로 지지하거나 자발적으로 활동을 중단하는 예술가도 나타나고 있다.

피아니스트 보리스 베레좁스키는 친정부 성향 TV 토크쇼에서 "키이우에 전기를 차단해 우크라이나 압력을 강화하라"고 요구하기도 했다.

러시아 명지휘자로 모스크바 볼쇼이극장을 이끌었던 투간 소키에프는 게르기예프와는 다른 길을 선택한 경우다.

소키에프는 볼쇼이 극장에서 스스로 물러남으로써 푸틴의 우크라이나 공격에 우회적으로 반대한다는 입장을 표명하였다. 그는 사임 성명을 발표하면서 "어떠한 갈등에도 반대할 것"이라고 밝힌 바 있다. 소키에프는 볼쇼이극장에서만 자진사퇴한 것이 아니라, 자신이 음악 감독을 맡았던 프랑스의 툴루즈 카피톨 국립 오케스트라에서도 함께 물러났다.

서구에서 환영받으며 푸틴과도 비교적 거리를 둔 지휘자 미하일 플레트네프, 테오도르 쿠렌치스, 미하일 유롭스키 등도 공식 입장은 내지 않았지만 근신과 반전 메시지를 담은 프로그램으로 변경하는 식으로 정치적 중립 태도를 취하고 있다.

II. 미술과 정치

1. 시각이미지로서의 미술

회화와 조각으로 대표되는 전통적인 예술 장르인 미술은 그 시대의 문화와 동떨어져 있지 않다. 인간은 미술 작품 감상을 통해 그 당시 삶의 모습을 살펴본다.

한편으로 미술은 수동적 수용의 위험성도 띠고 있다. 미술 작품에 대한 누군가의 전문적이고 해박한 설명을 맹목적으로 받아들인 나머지 미술에 대한 편협한 이해를 진중한 고민의 기회 없이 수용해 버리기 쉽다. 미술이 우리들이 체험하는 일상적 삶으로부터 더욱 분리되어 고립될 수도 있는 이유가 여기에 있다.

솔소(Solso)는 시각적 이미지의 특성을 갖고 있는 미술은 근본적으로 인간의 삶과 무관한 것이 아니라고 설명한다.

오랜 옛날부터 우리 삶의 한 부분에 미술이라는 존재가 자리잡고 있었다. 원시시대 동굴의 벽화나 여러 가지 조각상에서 볼 수 있는 미술의 시작은 인간의 가장 기본적이며 자연스러운 표현이라 할 수 있다. 이러한 그림과 조각품은 인간에게 표현하기 힘든 크나큰 만족감과 위안을 주었으며 그러한 과정은 끊임없이 이어져 내려와 오늘날의 미술로 자리잡게 되었다. 오늘날 미술은 우리에게 있어 더 이상의 작품으로만 존재하지 않는다. 그 속에 삶이 있고 인생이 있고 철학이 담겨 있다.[142]

---

142) 솔소 저·신현정·유상옥 역, 『시각심리학』, 시그마프레스, 2000.

솔소의 인식과 같이 미술은 가치내재적이다. 미술은 시각 이미지로서 사회 내 특정 가치 체계를 반영하는 사회적이고 문화적인 코드로 볼 수 있다.

사회문화적인 산물로서 미술의 시각적 상징 기호는 항상 투명한 의사소통을 가능하게 하는 것도 아니다. 시각 이미지에 개입되는 다양한 맥락적 의미들은 의도적인 이데올로기의 개입을 얼마든지 가능하게 한다. 일상생활 안에서 시각적 의사소통을 가능하게 하는 시각 이미지의 기능은 특정 의도를 문화화, 대중화, 세계화시킬 수 있는 잠재적인 위험 요소를 내포하고 있는 것이다.

따라서 미술의 시각 이미지 자체는 사회문화적 패권, 경제자본적 패권, 정치적 패권 등을 획득하기 위해 손쉽게 대중에게 다가갈 수 있는 채널로 탈바꿈될 수 있다고 봐야 한다. 특히 시각 이미지가 지니는 상징적, 은유적, 비유적, 암시적, 내재적, 비지시적 의미성들과 다양한 시각 전략들은 이런 이데올로기적 의식을 무의식적으로 자연스럽게 전달하고 파급시키는 효과적인 방법이 되고 있다.

이와 같은 논의는 미술의 정치성과 맥락지을 수 있다. 미술 작품을 통한 시각적인 의미전달이나 의사소통의 수월성, 효율성과 함께 다중 의미를 함축할 수 있는 암시성과 모호성은 시각 이미지의 정치성을 한층 가중시키는 전략적이고 창의적인 고안의 일부로 이데올로기화를 강화하는 역할을 한다.[143]

---

143) 이재영, '시각 이미지의 정치성과 비평적 담론: 인문학적 접근을 위해', 「미술과 교육」 16권 4호, 2015.

2. 미술의 정치 참여

20세기 들어 미술의 정치 참여 사례를 살펴보는 것은 어렵지 않다.

1968년 5월에 있었던 프랑스 68혁명은 정치혁명보다는 사회·문화적인 혁명의 성격이 강했다. 학생들의 변혁운동은 예술계에도 큰 파장을 일으켰으며, 특히 미술 분야에서는 젊은 예술인들을 중심으로 혁명적인 문화단체 결성을 통한 현실 정치 참여가 두드러졌다.

전국 규모의 총파업이 벌어진 1968년 5월 13일 학생과 노동자, 미술가, 건축가, 디자이너들이 국립미술학교와 장식미술학교를 점거하고 그곳에 민중공방을 구축하였다. 민중공방의 주요한 역할은 변혁운동의 투쟁과 저항정신을 반영하는 동시에, 혁명 의식을 고취하는 포스터를 제작하는 것이었다. 실제로 국립미술학교 민중공방에서 포스터 제작이 이루어졌으며, 이 공방에는 극좌파 계열의 다양한 유파의 젊은 작가들이 집결하여 판화작업에 몰두하였다.

민중공방에 모인 미술가들의 포스터 제작 활동은 이들이 문화혁명의 일환으로 예술가와 그 역할에 대한 인식론적 실천으로 볼 수 있다. 젊은 작가들은 포스터 제작 이외에 기존의 문화예술, 즉 부르주아 문화에 대한 비판 작업에도 착수했다. 이들은 지배계급의 억압적 힘은 예술가에게 특권적인 사회적 지위를 제공하고, 그렇게 됨으로써 예술가는 눈에 보이지 않는 감옥에 갇히게 된다고 파악했다.

젊은 작가들은 이러한 인식아래 부르주아 문화가 야기하는 고립적 행위를 몇 가지로 분류하였다.

첫째, 창조라는 관념이 예술가의 작품에 비현실적인 자질을 부여함으로써 그 가치가 영원하다는 환상을 심어주고, 둘째, 예술가의 자유라는 관념이 그로 하여금 모든 것이 가능하고 그가 원하는 모든 것을 할 수 있다는 믿음을 갖게 함으로써 사회의 한 구성원으로서의 책임을 망각하게 한다는 것이다. 결과적으로 예술가는 이러한 허위 이데올로기로 인해 아무런 해악도 끼치지 않는 존재가 됨으로써 부르주아 사회의 기구 속에서 하나의 안전판으로 기능하게 된다는 것이다.[144]

이렇게 본다면, 프랑스의 젊은 예술가들은 68혁명 참여라는 정치적 행위를 통해 부르주아 문화의 폐해에 반기를 들면서 프랑스를 지배하던 예술적 풍토에 대한 시정을 시도했다고 볼 수 있다.

1965년 미국의 베트남 전쟁에서부터 1968년 5월 68혁명에 이르기까지 국내·외의 정치·사회적 상황은 프랑스의 젊은 화가들을 현실비판적이고 고발적인 미술로 이끌었다.

시대의 문제를 예술의 문제로 인식한 이 화가들에게 예술은 세상의 테두리 밖이 아닌 세상 속에서 하나의 자리를 차지하고 역할을 수행해야 하는 실천적 행위가 된 것이다.

특히 급진적인 좌파 계열의 작가들은 예술가의 고립적 개인주의가 사회의 고질적인 병폐라고 지적하면서 미학적 가치에 경도된 '예술을 위한 예술', 대중의 접근을 어렵게 만드는 엘리트적 지상주의, 시대와 무관한 안일한 개인주의를 모두 거부하였다. 예를 들어, 1965년 파리 크뢰즈 화랑에서 열린 '현대미술에서의 서술적 형상'이라는 제목의 전시에는 '살든지 죽게 내버려두든지, 또는 마르셀 뒤샹의 비극적 종말'이라는 제목의 작품이 등장한다. 아이요, 아로요, 레칼카티가 공동 제작한 이 작품은 칸으로 이어지는 만화처럼 8개의 타블로로 구성된 하나의 연

---

144) Tchou(e′d.), 『Mai 68, Les affiches de l'Atelier Populaire de l'e′cole des Beaux-Arts』, Paris, 1968.

작으로, 뒤샹의 작품을 인용한 사이사이에 여러 형태의 일련의 처형 장면이 삽입되어 있다.

즉 살해자로 자처하는 이 3명의 작가가 뒤샹을 구타하고 발가벗겨 계단 아래로 던져버리는 3개의 장면에, 팝 아티스트와 신사실주의자들이 뒤샹의 관을 들고 나가는 마지막 장면이 연결되어 있다.

이 작품은 예술가의 사회적 역할을 강력히 부정한 뒤샹의 개인주의와, 그의 미술을 '시대와 공간이 지배하지 않는 곳으로 향한 하나의 출구'라고 극찬한 추상화가들의 비현실적인 태도를 동시에 비판하고 있다.

이 작품의 배후에 깔려 있는 메시지는 현실의 모든 문제가 작가와 무관하지 않다는 것이다. 이러한 작가들이 제기한 현대미술의 사회적 기능은 정치미술의 온상인 청년회화살롱에 소속된 작가들에 의해 더욱 적극적으로 실천되었다. 청년회화살롱은 마오주의와 마르크스·레닌주의의 영향을 받은 극좌파 작가들이 1968년부터 주류를 이루면서 더욱더 강한 정치색을 띠게 되었다.

급진적인 사회변혁을 지향하는 이 살롱전의 작품들은 정치·사회적 문제를 반체제적 관점에서 분석하고 고발하는 미술이 된다.145)

정치적 미술

앞에서 논의한 바와 같이 프랑스 68혁명 당시 정치적 행동을 앞세우면서 예술계의 변혁을 도모했던 젊은 작가들과 청년회화살롱 등은 정치 미술의 관점에서 살필 수 있다.

사전적 의미의 정치 미술 개념은 정치권력을 비판하거나 풍자하는 형태의 미술이다. 정치 미술은 고대 때부터 존재해왔으며 시기에 따라

---

145) 청년회화살롱은 새로운 구상회화의 리더로 알려진 아이요, 아로요, 쿠에코, 티스랑 등 민중공방의 투쟁작가들이 주도하였다.

그 내용이 전혀 다른 모습으로 나타났다. 권력에 충실히 순종하는 예술과 격렬하게 저항하는 미술이 공존하기도 했다. 가장 일반적인 의미의 정치 미술이란 사회의 여러 문제들을 직접적으로 다루면서 현 정치권력과 대립하고 개입하는 미술의 형태로 정의할 수 있다.

역사적으로 정치미술은 아주 오래전부터 존재해왔다. 고대에는 정치에 봉사하는 형태의 미술이었다.

고대 도시국가나 왕국 제국의 통치자들은 자신의 권력을 과시하고 승전을 축하하거나, 적을 위협하고 겁주기 위한 목적으로 거대한 규모의 기념 미술을 제작하였다. 고대 로마제국의 정치적 상징과 의식은 고도로 정교화되었는데 황제들의 이미지는 기념 조각상으로 제작되었고 황제의 얼굴이 새겨진 다량의 동전과 메달이 전국적으로 널리 통용되었다.

이처럼 고대부터 이어져온 형태의 미술은 중세가 되어서도 변하지 않았다. 단지 그 대상이 서양의 중세를 지배하는 권력이었던 종교로 변했을 뿐이다. 기독교적인 주제를 표현했던 중세 미술의 이면에는 작품 제작을 의뢰한 교회단체나 권력가의 이데올로기적 이권을 지지하는 의도가 숨겨져 있었던 것이다.[146]

대부분의 회화 조각 또는 건축물들의 벽화까지 모든 주제는 신의 모습을 충실히 재현하는 것이었고, 그것들은 종교의 강력한 힘을 대중들에게 효과적으로 전파할 수 있는 훌륭한 수단이 되었다.

당시 작가들은 아직 작품 제작의 자율성을 획득하지 못하였다. 권력자로부터 후원을 받아 제작을 하는 형태였기 때문에 작가 자신의 의

---

146) 서평주, '복합 매체를 통한 정치 미술 연구', 부산대학교 대학원 미술학석사학위 논문, 2014.

견을 드러내는 작품 제작은 어려웠다. 16세기 초 이탈리아 르네상스 시대에는 개인적인 명성을 누렸던 몇몇 예술가들이 존재했으나, 그 중에서 가장 유명한 작가조차도 때로는 휘장, 의복, 갑옷 등을 장식하는 문장과 같은 고용주의 정치적 부속물을 제작해야만 했다.[147]

예술가가 자신의 정치적 사상을 표현하기 위해서 작품을 생산할 수 있다는 사고가 등장하게 된 것은 18세기말이었다. 자신의 정치성을 표현한 대표적인 작가는 프란시스코 드 고야(Francisco de Goya)라고 할 수 있다.

고야는 왕가의 초상화를 그리기도 했지만 정치와 전쟁을 비판하는 작품을 제작했다. 예컨대 '1808년 5월 3일 마드리드 수비군의 처형'과 이후의 '전쟁의 참상'이라는 판화 시리즈는 프랑스 군대에 점령당했던 스페인의 역사적 사건을 주제로 다루었다.[148]

---

147) 토비 클락 저·이순령 옮김, 『20세기 정치 선전 예술』, 예경, 2000.
148) 고야는 스페인을 점령한 프랑스 군인들이 스페인 시민들을 무자비하게 총살한 사건을 배경으로 작업했다. 그의 판화 시리즈는 살상의 참혹한 현장들을 있는 그대로 작업으로 옮겨냈다는 평가를 받는다.

고야의 작품 '1808년 5월 3일 마드리드 수비군의 처형'

20세기 들어 미술과 정치의 관계, 즉 정치적 미술은 파시즘에서 우선적으로 찾을 수 있다. 파시즘은 민족주의와 사회주의가 결합한 이념을 넘어선 거시적 사상 체계라 할 수 있다. 파시즘은 1차 세계대전 이후 국제적 대립이 다시 고조되고 전쟁 위기감과 유럽 각국의 정치적 불안정, 대량 실업, 경제 공황, 부패, 비리 등과 같은 위기가 반영되어 나타난 결과물이다.[149]

1900년대 초 미술은 파시즘의 정치적 미화를 위해 선전의 형태로 활용되었다. 이 시기 나치 예술품들은 고대의 회화와 그리스 시대의 조각을 최고의 가치로 삼아 그와 비슷한 작품들을 생산했으며, 국가에 의한 통제와 권력자 우상화 경향을 띠었다.

1915년쯤 파시즘이 태동하던 유럽에서는 새로운 미술 경향인 다다(Dada)[150]가 등장하여 풍자와 함께 회화의 구성을 해체하였다. 독일 베를린에서는 1920년 다다페어가 열려 존 하트필드, 조지 그로스 등의 작가가 참여했다. 이는 독일에서 전례가 없던 정치화된 아방가르드 기획으로 받아들여졌으며, 이들의 작품 중 상당수는 포토몽타주 기법[151]으로 제작되었다.

---

149) 로버트 O. 팩스턴 저·손명희 최희영 옮김, 『파시즘』, 교양인, 2005.
150) 다다는 전쟁을 방관한 정치적, 문화적 순응주의에 바발하는 예술적 테러로 정의된다. 전쟁으로 인해 모든 것이 혼란스럽고 서구사회가 이룩해놓은 문명에 대한 회의 속에서 등장한 현대적 개념의 정치적 미술이라고 할 수 있다.
151) 포토몽타주란 영화에서 비롯된 개념으로, 기존의 이미지들을 재구성해 하나의 새로운 서사를 만들어내는 것을 의미한다. 포토몽타주 기법은 제작이 용이하고 그 내용이 현실에 근접해 있다.

포스트몽타주 기법으로 제작된 존 하트필드의 작품,
'히틀러 경례의 의미: 작은 남자가 큰 선물을 요구한다.
모토: 백만장자가 내 뒤에 있다!'

포토몽타주 기법을 선호하던 다다이스트들은 신문과 잡지에서 오려낸 조각들을 붙이고 글자를 삽입하고 드로잉을 첨가하여 무질서하고 폭발적인 이미지와 자극적인 단편들을 만들어냈다.

특히 사진은 효과적이고 적절한 재료여서 다다의 그림들 중에서 지배적인 위치를 점하였다.[152] 포토몽타주 기법으로 가장 유명한 미술가는 베를린 출신 존 하트필드로 파시즘과 히틀러에 대항하는 예술가이자 사상가였다. '히틀러 경례의 의미: 작은 남자가 큰 선물을 요구한다. 모토: 백만장자가 내 위에 있다'라는 제목의 그의 작품은 사회적 관계의 계급 구조를 한눈에 볼 수 있도록 하거나 파시즘의 위협을 적나라하게 폭로했다는 평가를 받는다. 이 작품은 히틀러를 비판하고 우스꽝스럽게 비꼬았다.

하트필드는 히틀러 집권 이후 기소된 최초의 미술가 중 한 사람이었다. 1933년 체코 프라하로 이주한 그는 히틀러 정권에 대항해 논쟁하고 설교하고 선동하는 광범위한 활동을 펼쳤고, 히틀러는 체코 정부에 하트필드의 프라하 전시를 폐쇄하라고 요구하기도 했다.[153]

3. 통일 독일의 미술과 정치

파시즘에서 자유로울 수 없었던 독일의 미술은 1990년 서독과 동독의 통일 이후 일부 미술가에 의해 그 잔재를 해체하려는 시도가 나타났다. 그 중심에는 한스 하케(Hans Haacke)가 있었는데, 그는 미술 작

---

152) 할 포스터, 로잘린드 크라우스, 이브-알랭 브아, 벤자민 H.D. 부클로 저·배수희 외 옮김, 『1900년 이후의 미술사: 모더니즘, 반모더니즘, 포스트모더니즘』, 세미 콜론, 2007.
153) 할 포스터, 로잘린드 크라우스, 이브-알랭 브아, 벤자민 H.D. 부클로 저·배수희 외 옮김, 앞의 책(2005).

업을 시작한 이래로 줄곧 국가의 일방적인 절대 권력에 대항하여 왔다. 하케의 이 같은 활동은 미술의 정치에 대한 저항의 관점에서 읽을 수 있을 것이다. 예컨대 1970년에 뉴욕현대미술관(MoMA)에서 열린 '정보'라는 제목의 전시를 통해 당시 뉴욕 주지사였던 록펠러를 낙선시켰고,[154] 오스트리아 남부 도시 하르츠에서는 네오나치에게 경각심을 불러일으키는 작품 '그래 너희들이 승리했다'를 제작하기도 했다.

아놀드 하우저는 미술의 자율성이 보장된 이후에도 미술작품은 그 시대의 정치·사회적인 조건을 뛰어넘을 수 없다고 단언하였고, 따라서 작품이 정치·사회적 기능을 대신한다는 입장을 취했다.[155] 하케 또한 하우저의 이와 같은 인식에 동조하였는데, 그는 미술은 시각적이어야 하고 정치적이고 사회적인 문제를 포함하여 정보를 주고 진실을 알리는 매체로 기능해야 한다고 보았다.

이러한 맥락에서 전술한 하케의 작품 활동은 미술의 적극적인 정치·사회적 참여를 강조하고 있다고 할 것이다.

통일 독일의 변화된 미술과 정치의 관계를 보여주는 단적인 사건이 세계적으로 가장 전통이 있는 미술 전시인 베네치아 비엔날레였다.

독일의 통일은 비엔날레에도 영향을 미쳤다. 그 가운데 하나가 1933년 베네치아 비엔날레에서 동독관과 소련관이 사라진 것이다. 동독관은 서독관에 흡수되었으며, 소련관은 러시아관으로 새롭게 바뀌었다. 이와 같은 시대적 변화에 민감했던 하케와 러시아의 카바코프(Ilya

---

154) 하케는 록펠레가 뉴욕 주지사 선거에 다시 출마하자 베트남전에 반대하지 않은 그를 다시 뽑아줄 것인가를 묻는 투표를 개념미술 차원에서 실시하였고, 록펠레는 선거에서 결국 낙선했다. 김향숙, '미술과 정치: 통일의 굴곡에 투영된 독일 현대미술과 정치의 헤게모니', 「미술사학」 제22호, 2008.

155) Arnold Hauser, 『Soziologie der Kunst』, München, 1988.

Kabakov)는 그러한 정치적 상황을 작품에 투영시켰다. 하케는 독일관에 '게르마니아'156)를 통해 통일 이후 독일에서 불거진 네오나치즘에 항거하는 미술을 설치하였다. 카바코프는 '붉은 파빌리온'으로 러시아의 리얼리티를 보여줬다.157) 베네치아 비엔날레에서 독일관을 통한 미술가들의 정치적 시위는 하케가 처음은 아니었다. 1970년에는 권터 우커(Gunter Uecker)가 독일관을 지탱하는 정문 앞의 기둥에 수없이 많은 못질을 하였다.158)

156) 2차 대전을 준비하던 히틀러가 베를린에 이탈리아 로마와 같은 대 독일제국을 꿈꾸면서 설계한 도시 '게르마니아'를 연상시킨다. 김향숙, 앞의 논문(2008).
157) 김향숙, 앞의 논문(2008).
158) Interview mit Hanno Tauterberg, 'in: Die Zeit', Nr.47 16.11. 2006.

한스 하케가 1933년 베네치아 비엔날레 독일관 내부에 설치한 '게르마니아'.
정치적 시위로 평가받고 있다.

미국의 정치적 예술

세계 미술시장을 주도하고 있는 미국의 정치적 예술은 20세기 후반인 1960년대에 표면화된 측면이 있다.

1960년대 미국의 정치적 상황은 매우 혼란스러웠고 첨예했다. 1964년부터 1968년까지 급진적인 백인 청년문화 운동의 이데올로기적인 긴장과 변혁은 동시대 흑인민권 운동에서도 비슷하게 드러났다.

1964년 할렘, 1965년 왓츠에서 일어난 인종 폭동은 우울한 경제적 현실을 반영하며 흑인 민권운동 내부의 변화를 가져왔으며, 베트남 전쟁 역시 변화의 가장 큰 원인이 되었다.

1967년에는 9만 명이 워싱턴에서 베트남 반전시위에 가담하면서 여러 도시에서 흑인과 경찰 간의 갈등으로 거리와 가게, 대학 건물이 점거되고 폭탄 테러가 일어나기도 했다. 1968년은 이런 운동의 전환기로 기록되고 있다.

그해 4월 인권운동가이자 목사인 마틴 루터 킹이 암살되면서 대대적인 흑인 폭동이 이어지고 다음 해 90만 명이 넘는 가장 큰 반전시위가 워싱턴에서 벌어졌다.

당시 마틴 루터 킹을 비롯한 학생비폭력조정위원회(Student Non violent Coordinating Committee: SNCC)의 흑인 지도자들은 베트남 전쟁과 인종주의를 연관 짓기 시작했다. 이는 베트남 전쟁을 옹호하는 이들이 바로 인종주의자들을 대변하고 있다는 판단 때문에서 비롯됐다.[159]

당시 미국의 미술은 이와 같은 시대적 분위기의 영향으로 반전 미

---

159) Jerold M. Starr, 'Cultural Politics in the 1960s', in 『Cultural Politics: Radical Movements in Modern History』, ed. Jerold M. Starr, New York: Praeger, 1985.

술, 정치 미술, 거부의 미술, 부정의 미술 등의 키워드로 특징 지어졌다.

특히 이러한 상황에서 그동안 정치와 분리된 삶을 살던 미술가들은 주어진 사회적 조건을 자문하며 자신의 입장을 공개적으로 드러내기 시작하였다. 이와 같은 입장은 미국 미술가들의 정치적 행위로 이해할 수 있다.

요약하자면 1960년대 미국의 미술은 여러 정치사회적 사건들과 맞물리며 격변을 겪으면서 일부 평론가들이 주장했던 '예술을 위한 예술', 즉 순수미술에 대한 옹호는 당면한 현실 과제 앞에서 모던한 제작방식과 관습에 대한 거부로 나타났다.[160]

종전의 미술가의 위치가 작업실 공간이었다면 당시 미술계는 작업실 내·외부를 넘나드는 가두 퍼포먼스가 주를 이루며 정치적 행위가 가장 활발했다.

III. 미국의 문화전쟁

1. 예술인가, 외설인가

순수예술에 대한 정치의 개입 혹은 관여를 상징하는 사건 중 하나가 20세기 후반 미국에서 벌어진 이른바 문화전쟁(culture wars)이다.

사태는 1987년 미국 연방예술진흥기금(NEA)이 노스캐롤라이나주 남동부현대미술센터(The Southeastern Center for Contemporary Art: SECCA)에 7만 5천 달러를 지원했고, SECCA는 이 기금을 열 명의 작가를 후원하는 데 사용하면서 촉발되었다.

이 가운데 안드레 세라노(Andres Serrano)는 1만 5천 달러의 연구

---

160) 진휘연, 'When Attitudes Become Form, 1969년 아방가르드 미술의 집결장', 「서양미술사학회 논문집」 제19집, 2003.

비를 지급받았고, SECCA가 기획한 순회전 '시각미술 7인 수상전'(Awards in the Visual Arts 7)에 논란이 된 작품 '오줌 속의 예수'(Piss Christ)를 선보였다.

이러한 소식은 곧 미 의회에 전달되었고, 1989년 5월 뉴욕의 상원의원 알폰소 다마토(Alphonse D'Amato)는 이 전시회의 도록에서 '오줌 속의 예수' 사진을 보고 "쓰레기"라고 외치며 미 상원 의회 건물 복도에 찢어서 뿌렸다.[161] 이후 25명의 상원의원들이 연방예술진흥기금 의장인 휴 서던(Hugh Southern)에게 기금 지원 절차에 대한 수정을 종용하는 편지를 발송하였다.

미국의 문화전쟁은 앞서 1989년 4월 십자가상을 자신의 오줌 속에 담가 촬영한 '오줌 속의 예수'를 규탄하는 도널드 와일드몬(Donald Wildmon) 목사의 기사가 실린 미국가족협회(American Family Association)의 신문이 국회에 배달되면서 일찌감치 예고된 측면이 있다.

당시 와일드몬 목사는 이러한 주장을 내놓았다.

"… 나는 평생 살면서 오늘날처럼 이 나라에서 일어난 예수에 대한 불경과 신성모독을 목격하리라고는 꿈에도 생각지 못했다. 아마도 기독교인들에게 육체적인 박해가 시작되기 전에, 우리는 이러한 광신에 대항하여 맞서 일어설 용기를 가져야 할 것이다."[162]

....

161) Brian Wallis, Marianne Weems, and Philip Yenawine, 『How the Culture Wars Changed America』, New York; New York University Press, 1999.

162) Rev. Donald Wildmon, 'letter concerning Serrano's "Piss Christ"', April 5, 1989, reprinted in Culture Wars: Documents from the Recent Controversies in the Arts, ed. Richard Bolton, New York: New Press, 1992.

안드레 세라노의 작품 '오줌 속의 예수'(Piss Christ)

와일드몬 목사의 이 같은 의견 표명 이후 그를 지지하는 수백 통의 편지가 국회로 쏟아졌고, 이 사건은 종교 성상에 대한 모독과 관련한 사회·문화적 쟁점을 제기하며 정치적 사건으로 비화하였다.

　　국가의 세금으로 조성된 연방예술진흥기금이 논란의 작품에 지원되었다는 사실을 놓고 미 정치권과 문화계는 격렬하게 맞서게 되었다.

　　특히 이와 같은 논란이 더욱 가열된 것은 1988년에 연방예술진흥기금이 펜실베이니아대학 현대미술관에 3만 달러를 지원하였고, 이 지원금이 워싱턴 DC에서 열리는 동성애를 주제로 한 사진작가 로버트 메플소프(Robert Mapplethorpe)의 추모 사진전 '완벽한 순간전'을 개최하는 데에 사용됐음이 알려지면서다.

　　이 사진전은 초상화, 꽃, 남성 누드의 아름다움, 동성애에 대한 욕망, 한 남자가 다른 남자의 입에 오줌을 누고 있는 사진 등 가학·피학성 변태 성욕, 즉 사도마조히즘을 탐구하는 사진을 포함하고 있었다.

　　이 사진전은 이미 필라델피아와 시카고에서 개최되었지만, 대체로 호의적으로 평가되면서 특별한 주목이나 비평 없이 조용하게 마무리되었으나 이번에는 상황이 급변했다.

　　세라노의 사진으로 정치와 예술이 충돌하는 상황에서 행정수도인 워싱턴 DC에서 메플소프의 사진전을 열기로 함으로써 논쟁은 가열되기 시작했다.

동성애를 주제로 한 로버트 메플소프의 작품

보수성향의 정치 지도자들은 특히 메플소프의 남자아이 누드 사진인 '제시 매브라이드'(Jesse McBride)와 자신의 스커트를 들어 올려 무의식적으로 성기를 노출시킨 서너 살의 여자아이 사진인 '허니'(Honey) 등을 비판의 한가운데에 두었다. 이것은 어린이 누드의 경우 어린이 포르노그래피에 관한 콜롬비아 특별구, 즉 수도 워싱턴 지역의 규제에 저촉될 수 있었기 때문이다.

또한 양복 정장을 입은 흑인 남자가 페니스를 지퍼 밖으로 내보이고 있는 '폴리에스테르 양복을 입은 남자'(Man in PolyesterSuit) 등도 사도마조히즘 성격의 작품으로 음란물로 규정하였다.

그해 6월 워싱턴에서의 개막을 앞두고 100여 명이 넘는 국회의원이 서명한, 세라노와 메플소프 기부금 지원 규탄 편지가 연방예술진흥기금 의장에게 전달됨으로써 최악의 상황으로 치닫게 되었다.

이 편지는 연방예술진흥기금 재정 대폭 삭감과 '취미와 품위에 대한 공공 기준을 명확하게 존중하는' 새로운 지침서를 마련할 것을 촉구하는 내용을 담고 있었다.

이와 같은 미 정치권의 압력에 해당 전시전을 열 예정이던 워싱턴 코코란 갤러리는 전시 취소를 발표했다. 하지만 해당 작가와 작가 단체들은 이에 거세게 항의하면서 정치와 예술 간의 전쟁이 시작되었다.

미술계를 중심으로 한 미국 예술계에서는 코코란의 전시 취소를 정치적 압력 아래 검열을 의식한 조건부 항복이라고 비난하면서 대대적인 항의 시위를 펼쳤고, 미술관 외벽에 메플소프의 사진 슬라이드를 투사하여 그의 작품을 감상할 수 있는 자리를 마련하기도 하였다.

전격적인 전시 취소 이후 메플소프의 작품들은 작은 대안 화랑인 '예술을 위한 워싱턴 프로젝트'에서 소개되었는데, 전시가 열린 3주 동안 무려 4만 8,000여 명이 관람하였다.[163] 이 수치는 이 화랑의 평균 방문객의 40배가 넘는 것으로, 워싱턴에서의 논쟁의 여파가 오히려 관람객들의 호기심을 자극한 결과로 받아들여졌다.

헬름스 수정조항

코코란 갤러리의 전시 철수와 이에 맞선 예술계의 항의와 대안 전시는 미국의 주요 매체에 의해 비중있게 다루어지면서 국가적 차원의 화제가 되었고, 소위 '헬름스 수정조항'(Helm's Amendment)의 제출로 그 절정에 다다르게 되었다.

노스캐롤라이나 출신 공화당 상원의원 제시 헬름스(Jesse Helms)는 메플소프의 노골적인 성행위와 동성애적인 주제를 강력 비판[164]하면서, 외설로 여겨지는 이미지들에 대한 국가 차원의 지원 중단을 요구했다. 이것은 헬름스 수정조항을 통한 연방예술지원기금의 법적인 제한 시도로 현실화하였다.

헬름스 수정 조항의 골자는 연방예술진흥기금을 40만 달러 줄이고, 세라노와 메플소프에게 기금을 지원한 기관들에 대한 벌칙으로 향후 5년 동안 이 기관들에 기금 보조를 중단한다는 내용이었다. 또한 외부 관계자가 참여하여 기금 지원의 모든 절차를 감독해야 한다는 사항을 명시했으며, 이 외에도 몇 가지 조항을 추가하였다. 그것은 연방예술진흥기금의 어떤 부분도 ① 가학 · 피학성 변태 성욕, 동성애와 음란하거나 불쾌한 주제들, 어린이의 성적 착취나 섹스 중인 모습, ② 특정

---

163) 당시 12명 이상의 예술가들은 항의의 표시로 그 해 코코란 갤러리에서 열 예정이던 두 개의 현대미술 기획전에서 자신들의 작품을 빼기로 했다. "No Sex Please, We're American", The Economist, October 7, 1989.

164) 헬름스는 "'베니스의 상인' 과 대리석 탁자 위에 에로틱한 포즈로 놓여 있는 다른 인종의 두 남자 사진 사이에는 어마어마한 차이가 있다"고 말했다.

종교 또는 무종교인들의 신념이나 대상에 대한 불경, ③ 인종, 경향, 성, 연령, 장애 또는 국적을 잣대로 하여 개인, 집단 또는 특정 계급을 모독, 비방, 경시하는 자료들을 유포하고 생산하는 데 쓰일 수 없다는 등의 조항을 담고 있다.

그러나 이와 같은 헬름스 수정 조항이 발표된 이후 예술계의 반발은 오히려 격화하였다.

미국 예술계는 특정 작품에 대해 연방예술진흥기금 지원을 제한하려는 시도는 헌법 수정 조항 제1조인 언론·집회·청원의 자유를 침해하는 것이라는 논리로 반박하였다. 예컨대 시민자유주의자연맹은 "공공기금을 받은 작가는 몇몇 사람들이 자신의 작품을 좋아하지 않든 비난하든 상관없이 창조를 위한 자유를 누릴 가치가 있다"고 주장하였고, 미술평론가 아서 단토(Arthur Danto)는 "취미의 문제에 있어 개개인들의 의견이 아무리 다르다고 하더라도 자유는 모든 시민들의 이익을 위하여 존재한다"는 입장을 내놓았다.

예술계의 반발에도 불구하고 공화당을 중심으로 하는 보수성향의 정치인들은 연방예술진흥기금의 역할 변화를 거듭 주문하였다.

연방예술진흥기금은 미술관이 시민들을 위해 더욱 잘 봉사하도록 돕는 것이 임무임을 강조하면서, 헬름스 수정 조항에 입각한 기금의 조치는 검열이 아니라 후원의 문제라고 반박하였다. 가령 필립 크레인(Philip Crane) 의원은 "국회는 국민이 낸 세금으로 지원하는 예술에 대한 책임감이 있다. 이것은 '검열'이 아니다. 어느 누구도 미술가에게 그가 추구하는 것을 금지시킬 권리는 없다. 그러나 국민들은 자신들에게 무의미하거나 불쾌감을 주는 작품을 위해 세금을 낼 의무는 없을 것이다"라고 말했다.

다시 말해, 국회는 대다수의 공익을 위해 세금을 써야 할 의무가 있으며, 음란하거나 불경스러운 작품을 후원하는 것은 세금을 내는 국민들의 존엄과 가치를 침해할 수 있다는 논리였다.

미국 정치계와 예술계의 갈등이 계속되면서 헬름스 수정 조항에 대한 국회의 최종 결정은 양 진영의 시각을 절충하는 선에서 마무리되었다.

그것은 두 가지로, 첫째, 연방예술진흥기금은 세라노와 메플소프를 각각 지원했던 남동부현대미술센터와 펜실베이니아대 현대미술관 등 두 기관에 대해 향후 지원이 이루어질 경우 국회에 사전통보하도록 했다. 둘째, 두 기관에 내렸던 5년 동안의 지원 취소 사항은 철회하였다.

미국 문화전쟁을 정리하자면, 논쟁의 핵심은 예술의 자율성을 주장하는 예술가 등 예술계의 국가 통제에 대한 우려와 예술 분야의 공공지원에 대한 적대적 의견의 충돌로 요약할 수 있다. 즉 외설적이거나 고상하지 않은 소재의 작품에 정부 재정이 투입되는 것이 적절한지의 공방이 문화전쟁의 중심에 있었다.

2. 이례적 사건의 함의

1980년대 중반부터 시작된 미국의 문화전쟁은 문화예술 분야가 자율적인 영역으로 고착화되어 있는 미국적 상황을 감안할 때 매우 이례적인 사건이라고 할 수 있다. 미국은 연방 정부 내에 문화 관련 부처를 따로 두고 있지 않다. 이는 미국이 18세기 중후반 영국으로부터 독립하면서 공화국을 선포할 때부터 내려온 전통, 다시 말해 문화예술은 사적인 영역이라는 확고한 인식과 관계가 있다.

왕실이나 귀족, 교회 등의 후원을 중심으로 문화예술이 번성했던 유럽과는 달리 미국은 20세기 초반까지 연방정부를 통한 문화예술 지원은 지극히 제한적이었으며, 정치권의 문화예술 분야 통제는 찾아보기 어려웠다.

그러나 정치권이 직접적으로 개입한, 격렬했던 '문화전쟁'의 여파는 미국 문화예술의 정책적 방향에도 적지 않은 영향을 미쳤다고 볼 수 있다.

1990년대 중반 이후 지금까지 미국 연방예술진흥기금 지원사업은 소외계층을 위한 프로젝트에 무게 중심이 실려 있다. 특정 프로젝트에 대한 직접 지원보다는 소외계층 등 지역사회를 위한 예술 서비스를 제공하는 사업에 예술인들의 참여를 확대하는 방식으로 선회하였다.

제6장
대중예술과 정치

I. 대중음악과 정치

음악은 기본적으로 특정한 시공간 속에서 비롯된 역사·문화적 산물이기에 이미 정치성을 내포하고 있다고 해야 할 것이다. 어떻게 보면 음악의 정치성이란 매우 자연스러운 현상이라는 의미다.

음악의 한 축인 대중음악은 인간이 경험하는 사적이거나 사회적인 사건들을 소재로 창작자의 감정과 세계관을 폭넓게 표현한다.

대중음악은 근대 이후 대중매체에 의해 전달된 서민들의 노래이자 근대사회의 산물이다. 또한 음반이나 방송매체, 디지털 미디어 등을 통해 남녀 간의 사랑을 비롯한 사적인 인간관계와 시대적 배경을 반영한 서민의 문화로 분류할 수 있다.

우리나라는 대중음악과 정치가 통치자의 정치권력 실행을 위한 수단, 피치자에 의한 정치·사회적 요구의 표현을 위한 수단, 국가의 안위와 독립 등의 다양한 수단으로 연결되어 있다. 특히 1930년대 전후와 1970년대, 1980년대는 정치적 지배자인 통치자가 반체제적이고 반이데올로기적 또는 반정부적인 성향을 지닌 음악에 대해 금지조치를 하거나 통제한 사례가 적지 않았다.

이러한 논의의 연장선에서 대중음악이 표현하는 소재와 주제는 미시적이고 일상적인 것이 많지만, 정치적인 색깔을 담기도 한다. 정치·사회적 현안이나 현상을 노랫말과 록, 포크와 같은 특정 음악 양식에 담아내는 것이다.

여기서 등장하는 용어가 '정치적 성향의 대중음악인'이다. 정치적 성향의 대중음악인은 정치 현안이 담긴 음악을 무대에 올리거나, 그러한 음악 활동 이외에도 직접적으로 시위대에 참여하거나 발언하는 음악인을 의미한다.

정치적인 대중음악인과 그들의 음악 성향을 구분해내는 행위는 쉬워 보이지만, 수용자가 정치적 메시지를 어느 정도까지 음악에서 연관 짓는지를 살펴보는 것은 힘들며, 그러한 음악의 가사에 주목한다고 할지라도 정치적 메시지를 정확하게 밝혀내는 일은 매우 어려운 작업이다.[165]

1. 정치적 성향의 대중음악

정치적 성향의 대중음악과 관련한 논의는 정치적 음악의 의미화 과정을 주목하기보다는 특정 음악 장르를 정치적 음악으로 개념화시키고 노랫말, 리듬, 선율을 분석하는 것에 더 많은 관심을 쏟아왔다. 그중에서도 힙합, 블루스, 소울 같은 장르들은 아프리칸 아메리카인들의 슬

---

165) Fedelity, Mark and Linda Keefe, 'Political Pop, Political Fans: A Content Analysis of Music in Music Fan Blog', 「Music and Politics」, Vol.4, No.1, 2010.

픔, 고통을 표현하고 권위에 대항하는 수단으로 대변되어 왔다. 록은 기성세대의 문화에 대응하면서 정치사회적 메시지를 담아온 것으로 정치, 기성 문화와 반대하는 입장을 대변하는 장르로 분류되었다.

또한 전술한 장르와 노랫말에 대한 것이 아니라면, 마틴 클루난 (Martin Cloonan)이 비교적 활발하게 논의해온 대중음악에 가해졌던 정부의 검열과 관련 정책들에 대한 관심이 꾸준히 제기되었다.166)

한국적 상황을 살펴보자면, 20세기 후반에 이르기까지 한국 사회에서 정치적 음악이란 정부에 대립하는 신념을 표현하는 도구로 간주되어 왔다.

특히 군사정부 시절인 1970년대와 1980년대 초반까지 민중가요와 풍물, 마당극 등은 대표적인 정치적 음악 장르로 분류된다. 노랫말이나 음악 장르, 형식과는 관계없이 이러한 공연 장르를 적극 수용하고 창작하던 집단은 사회운동가와 노동자, 대학생들이었으며, 이는 당대 정권의 눈과 귀를 자극할 수밖에 없었다. 이 같은 공연 장르는 정부의 규제와 검열 속에서 자유롭지 못했으며, 특히 민중가요 몇 곡은 금지곡으로 지정되었다.

1980년대 이전의 한국의 대중음악은 암울했다. 당시 정부는 독재정권을 미화하고 국민의 관심을 다른 곳으로 돌리기 위하여 금지 조치를 내렸고, 권력을 남용해 예술을 탄압했다. 이러한 규제로 인해 비판의식을 전제로 한 대중음악이 상대적으로 적었으며, 민중가요로 지칭되는 저항의식 소재의 새로운 노래들이 대거 등장했다.

정치는 정치적 음악을 낳지만, 한편으로는 새로운 문화적 형태를

---

166) Cloonan, Martin, 『Banned! Censorship of Popular Music in Britain, 1967~1992』, Aldershot: Ashgate, 1996.

창출한다. 1970년대는 유신 정치로 인해 저항가요가 두드러졌고, 대학가요제와 강변가요제라는 새로운 청년 문화가 퍼졌다. 또한 한국식 포크음악, 트로트 등 다채로운 음악 시장이 형성되어 대중의 음악 선택폭을 넓혔다. 1980년대는 대중음악의 스펙트럼이 훨씬 넓어지면서 언더 헤비메탈, 팝 발라드가 생겨나게 되었다.

표 16 1970~1980년대 한국의 대중음악과 주요 시대적 상황

발표년도	대중가요명	시대상황
1971	해변으로 가요	청년문화 유입
1971	거짓말이야, 아침이슬, 낙화유수 등	1975년 금지곡 지정
1972~75	님과 함께, 고향역, 고래사냥(금지곡)	도시하층민의 향수, 남북분단 동족상쟁
1977~78	나 어떡해, 구름과 나	대학가요제 등장, 유신정권
1980	창밖의 여자, 희망사항	팬클럽 등장, 광주민주화운동
1982~84	임을 위한 행진곡, 아 대한민국, 잊혀진 계절	민중가요, 캠퍼스 밴드의 등장
1988~89	솔아 솔아 푸르른 솔아, 일어나, 손에 손잡고	1987년 6월 민주항쟁, 제5공화국 붕괴

출처: 박찬호·이준희, 『한국 가요사2』, 미지북스, 2009를 참조하여 재구성.

세월이 지나고 민주화가 이루어졌지만 한국적 상황에서 민중가요와 풍물은 정치적 음악으로서 여전히 다양한 정치 사회적 이념과 염원을 담아 시위대 한편에서 불리고 연주된다.

정치적 음악의 대표적인 사례로는 민중가요 '상록수'167)를 들 수 있을 것이다. 민중가요 '상록수'는 전 대통령 노무현을 소환한다.

2003년 2월 25일 노 전 대통령의 취임식이 있었으며, 이 때 가수 양희은에 의해 이 노래가 불려졌다.

하지만 '상록수'와 노무현의 관계는 대통령 선거 당시 정치광고에 '상록수'가 등장하면서 알려지기 시작했다.

노무현의 텔레비전 선거 캠페인은 어두운 바탕 화면 속에서 막을 올렸다. 흰색 셔츠와 어두운 배경, 검은 피아노 때문에 거의 흑백에 가까운 정치광고에서 기타만이 흐릿하게 감지되었다. 왼쪽 한편에는 피아노와 얼굴을 보기 힘든 피아노 반주자가 있다. 이러한 배경 속에서 노무현은 기타를 치며 자신의 애창곡으로 알려진 '상록수'를 직접 부른다. 민중가요의 대표곡으로 20여 년 동안 금지곡이었던 '상록수'를 대통령 선거캠페인송으로 등장시킨 순간이었다.

이 노래를 노무현은 자신의 정치 노선을 보여주는 데 사용하였다. 이렇게 정치광고를 통해 노무현이 직접 부른 '상록수'는 변호사로, 사회운동가로 활동했던 그의 배경을 더욱 공고히 해준 측면이 있다.

16대 대통령에 당선된 노무현의 취임식 공연에서도 '상록수'는 모습을 드러냈다. 노무현이 취임식 단상에 오르기 직전 한복을 입은 양희은이 무대에서 '상록수'를 부르기 시작하자 함께 자리했던 대중가수 신형원과 남궁옥분이 뒤따라 불렀다. 무대를 채운 합창단과 전체 오케스트라는 더욱 화려하고 웅장하게 노래와 사이사이를 채워나갔다.

---

167) '상록수'는 1977년 가수 김민기가 발표한 곡으로, 원래는 노동자들의 합동결혼식에서 불릴 축가로 만들어졌지만 사회운동가들 사이에서 널리 퍼졌고 근 20여 년 동안 금지곡이었다. 금지곡 목록에서 풀린 뒤 '상록수'는 정권의 공익광고, 대통령선거캠페인 등에서 다양하게 사용되었다.

이러한 음악적 장치는 새로 시작하는 정부의 포부와 각오를 표현하는 것으로 읽힐 수 있다. 정부가 주변부의 공동체를 적극적으로 포용하겠다는 포부와 의미를 담고 있었다.

또한 이전 대통령들과 확연하게 다른 이력의 대통령과 새 정부의 출발을 공고히 하는 데 필요한 전략적 접근이기도 했다.

민중가요 '상록수'의 탄생은 정부에 비판적인 사람들을 중심으로 사회 변화에 대한 여망을 담아 만들어지고 불려졌다고 한다면, 노무현 대통령 취임식에서 불려진 '상록수'는 정권을 잡은 새 정부의 다짐을 상징한다고 볼 수 있다. 이는 훗날 대통령에 당선된 변호사 겸 사회운동가의 애창곡이기도 했던 대중음악이 정치적 음악으로 어떻게 변화했는지를 보여주고 있다.

노무현 전 대통령이 제16대 대통령 선거 당시 텔레비전 선거캠페인용으로 제작한 정치광고에서 기타를 치면서 '상록수'를 부르고 있다.

대중음악의 정치적 메시지

대중음악이 정치적으로 어떤 메시지를 담는 데 사용되었는지 분석한 연구자로는 존 스트리트(John Street)를 들 수 있다. 존 스트리트는 대중음악을 정치적 맥락에 본격적으로 논의했던 선구자 중 한 명으로, 영국, 미국, 구 소련, 유럽 등지에서 흑인 영가, 포크, 록, 레게, 펑크, 재즈 등의 음악 장르가 정치적 도구로서 어떻게 사용되고 생산되었는지, 그 결과가 어떠했는지를 분석했다.

스트리트는 분석을 통해 "노래는 공동체를 형성하고 이를 강화하는 데 일조할 수 있다. 흑인 노예들의 노래는 정치적 행위라는 의도를 직접적으로 내포하지 않았음에도 불구하고 그 노래가 사용되던 방법과 맥락 때문에 충분히 정치적일 수 있었다"는 주장을 내놓았다.168) 이는 한 사회의 공동체가 노래를 새로운 맥락 속에서 사용하면서 정치적 음악으로 공동체에 받아들여질 수 있다는 것으로 해석되었다.

스트리트는 정치의 개념을 더욱 확장시키는 시도를 하였다. 즉 청중의 취향, 음악 관련 시상식, 소리·음악을 둘러싼 개념들과 이데올로기 등 모든 것들이 정치성을 띠고 있다고 파악했다.

이와 같은 스트리트의 논의는 레이 프랫과 마크 매턴 등이 뒷받침하고 있다. 레이 프랫은 흑인 영가, 블루스, 포크 음악, 로큰롤이 사회적 저항을 표출하는데 사용되었던 역사적 실례를 분석했으며,169) 마크 매턴은 '공연 장에서 행동하기'(acting in concert)라는 개념을 고안해

---

168) Street John, 『Rebel Rock: The Politics of Popular Music』, Oxford: Blackwell Publishing, 1986.

169) Ray Pratt, 『Rhythm and Resistance: The Political Uses of American Popular Music』, Washington: Smithsonian Institution Press, 1994.

대중음악 공연의 무대 위와 밖에서 표현되는 정치적 행동을 분석했다.

정리하자면, 위의 논의들은 공통적으로 대중음악이 공동체를 형성하는데 일조함으로써 영향력을 키우고 있다는 해석이 가능하다. 이것은 정치의 의미가 서로 다른 힘의 관계 속에서 비롯되어 나타나는 산물들과 그것의 재현 방식이라고 판단한다면, 음악은 그 자체만으로도 정치와 매우 밀접한 관계를 맺고 있기 때문일 것이다.

2. 대중예술과 국제 정치외교 무대

대중음악을 중심으로 한 대중예술은 이미 정치의 영역에 깊숙이 들어와 있다. 대표적인 사례가 국제 정치의 최고 무대라고 할 수 있는 유엔(국제연합)에 대중가수와 배우 등 대중예술인들이 심심치 않게 등장하는 장면이라고 할 것이다.

유엔 총회에서 연설을 한 세계적 스타로는 2014년 할리우드 배우 리어나도 디캐프리오, 에마 왓슨, 2016년 미국 유명 가수 스티비 원더 등이 있었다. 아시아권 가수가 연설자로 선 건 2018년 방탄소년단(BTS)이 처음이었고, 이후 2020년과 2021년에도 BTS는 다시 유엔 초청을 받았으며, 2022년에는 K팝 걸그룹 에스파가 뒤를 이었다.

미국 뉴욕 유엔본부 총회 회의장에서 열린 '2022 지속 가능 발전 고위급 포럼' 연단에 SM 소속 걸그룹 에스파가 섰다.

'메타버스 걸그룹'으로 자신들을 소개한 에스파는 "지속 가능한 지구의 생태계를 위해 노력해야 한다"며 약 2분간 영어로 유엔-지속 가능 발전목표(SDGs · Sustainable Development Goals)의 가치를 연설했다. 자신들의 히트곡 '넥스트 레벨' 공연 영상도 틀어 분위기를 한껏 고조시켰다.

여기서 주목해야 할 것은 유엔이 K팝 아이돌을 초청하고 있는 이유이다. 그것은 K팝 팬덤의 영향력과 관련지어 살펴볼 필요가 있다.

지난 2021년 BTS가 약 7분간 한국어로 연설한 제76차 유엔 총회 '2021 SDGs 모멘트' 유튜브 중계 영상의 실시간 시청자는 약 98만 명이었다. 이 연설 직후 BTS가 '퍼미션 투 댄스'를 공연한 모습을 담은 유튜브 영상은 조회 수(2023년 7월 기준)가 8,300만 회를 넘어섰다. 이 연설 직후에는 특히 BTS 팬덤인 '아미'(ARMY)를 지칭하면서, "아미도 백신 접종 받았다(ARMYvaccinatedtoo)"는 해시태그가 수십만 건 올라왔다. 연설 중 BTS가 '팬들을 만나기 위해 우리도 전원 백신 접종 받았다'는 내용을 말한 결과로 받아들여졌다.[170]

팬 행동주의

K팝 팬덤은 정치사회적인 목소리를 내는 데 주저하지 않는 특징을 보인다. 예컨대 아미의 경우 지난 2020년 흑인 인권 운동 '블랙 라이브스 매터'를 위한 해시태그 운동과 기부 활동을 적극적으로 펼쳤고, 블랙핑크 팬덤 블링크(Blink)는 다른 가수 팬덤과 함께 페루 민주화 시위대 지지와 테러 반대 운동을 벌이기도 하였다.

팬덤의 이와 같은 활동은 젠킨스(Jenkins)가 설명하는 팬 행동주의(fan activism) 관점에서 논의할 수 있다.[171] 팬 행동주의는 자신들의

---

170) 당시 안토니우 구테흐스 유엔 사무총장은 청와대에 "내가 연설했다면 (BTS 같은) 파급 효과는 내지 못 했을 것"이란 감사 인사를 전했다. 조선일보, 'BTS·에스파... 벌써 네번째 초대, 유엔은 왜 K팝을 편애하나', 2022년 7월 7일지 보도.

171) 타임지, 뉴욕타임스 등 미국 유력 매체들은 K팝 아이돌의 이런 활동을 'K팝 행동주의'로 명명하기도 했다. K팝 행동주의가 유엔 산하 기금에 실질적인 도움이 된 사례도 있다. 2017년 아미들은 아동·소년 폭력 근절을 위한 모금 캠페인 '러브 유어 셀프'(love yourself)를 펼쳤다. 이를 통해 1년 새 약 18억 원이 유니세프(유엔아동기금)로 기부됐다. 이 캠페인 전용으로 판매된 BTS 굿즈를

주장을 관철시키려는 팬들의 다양한 집단행동을 의미하는 개념이다.

공동체로서의 팬덤을 강조한 젠킨스는 팬덤이 개인의 취향을 넘어서 시민적 행동주의와 대안적 공동체의 발판이 될 수 있다고 파악하였다.[172]

우리나라에서는 1990년대 서태지 팬덤이 음악에 대한 사전 심의 문제를 제기하고 법적 폐지 운동을 벌였고, 2000년대에 들어선 동방신기 팬들이 아이돌 장기 계약의 부당성을 고발하고 공정거래위원회에 시정을 요구하는 운동을 전개한 것도 팬 행동주의의 사례로 꼽힌다. K팝 팬덤의 정치·사회적 참여 활동으로 읽힐 수 있는 대목이라고 할 것이다.

팬덤 연구자들은 이 같은 팬덤의 정치·사회적 행위가 추종적인 소비 행위가 아니라 생산 행위라는 점에 다가선다.

팬덤 연구의 선구자인 존 피스크(Fiske)는 팬덤의 실천 양식을 기호적(semiotic) 생산성, 발화적(enunciative) 생산성, 텍스트(textual) 생산성으로 각각 개념화했다.

기호적 생산성은 수용자가 해독과정에서 의미를 만들어낸 것을 가리키고, 발화적 생산성은 그러한 의미가 수다를 통해 발화되고 공유되는 것을 의미한다. 텍스트 생산성은 팬들이 텔레비전 프로그램 등의 원텍스트를 기반으로 새롭게 2차 텍스트를 직접 제작하고 공유하는 생산 실천을 설명하는 개념이다.[173]

팬들이 사거나 캠페인 온라인 페이지에 직접 기부하는 방식으로 모인 7억 원과 BTS와 소속사 측이 앨범 판매 수익 일부 등을 내놓은 11억 여원을 더한 기부금이었다. 조선일보, 앞의 보도.

172) Jenkins H, 『Textual poachers: Television fans and participatory culture』, London: Routledge, 1992.

이렇게 본다면 K팝 팬덤의 정치·사회적 행위는 피스크가 제시한 기호적 생산성과 발화적 생산성의 동시 실천의 맥락에서 그 의미를 찾을 수 있을 것이다.

---

173) Fiske J, 'The cultural economy of fandom'. In L. A. Lewis (ed.) 『The Adoring audience: Fan culture and popular media』, NY:Routledge, 1992.

지난 2018년 유엔 총회에 참석한 아이돌 그룹 BTS가 영어로 연설하고 있다.
출처: 연합뉴스

3. 정치지도자와 대중음악

각 나라의 정치지도자들이 만나는 정치 외교 무대에서 문화예술은 빼놓을 수 없는 요소로 손꼽힌다. 특히 공식적인 행사가 마무리된 뒤에 열리는 만찬 장소에는 예술이 어김없이 등장한다. 클래식 공연과 뮤지컬, 팝 등 대중예술 공연이 그 나라를 대표하는 아티스트들에 의해 펼쳐지기 마련이다. 이러한 현상은 정치와 문화예술은 동반자적 관계임을 강조한다.

한 나라의 최고 정치지도자가 우방국인 다른 나라의 공식적인 초청으로 방문할 경우, 더욱이 외국 국가 지도자의 직접적인 초청에 따라 찾게되는 국빈 방문[174]의 경우 그 의미는 남다를 수밖에 없을 것이다.

초청한 나라의 최고 지도자는 물론 해당 나라와 관련한 구체적이고 미세한 내용까지 숙지하고 방문해야 혹시라도 발생할 수 있는 실수를 줄일 수 있기 때문이다.

만찬 자리에서 대중음악 등 공연이 예정되어 있다면 이에 대비하여 다양한 시나리오를 준비하는 것은 기본으로 여겨지고 있다.

이러한 관점에서 조 바이든 미국 대통령의 초청으로 2023년 4월 미국을 국빈 방문한 윤석열 대통령이 만찬장에서 불렀던 팝송 한 곡은 주목할 필요가 있다.

이 곡의 제목은 미국을 대표하는 팝 가수 돈 맥클린의 노래 '아메리칸 파이'[175]였다.

---

174) 국빈 방문(國賓訪問)은 국가원수가 외국 국가원수의 초청을 받아 외국을 공식으로 방문하는 일을 일컫는다. 국빈 방문은 두 주권국 사이에서 이루어지는 우호적인 양자주의의 가장 높은 단계의 표현이며, 보통 공식 공공의례를 강조하는 것이 특징이다.

윤 대통령이 조 바이든 미국 대통령의 요청으로 즉석에서 부른 이 노래는 단순한 팝송 이상의 정치적 함의가 내재되어 있다고 보는 것이 옳을 것이다.

윤 대통령이 부른 '아메리칸 파이'는 미국에서는 '국가(國歌)'나 다름 없는 노래로 알려져 있다. '아메리칸 파이'는 아주 미국적인(as American as apple pie)이라는 숙어가 있을만큼 미국의 정체성과 정서를 담고 있으며, 이 곡이 들어 있는 앨범 커버에는 맥클린이 성조기가 그려진 엄지손가락을 치켜세우고 있다.

윤 대통령이 이 곡을 미국의 관심을 끌기 위한 정치적 메시지용으로 의도적으로 부른 것으로 보기에는 무리가 따른다. 왜냐하면 윤 대통령은 2021년 6월 정치권에 입문하면서 자신의 SNS에 "나의 18번곡은 돈 맥클린의 '아메리칸 파이'와 '빈센트', 송창식의 '우리는'이다"라고 공개한 바 있기 때문이다.

이렇게 본다면 윤 대통령의 미국 백악관 국빈 만찬장 '아메리칸 파이' 열창은 자신의 애창곡을 절묘한 타이밍에 드러낸 것인데, 여기에 '아메리칸 파이' 자체의 정치적 무게감까지 더해짐으로써 화제성을 극대화한 사례로 파악할 수 있다.

더구나 바이든 미국 대통령이 '아메리칸 파이'를 두고 2015년 뇌종양으로 숨진 장남이 어렸을 때 좋아했던 곡이라면서 개인사적 의미를 덧붙인 이후, 윤 대통령의 열창은 원했든 원치 않았든 정치적 해석으로 확장되는 모습을 보이기도 했다.

---

175) '아메리칸 파이'는 쿠바혁명, 케네디 당선과 암살, 베트남전쟁, 시민인권운동, 마틴 루터킹과 말콤엑스의 암살 등 하루도 바람 잘 날이 없었던 1950~1960년대를 살았던 동시대 미국 청년들을 위로했고 그래서 이들의 '아이콘'이 된 노래로 알려져 있다.

미국을 국빈 방문한 윤석열 대통령이 2023년 4월 26일(현지시간) 백악관에서
열린 국빈만찬 특별공연에서 1970년대 빌보드 히트곡 '아메리칸 파이'를 즉석
에서 열창하자 조 바이든 대통령과 참석자들이 환호하고 있다.

출처: 연합뉴스

정치외교의 무대에 문화예술이 등장하는 사례는 주목할 만하다.

조 바이든 미국 대통령은 2022년 12월 초 애마뉘엘 마크롱 프랑스 대통령을 초청했다. 이는 대통령 취임 후 처음으로 이뤄진 국빈 방문(state visit)이었으며, 행사의 열기를 최고조로 이끌기 위해 등장한 프로그램은 다름 아닌 대중예술 공연이었다.

백악관은 국빈방문 행사 공연을 장식할 뮤지션으로 재즈 가수이자 2022년 그래미상 5관왕 수상자인 존 바티스트를 선정했다.

양 나라 정상 간의 최고 외교 무대이기도 한 국빈방문에서 대중예술의 주요 장르인 재즈 공연이 등장한 이유는 정치적 함의와 연관지어 살필 수 있다. 국빈 방문한 외국의 지도자를 배려한 정치적 결정으로 파악할 수 있는 대목이다.

백악관이 바티스트를 국빈 환영을 위한 특별 공연의 주인공으로 발탁한 건 그의 문화적 배경을 고려한 결과로 이해할 수 있다.

바티스트가 태어나 활동한 뉴올리언스는 세계 재즈의 수도로 불리는 곳이다. 뉴올리언스가 위치한 루이지애나주는 원래 프랑스 식민지였다가 1803년 당시 나폴레옹 황제가 미국에 팔아 넘기면서 미국 땅이 되었다. 자연히 지금도 프랑스 문화가 잘 보존돼 있는 배경이라고 할 수 있다. 프랑스 입장에서도 자국의 땅처럼 친근함을 느낄 수 있을 것이다.

루이지애나주는 과거 아프리카에 광대한 식민지를 거느린 프랑스를 통해 유입된 아프리카와 흑인 특유의 문화 또한 융합돼 있다. 이와 같이 프랑스, 미국, 아프리카의 문화가 뒤섞인 독특한 배경에서 탄생한 것이 바로 재즈 음악이다.

바이든 대통령은 프랑스 최고지도자에게 이러한 재즈음악 특별 공연을 선사함으로써 양 나라 간의 유대를 강화하고 경제적 협력을 도모하려 한 측면이 있다. 이와 같은 현상은 대중음악이 정치에 활용되는 전형적인 현상으로 이해할 수 있을 것이다.

바이든 대통령과 달리 도널드 트럼프 전 대통령은 재임 기간 중 국빈만찬 때 대중예술인을 오히려 배제하는 조치를 취하기도 했다. 대신 오케스트라나 군악대가 국빈 만찬 공연에 단골로 등장해 미국 정계에서는 적지 않은 논란이 일기도 했다. 이것은 트럼프 전 대통령이 국빈 만찬 때 대중예술과 거리를 둔 것으로 볼 수 있겠으나, 그 이유에 대해서는 알려진 바가 없다.

2022년 그래미상 5관왕을 수상한 미국의 재즈가수 존 바티스트. 바티스트는
그해 12월 1일 미국을 국빈 방문한 에마뉘엘 마크롱 프랑스 대통령 환영을
위한 국빈 만찬에서 특별 공연을 했다.

출처: 연합뉴스

II. 영화와 정치

영화는 현대사회에서 의사소통을 위한 하나의 수단으로서 없어서는 안 될 중요한 문화예술 매개체이다. 영화가 저항 메시지 및 지배가치를 확산하고, 고독한 군중을 위안하고, 선전 및 선동의 수단과 의사소통 등으로 활용된 것은 영화가 출현할 때부터 예견되었다.

영화는 특정 계층이나 취향을 가진 소비자 집단이 아니라 일반적 대중들을 소비의 대상으로 삼고 있다는 점에서 대중예술의 대표적인 장르로 분류할 수 있다. 이는 대중과 끊임없이 소통을 추구하는 정치 영역의 입장에서는 영화가 매우 매력적인 예술일 수밖에 없으며, 영화와 정치의 맥락성을 현재화시키는 측면도 있다.

영화는 또한 소수의 권리에 대한 토론의 장을 열어줄 수도 있으며, 일반 대중들에게 어떤 문제를 둘러싼 다양한 방식의 이해를 도와주며 그것의 메시지에 집중하게 해준다.

사실 소수자의 권리를 위한 움직임이 언제 어디서나 자유로울 정도로 가능했던 것은 아니다. 우리나라도 특정 장르의 영화에 대해 검열의 기준이 논란이 된 적이 있으며, 검열이 여전히 존재하기에 문화예술적인 자유와 정치적 자유를 억압한다는 지적에서 자유롭지 못했다.

1. 레닌과 영화

영화와 정치를 논의할 때 빼놓을 수 없는 인물이 1920년대 소비에트 정부 정치권력자 레닌(Vladimir ilyich Lenin · 1870 – 1924)이다. 레닌은 예술의 정치적 도구화를 강력하게 주장해왔다. 예술은 철저하게 정치 · 사회적인 기능을 완수하는 것이 목적이며 혁명 활동을 위한 도구의 역할을 수행해야 한다고 보았다.

아래와 같은 레닌의 말은 이 같은 생각을 여지없이 드러내고 있다. 여기서 레닌이 언급한 '문학'은 '문화예술'로 등치시켜도 무리가 없을 것이다.

당 문학의 원칙은 무엇인가? 사회주의 프롤레타리아에게 문학은 개인이나 집단을 풍요롭게 하는 수단일 수만은 없다. 그것은 실상 프롤레타리아의 일반 노선과 독립되어 이는 개인적 작업일 수 없다. 당이 없는 작가들을 제거하자! 문학적 슈퍼맨을 제거하자! 문학의 길은 반드시 프롤레타리아의 일반 노선 중의 일부여야만 한다. 전체 혁명적 노동 계급의 전위 부대에 의해 가동되는 하나의 거대한 사회 민주주의라는 기계의 조그마한 톱니바퀴여야 한다. 문학은 조직되고 계획되고 통합된 사회 민주당 과업의 한 구성요소가 되어야 한다.[176]

레닌은 문자 해독률이 낮은 소비에트 국가에서 민중에 대한 계몽과 교육이 별도로 전개되어가고 있는 프롤레트 쿨트[177]의 방향과 목적보다는, 소비에트 정부의 정책과 이데올로기적 전파를 효율적으로 전달할 수 있는, 뛰어난 대중성을 지닌 영화에 주목하였다.

레닌은 영화가 소비에트 문화적 환경에서 선전과 선동 그리고 계몽과 교육을 통하여 문화혁명을 이룰 수 있는 가장 효과적인 수단으로

---

176) Lenin, 『Party Organization and Party Literature』, ed, Solomon, 1965.
177) 1917년 러시아 혁명전후 수많은 창작이론 중에서 프롤레타리아 문화를 주창한 보그다노프에 의해 등장했다. 보그다노프는 프롤레트 쿨트를 창립하면서 혁명 이후의 사회주의적 사고와 감정, 생활방식을 창조하기 위한 방안으로 새로운 문화예술 창조에 대한 이론적, 실천적 수법을 요구하였다.

인식하였다. 그 결과 레닌은 소비에트 전역에 선동열차, 선동 여객선, 붉은 여단 등을 파견하면서 영화를 통하여 대중 선동 사업을 활발하게 진행했다.

레닌의 이와 같은 영화에 대한 적극적인 인식은 1920년대 소비에트 영화의 뛰어난 발전과 진보를 이루는 데 중요한 역할을 한 측면이 있다.

구체적으로 보자면, 소비에트 영화 제작의 전반적 활성화를 가져왔으며, 영화 창작자들에게는 1920년대에 전개되어 가고 있는 역사적 환경들을 주체적으로 인식하여 자신들의 독창적인 창작이론을 구축할 수 있는 토대로 작용한 것이다.[178]

이러한 논의는 영화의 정치적 선전선동화 수단의 대표적인 사례로 이해할 수 있으며, 동시에 이를 통해 인프라 개선 등 영화의 전체적인 발전을 유도하는 측면을 설명한다고 볼 수 있다.

뉴스영화, 플래카드 영화

영화는 사실성과 실재성의 특징을 내포하고 있다. 1920년대 소비에트 영화는 소비에트 전역의 문맹률이 절반에 이르는 상황에서 혁명 이후 소비에트 정부가 자신들의 이념과 이데올로기를 효과적으로 전달하는 데 탁월한 매체로 기능하였다. 사실과 현실이 창작의 중요한 토대가 되고 있는 영화는 소비에트 정부로 하여금 홍보와 계몽, 선동, 선전을 통하여 소비에트 정부와 일체감을 갖도록 하는 데 매우 효과적인 수단이었다. 레닌은 이러한 시대적 요청에 따라 영화적 기능과 효과를 정확하게 인식하였으며, 그 결과 혁명 이후 소비에트 정부에서 영화는 국가의 직접적인 통제를 받게되었고, 국가의 관리체제로 편입되었다.

---

178) 정태수, '정치적 기능으로서의 영화와 창작으로서의 영화-1920년대 소비에트 영화', 「영화연구」, 한국영화학회, 2005.

1920년대 소비에트 영화는 소비에트 정부의 목적과 방향에 의해 추진되고 있는 국가의 정책 추진 현장과 정치 권력자들의 활동 모습, 사회주의 이념과 이데올로기에 대하여 긍정적이고 우호적인 특징을 갖게 했다.

이러한 특징이 보다 선명하게 드러난 장르는 뉴스영화였다.

뉴스영화 속에는 소비에트 정부의 중요한 정치권력자들의 활동 모습들과 변화하고 있는 소비에트 정부의 사회적 상황과 정책 계몽에 대한 내용들이 포함되어 있었다. 이러한 뉴스영화 속 내용들을 효과적으로 소비에트 전역에 확산시키고 선동, 선전, 계몽하기 위하여 이른바 선동열차가 등장하였다.

그러나 선동열차가 소비에트 혁명정부의 정치적 지향과 목표를 각인시키는 데는 한계가 있다는 판단에 따라 소위 '플래카드 영화'와 '삐라 영화'로 명명된 정치적 영화들이 등장하였다.

이러한 영화들은 소비에트 정부의 이데올로기와 정치적 지향 등을 명확하게 대변하였다. 즉 일반 소비에트 민중들에게 소비에트 정부의 혁명적 의도와 이념을 보여주면서 현실에 직면하고 있는 소비에트 정부의 정치적 상황을 확고히 하려고 했다.[179] 이와 같은 논의는 영화의 정치적 기능 확대라는 관점에서 파악할 수 있을 것이다.

2. 영화와 정치적 통제

영화에 대한 정치 영역의 개입 내지 통제는 검열 제도에서 찾을 수 있다.

우리나라의 근대적 영화 검열의 시작은 박정희 정부 때 만들어진

---

179) 정태수, 앞의 논문(2005).

<영화법>으로, 이는 문화예술 통제의 체계화라는 의미를 일정 부분 내포한다.

한국 최초의 영화에 관한 기본법인 <영화법>은 1962년 1월 공포되었는데, 당시 제정된 <영화법>에는 '검열'이라는 단어가 보이지 않는다. 상영허가와 상영허가 심사기준조항이라는 표현이 검열을 대신했다.

하지만 영화에 대한 검열은 제5차 개정헌법을 통해 보다 명확하게 규정되었다.[180) <영화법>을 통해 영화산업 전반에 대한 규제가 가능해졌고, 헌법을 통해 검열 관련 근거를 마련했기에 영화 관련 검열이 강력해지는 것은 당연한 결과였다.

특히 각본 심의를 통한 정치적 검열이 두드러졌다. 영화제작 신고 때 첨부되는 각본에 대해 당시 공보부는 한국영화업자협회에서 1차적으로 각본을 검토하도록 했고, 이 조치가 시행되지 않을 경우 한국예술문화윤리위원회로 이관하여 실시했다.

제작 신고시의 각본 심의를 한국영화업자협회 내 영화심의위원회에서 하고 제작이 끝난 후 공보부에서 실사심의를 하는 이중의 심의제도는 1967년 12월 공보부에 6인으로 구성된 '영화각본심의위원회'가 설치되면서 삼중심의로 대폭 강화되었다.[181)

박정희 정부의 영화 검열을 통한 정치적 통제는 이 시기 정치 이념과 맥락적으로 맞닿아 있다. 총력안보체제, 국가주의적 사고와 개인 및 전체의 조화를 강조하는 유기체적 사회론을 주입했던 박정희 정부는 영화를 유기체적 사회론의 이데올로기를 확실하게 전달힐 수 있는

----

180) 제2부 '검열과 정치'에 서술된 내용을 참조하면 된다.
181) 박지연, '박정희 근대화 체제의 영화정책', 『한국영화의 근대성』, 소도, 2000.

매체로 파악했던 것이다.

전두환 정부는 표면적으로 정치의 영화 통제를 줄이는 흐름이 나타났다. <영화법> 개정을 통해 영화검열 제도를 사전심의제로 바꾸고 그 의무를 문공부 장관에서 민간기구인 공연윤리위원회로 이관하였다.

전두환 정부에서 나타난 이 같은 변화는 박정희 정부와 달리 국민의 기본권으로서 언론 및 출판의 자유에 대한 보장을 명확히 규정하고 이와 관련한 내용을 법률적으로 구체화하기 위한 조치로 볼 수 있다. 하지만 내용적으로는 심의 과정에서 여전히 금지와 삭제, 수정 등의 조치가 이어짐으로써 결과적으로 <영화법> 개정 이후에도 영화의 수정과 반려 비율은 박정희 정부와 유사하거나 오히려 늘었다.

민주화가 이루어진 노태우 정부는 독립영화 제작이 활성화하는 등 영화 제작의 자율성을 확대했지만 반면에 내용은 통제하는 이중적인 태도를 보였다. 공연윤리위원회는 심의기준을 강화했으며, 실제 심의에서도 수정이나 반려 처분이 내려진 영화가 20~30% 정도에 육박했다.

1990년대 중반 영화 검열 제도 변화의 핵심은 사전 검열에서 사후 검열로의 전환이다. 1996년 10월 영화 사전심의제도에 대한 헌법재판소의 위헌 판결 이후 영화에 대한 정치의 사전적이고 직접적 간섭은 적어도 상징적으로는 막을 내렸다.[182]

그러나 상영등급제라는 간접적인 형태를 통한 상영에 대한 사후적 통제는 계속되었다. 즉 영화 텍스트에 개입해 시나리오를 검열하고 완성된 필름에 직접적인 가위질을 일삼던 검열 방식이 등급제를 통해 영화를 평가, 배치하고 상영을 관리하는 검열로 변동된 것으로 볼 수 있다.[183]

---

182) 조준형, '한국영화산업과 정책: 1980~1997', 『한국영화사공부2』, 이채, 2005.

등급제의 완화

김대중 정부는 창작과 표현의 자유 보장과 검열 철폐를 영화 관련 정책의 주요 공약으로 제시했다. 이를 위한 구체적인 실행 방안으로는 등급분류제, 심의기구 개선, 등급외 전용관 설치 등을 통해 영화등급 심의를 둘러싼 논란을 해소하겠다는 입장을 밝혔다. 이러한 방침은 영화에 대한 정치 및 행정의 불간섭 선언으로 읽힐 수 있다.

하지만 이와 같은 약속이 제대로 지켜졌다고 보긴 힘들다. 등급제를 완화하는 쪽으로 <영화진흥법>이 개정되었기 때문이다.

1999년 개정된 <영화진흥법>은 영화사의 등록 의무 폐지, 심의 면제 폭 확대, 영화진흥기구 개편, 영화지원기금과 진흥재원 확충을 위한 제도적 장치 마련 등의 내용을 담고 있다. 특히 등급분류제와 관련해서는 등급외 등급을 삭제하고 등급외 전용관을 허용하지 않는 대신 등급보류 기간을 6개월에서 3개월로 단축했다. 이런 방안은 3년 뒤인 2002년 영화진흥법이 다시 개정되면서 제한상영등급 부여와 제한상영관 설치가 가능한 방향으로 변경되었다.

결국 국민의 정부인 김대중 정부 당시 정치 영역의 영화 개입을 상징하는 검열제도의 변화 가능성이 열리기는 했으나, 그 과정에 개입하는 여러 가지 요소들로 인해 제도의 변화가 혁신적인 개혁으로 이어지지 못하는 한계를 드러냈다.

노무현 정부 이후에는 심의 대상 축소와 외국영화 수입추천제 폐지 등의 정책적 변화가 나타났지만 등급분류와 관련한 근본적인 문제는 해결되지 않고 있다.

---

183) 양영철, '우리영화 심의제도에 대한 논의', 「영화연구」 37권, 2007.

정치화된 미국의 영화

미국은 우리나라만큼의 수위는 아니더라도 보수와 진보, 양 진영 간의 대립이 상존하는 나라로 꼽힌다. 미국 사회의 다양한 영역에서 보수와 진보의 갈등을 흔히 목격할 수 있으며, 대중예술 산업의 축이라고 할 수 있는 영화도 예외는 아니다.

2023년 하반기에 미국의 한 비주류 액션 영화를 놓고 벌어진 진영 간의 격렬한 논쟁이 정계와 영화계를 뜨겁게 달구었다.

이 영화의 제목은 '사운드 오브 프리덤(Sound of Freedom)'으로, 국토안보부 아동 범죄 전담부에서 일하다가 직장을 그만두고 아동 구조 전담 기관을 세운 뒤 남미 콜롬비아 정글에서 구조 활동을 펼쳐온 팀 밸러디라는 인물의 실화를 바탕으로 만들었다.

이 영화는 미국 독립 기념일인 2023년 6월 4일 개봉한 직후 미국 흥행 1위를 차지했으며, 이후 한동안 상위권을 지켰다. 미국 흥행 집계 사이트 '박스오피스 모조'에 따르면, '사운드 오브 프리덤'은 7월 중순 기준으로 5,000만 달러의 입장권 수입을 기록하면서 비슷한 시기 개봉한 영화 중에서 최고 수익을 올렸다. 디즈니와 픽사 등 할리우드 거대 콘텐츠 기업들이 내놓은 '인디애나 존스' 등 블록버스터 영화를 모두 제친 것이다.[184)]

이와 관련하여 폭스뉴스는 "어떤 주류 영화 스튜디오도 '사운드 오브 프리덤'을 제작·배급하겠다고 나서지 않았고, 언론들도 보도 자체를 거의 하지 않은 것을 감안하면 놀라운 결과"라고 분석하기도 했다.

사실 '사운드 오브 프리덤'은 개봉 전부터 진보 진영이 강세인 미

---

184) 조선일보, '우파 입소문만으로 박스오피스 1위 … 또 정치화된 영화', 2023년 7월 15일자 보도.

국 주류 영화계로부터 외면받은 측면이 있다. 메이저 대중매체들도 영화 예고 보도를 하지 않을만큼 관심 밖이었다. 그것은 영화 속 실제 인물로 다뤄진 팀 밸러드가 과거 극우 음모론인 '큐어논(QAnon)'[185]을 연상시키는 발언이 발단이 됐다.

밸러드는 지난 2020년 자신의 SNS에 온라인 가구 소매업체 '웨이페이'가 가구 수납장에 어린이들을 넣어 매매하고 있다고 했고, 큐어논 지지자들도 민주당 지도부가 아동 인신매매를 알선하고 있다고 주장한 바 있다.

또한 밸러드가 도널드 트럼프 전 대통령의 국경 장벽 건설 등의 이민 정책을 옹호했으며, 영화에서 주연을 맡았던 배우 짐 커비즐과 제작자 에두아르도 베라스테기도 트럼프의 열렬 지지자로 알려진 것도 진보 주류 영화계가 이 영화를 외면한 이유라는 게 미국 언론 매체의 대체적인 분석이었다.

'사운드 오브 프리덤'은 개봉 이후 흥행과 관계 없이 미국 사회의 보수와 진보 양 진영 간의 충돌 소재가 되었다. 극우 지지자들을 중심으로 보수 진영은 이 영화에 열광하고 있는 반면, 진보 진영은 이 영화의 배우나 제작자 등이 음모론과 연관돼 있는 만큼 영화가 대중들을 오도할 수 있다는 비판을 쏟아냈다.

특히 트럼프 전 대통령이 논쟁에 가세함으로써 '사운드 오브 프리덤'은 정치적 이슈로 번지는 결과로 나타났다. 트럼프는 "뉴욕타임스 등 리버럴 매체들이 멀쩡한 영화에 이념을 투영시켜 작품을 망치고 있다"

---

185) 큐어논은 극우 사이트에서 음모론을 주장하는 익명의 네티즌 'Q'에서 따온 말로, 비밀 조직이 미국의 정치·경제를 장악하고 국가 전복을 노리고 있다는 음모론을 추정하는 세력을 의미한다.

며 "좌파 언론들이 이 영화를 쓰레기로 만들고, 상영 티켓을 구매한 수백만 명의 영화 관람객을 조롱한 셈"이라고 공개적으로 비판했다. 트럼프의 이 같은 입장 표명은 미국의 전직 대통령이 특정 영화를 정쟁의 중심에 세운 사례로 남게 됐다.

'사운드 오브 프리덤'처럼 영화가 진영 간 갈등을 넘어 정쟁의 소용돌이에 빠져드는 경우는 이례적이지 않다.

비슷한 시기 우리나라도 여직원 성추행 의혹으로 스스로 목숨을 끊은 한 지방자치단체장 관련 다큐멘터리 영화 개봉을 놓고 논쟁이 가열된 바 있다. 영화를 제작한 쪽에서는 고인의 1차 가해를 둘러싼 의문들이 해소되지 않아 이를 규명할 필요가 있다는 입장이지만, 여성계 등에서는 "피해자에 대한 명백한 2차 가해"라며 영화 개봉 철회를 요구하면서 반발의 강도를 높였다. 정치권에서도 이 다큐멘터리 영화에 대해 찬반 격론이 오가기도 했다.

미국 사회에서 한때 정쟁에 휩싸였던 영화
'사운드 오브 프리덤' 포스터.
출처: 엔젤스튜디오스

제4부

국내외 대중예술과 정치

제7장
한국의 대중예술과 정치

I. 정치인이 된 대중예술인

종합예술로 분류되고 있는 대중문화, 즉 대중예술은 수요자가 일반 대중이라는 점에서 그 폭발력이 매우 강하다.

대중예술을 이끄는 동력은 자본과 기술로 요약되는데, 여기서 자본이란 개념은 대중예술인이 포함된 의미임을 유의할 필요가 있다.

배우, 가수, 코미디언 등으로 대분류할 수 있는 대중예술인은 문화예술산업 내 다양한 행위자들처럼 경제·문화·사회관계 자본을 갖고 활동하지만, 신체적 자본이라고 할 수 있는 일종의 매력자본을 특별히 많이 보유한 것으로 여겨진다.

대중예술인의 기반은 일반인들의 호감과 애정, 친근감, 동경 등을 이끌어 내는 신체적 역량이라고 할 수 있다. 이와 같은 신체적 자본으로서 매력 자본은 흔히 연예계로 불리는 대중예술계에서 다양한 자원을 축적하는 데 필요한 육체적 특징과 외모 및 스타일, 사교성, 연기, 노래, 춤, 화술과 같은 다양한 퍼포먼스 능력을 지칭한다.[186]

---

186) 캐서린 하킴 저·이현주 역, 『매력자본』, 민음사, 2013.

1. 대중예술인의 영향력 확대

1장에 서술하였듯이 대중예술인은 흔히 '셀럽'으로 불리는 유명인 (celebrity)과 유사한 의미로 이해할 수 있다. 이들은 다양한 대중매체를 통해 형성된 친밀감과 신뢰도를 바탕으로 인기를 구가하는 특징을 지닌다.

유명인으로서 대중예술인을 만드는 주요 기제는 시대에 따라 변화를 거듭하여 왔다.

국내에서는 1970년대 이후 텔레비전의 영향력이 커지면서 영화배우 중심에서 텔레비전 드라마에 출연하는 탤런트 중심으로 유명인 파워의 중심이 옮겨가게 되었다. 또한 2000년 이후부터는 인터넷과 소셜미디어서비스(SNS)의 급속한 보급으로 유명세를 타는 대중예술인의 숫자가 늘어났을 뿐만 아니라, 영화감독과 프로듀서, 기자 등 매체 전문가들의 게이트키핑을 거치지 않고도 대중과 접촉할 수 있는 기회가 생김으로써 대중예술인의 영향력은 갈수록 확대되는 추세를 보이고 있다.[187]

이러한 흐름은 자연스럽게 대중예술인의 정치 영역 진출로 이어지는 현상을 낳게 하였다.

정치인 역시 유명 대중예술인 못지 않게 대중들에게 알려져 있는 존재이다. 높은 정치적 인기는 투표를 통한 유권자들의 선택을 자연스레 유발한다.

21세기 들어 정치인은 유명인으로 분류되는 데 큰 거부감이 없어

---

187) 박준·최홍·박성민, '소셜미디어가 여는 새로운 정책환경', 『삼성경제연구소 CEO Information 808호』, 2011.

보인다. 정치인의 본업 자체가 대중에게 즐거움을 주는 것은 아니지만,[188] 유명 대중예술인처럼 대중매체와 SNS 등을 통해 활발한 소통 활동을 하는 정치인이 적지 않고, 특히 정치적 이슈 및 정책과정에 자신의 생각을 거침없이 밝히는 대중예술 분야 유명인이 늘면서 이들 유명인과 정치인의 경계가 모호해지는 측면이 생긴다.

2. 대중예술인의 정치 참여

대중예술인의 정치 참여를 살펴보기에 앞서 이 같은 현상은 몇 가지로 분류할 수 있다.

첫째, 대중예술인의 개인적 의견 표명은 정치에 대한 관심을 불러일으킨다. 정치에 무관심한 젊은이들이 사회적 이슈에 대해 관심을 갖게 하고 참여를 이끌어 내기도 한다.[189] 이러한 정치적 행위에 나서는 대중예술인은 사회적 현안에 대한 목소리를 높이는 경우가 흔하다.

둘째, 공직 선거에 출마한 정치인의 지지를 위한 후원자로서의 역할이다.[190] 선거 유세 과정에서 대중예술인의 참여 여부는 대중매체의 주목도를 크게 높인다. 따라서 정치인들은 자신의 이미지 제고를 위해 배우와 가수, 코미디언 등 대중예술인을 참여시키는 데 적극적이며, 대중예술인들도 이러한 기회를 통해 자신의 정치적 성향을 드러내면서

---

188) Postman, N. 『Amusing ourselves to death: Public discourse in the age of show business』, London: Penguin Book, 1985.

189) Loader, B. D., Vromen, A., and Xenos, M. A, 'Performing for the young networked citizen? Celebrity politics, social networking and the political engagement of young people', 「Media, Culture & Society」, Vol.38, No.3, 2015.

190) 't Hart, P. and Tindall. K, 'Leadership by the famous: Celebrity as political capital', In Kane, J., Patapan, H., and 't Hart,P.(Eds.), 『Dispersed democratic leadership』, Oxford: Oxford University Press, 2009.

인지도 상승을 도모한다.

셋째, 정치인 지지에 머무는 것이 아니라 대중예술인 스스로 정치의 무대로 뛰어들고 있다. 문화예술 산업 영역에서 얻은 부와 인기, 성공을 바탕으로 정치에 직접 진출하는 것이다.[191]

예를 들어, 영화배우 출신인 로널드 레이건은 캘리포니아 주지사를 거쳐 1980년 미국 대통령에 당선되었다. 유명 배우이자 영화 감독 출신으로 아카데미 감독상과 남우조연상, 평생공로상 등을 수상한 미국 대중예술계의 살아있는 전설 클린트 이스트우드는 한때 캘리포니아주 캐멀이라는 작은 도시의 시장을 지낸 적이 있다.

러시아의 침공에 굴복하지 않고 당당히 맞서 국제적으로 주목받은 코미디언 출신 볼로드미르 젤렌스키[192] 우크라이나 대통령도 여기에 해당된다.

한국의 폴리테이너

대중예술인의 정치 참여, 또는 정치에 대한 깊숙한 관심이나 간여는 폴리테이너(Politainer, Political+Entertainer)[193] 개념으로 포괄적

---

191) Street, J., 'Celebrity politicians: Popular culture and political representation', 「The British Journal of Politics & International Relations」, Vol.6, No.4. 2004.

192) 1997년 코미디언 경연대회에서 우승하며 코미디언 생활을 시작한 그는 2006년 우크라이나판 'Dancing With The Star' 댄스경연대회에서 우승하며 대중적인 인지도를 쌓았다. 2015년 TV시트콤 '인민의 종'에서 교사 출신으로 대통령이 된후 부정부패를 척결하는 연기를 해 당시 우크라이나 국민 2,000만 명이 시청할 정도로 범국민적 우상으로 떠올랐다. 이 여세를 몰아 2019년 대통령에 당선됐다. 러시아에 저항하는 젤렌스키에 대해 타임지는 "찰리 채플린(코미디언)이 아닌 처칠(정치인)"이라고 평가하기도 했다.

193) 폴리테이너는 미국의 정치학자 슐츠(David Schultz)가 1999년에 발표한 논문 'Jesse Ventura and the Brave New World of Politainer Politics'에서 처음 사용하였다. 보다 넓은 의미로는 텔레비전의 오락 프로그램 등에 자주 출연해 대

설명이 가능할 것이다. 외국뿐만 아니라 우리나라도 정치에 직·간접적으로 참여하는 배우와 가수 등 대중예술인들이 흔하게 목격된다.

이 같은 폴리테이너 현상은 영상매체의 발달과 영향력이 커지고 있는 SNS 등 대중과의 소통 기제인 온라인 플랫폼이 확산되면서 대중예술인의 정치 참여 환경이 수월해졌기 때문이다. 여기에 정치권에서도 정당의 이미지 및 득표율 제고를 위해 대중예술인 영입을 주저하지 않는 분위기가 맞물려 있다.

21세기 들어선 정치와 대중예술의 경계가 흐릿해지는 양상이 나타난다는 시각도 있다. 이는 유명 대중예술인이 정치 무대에 직접 뛰어드는 폴리테이너 시대를 넘어 '폴리테이너 2.0'시대[194)]의 개막을 의미한다. 즉 대중예술인들이 특정 정치 세력의 정치적 수단에서 벗어나 전문성을 살린 독립적인 위치에서 민감한 이슈에 대해 직설하면서 나름의 독자적인 정치적 행보를 보여주고 있다는 것이다.

폴리테이너는 미디어로 통칭되는 대중매체와 매우 밀접한 연관성을 갖는다. 현대 사회의 정치는 미디어 정치라고 할 만큼 정치 분야의 미디어 의존이 갈수록 커지고 있고, 이 과정에서 미디어를 지배했던 유명 대중예술인의 존재감은 폴리테이너의 등장을 불러왔다.

우리나라에서 대중예술인 출신으로 처음 중앙 정치 무대에서 활동한 정치인은 배우 홍성우(1941 – 2021)다.[195)] 그는 38세 때인 1979년

중적 인지도를 적극 활용하는 정치인들도 포함한다.

194) 동아일보, '정치인 – 연예인 벽이 사라졌다… '폴리테이너 2.0'시대', 2011년 11월 26일자 보도.

195) 홍성우는 정계로 진출하기 전 배우로서 큰 인기를 누렸다. 그는 1974년 동양방송(TBC)의 드라마 '데릴사위'에 출연해 시청률 78%라는 경이적인 기록을 세웠다. 1988년 정계 은퇴 후 라디오 진행을 맡았고, 대학 강단에 서기도 했다.

서울 도봉구에서 무소속으로 출마해 당선된 이후 같은 지역에서 내리 3선 의원을 지냈다. 홍성우에 이어 배우 출신인 이대엽(1935-2015)도 1981년 정치에 입문하여 11대부터 13대까지 3선 의원을 했으며, 이후 지방자치단체장에 선출되어 경기 성남시장을 역임하였다. 이대엽은 중앙 정치와 지방 정치를 모두 경험한 대중예술인 출신의 정치인으로 기록되고 있다.

또한 스타배우 출신인 신성일은 11대 국회의원 선거에서 서울 용산·마포에 출마했으나 낙선하였고, 1988년에는 역시 당대의 스타배우 출신인 최무룡이 경기 파주에서 야당 후보로 출마해 당선되었다.

이후에도 대중예술인들의 정계 진출은 계속되었다. 14대 국회에서는 배우 이순재와 최불암, 강부자, 코미디언 이주일 등이 국회의원으로 활동하면서 대중예술인 출신의 정치인이 부쩍 늘어났다. 15대에는 배우 정한용이 서울 구로갑에서, 대중가수 최희준은 경기 안양 동안갑에서 각각 국회의원으로 당선되었으나, 경기 광명에 출마했던 배우 이덕화는 불과 1,400여 표 차이로 낙선하였다.

배우 출신으로 명보극장을 운영하던 신영균은 15대와 16대 모두 비례대표로 원내에 입성했다.

신성일은 본명에 예명을 합쳐 강신성일로 이름을 바꾸고 16대 선거에 출마해 당선되었으며, 18대에는 역시 배우 출신 김을동이 비례후보로 국회의원 배지를 달게 되었다. 김을동은 19대에는 서울 송파 지역구에 출마해 당선됨으로써 대중예술인 출신으로는 최초의 재선 여성 의원이 되었다.

배우 최종원은 2010년 7월 있었던 강원 영월·평창·태백·정선 국회의원 재보궐선거에서 당선되었다.

표 17 국회의원 활동을 한 대중예술인

국회회기	이름	소속 정당	지역구	출신
10대 (1979-1980)	홍성우	무소속	서울 도봉	배우
11대 (1981-1985)	홍성우	민정당	서울 도봉	배우
	이대엽	신정당	경기 성남 · 광주	배우
12대 (1985-1988)	홍성우	민정당	서울 도봉	배우
	이대엽	국민당	경기 성남 · 광주	배우
13대 (1988-1992)	이대엽	신민주공화당	경기 성남 갑	배우
	최무룡	신민주공화당	경기 파주	배우
14대 (1992-1996)	정주일(예명 이주일)	민자당	경기 구리	코미디언
	강부자	신민당	전국구	배우
	이순재	민주자유당	서울 중랑갑	배우
	최영한(예명 최불암)	통일국민당	전국구	배우
15대 (1996-2000)	신영균	신한국당	전국구	배우
	정한용	새정치국민회 의	서울 구로갑	배우
	최희준	새정치국민회 의	경기 안양 동안갑	가수
16대 (2000-2004)	강신성일 (예명 신성일)	한나라당	대구 동구	배우
	신영균	한나라당	전국구	배우
18대 (2008-2012)	최종원	민주당	강원 영월 · 평창 · 태백 · 정선	배우
	김을동	한나라당	서울 송파병	배우
19대 (2012-2016)	김을동	새누리당	서울 송파병	배우

출처: 홍성철, '국회의원이 된 유명인들의 의정활동 및 평가: 연예인 및 스포츠 스타 출신을 중심으로', 「정치커뮤니케이션연구」, 43호, 2016을 참고하여 재구성

<표 16>에서 확인할 수 있듯이 국회의원이 된 대중예술인들은 지역구가 없는 전국구(현행 비례대표) 의원이거나, 지역구가 있더라도 일부 지역을 제외하곤 대부분 수도권에 몰려 있음을 알 수 있다. 또한 재선 이상은 4명에 불과해 대부분 초선 의원 활동에 머물렀다.

이러한 결과는 대중예술인의 정계 진출을 통한 정치 참여가 활발해지면서 '문화예술 엘리트'의 '정치 엘리트'로의 변신은 가능해졌지만, 이후 지속적인 정치 활동에 필요한 기반은 제대로 구축되어 있지 않다는 것을 시사한다. 예컨대 정치 초년생인 대중예술인 출신 국회의원의 직업적 전문성을 살린 상임위원회 배정과 입법 활동의 적극적 보조 등이 소속 정당과 국회 차원에서 이루어져야 단발성이 아닌 안정적 의정 활동이 보장될 수 있다.

소셜테이너

소셜테이너는 정치적, 사회적 이슈에 대해 자신의 입장이나 생각을 밝히는 대중예술인을 일컫는 용어다. 소셜테이너는 사회를 뜻하는 소사이어티(society)와 연예인을 의미하는 엔터테이너(entertainer)의 합성어다. 앞에서 논의한 폴리테이너와 개념적으로 유사하지만, 이들이 활동하는 주된 플랫폼이 SNS라는 점에서 차이를 보인다.

우리나라에서 정치나 사회 이슈에 참여하는 대중예술인에게 소셜테이너라는 용어를 붙이기 시작한 것은 2008년 미국산 쇠고기 수입에 반대하는 시민들의 촛불집회가 전국적으로 번지던 시기로, 당시 몇몇 대중예술인들이 자신의 미니홈피에 정부를 비난하는 글을 올리면서부터다.

소셜테이너는 페이스북, 인스타그램, 트위터 등의 SNS와 합쳐지면서 사회적 관심이나 영향력이 크게 증가하였다. 이는 소셜테이너가 주로 유명 대중예술인이라는 점과 SNS가 갖고 있는 고유한 특성, 다시 말해 즉시성, 쌍방향성 등이 결합된 결과라고 할 수 있다.

소셜테이너들이 SNS에 게재한 의견들은 수많은 팔로어가 접하고 팔로잉과 리트윗을 통해 사람들 사이로 퍼져나간다. 그리고 그 의견을 읽고 공감하는 사람이 늘어나면서 영향력은 점점 커지게 된다.

또한 소셜테이너의 글을 직접 접하지 않더라도 그들의 견해와 그에 관련된 사람들의 반응은 실시간으로 대중매체를 통해 기사화되기 때문에 SNS를 이용하지 않는 사람이라 할지라도 소셜테이너의 활동을 접하기가 쉽다. 이것은 소셜테이너 활동의 영향력을 더욱 높여 준다고 할 수 있다.

소셜테이너의 활동이 영향력을 배가시킬 수밖에 없는 이유는 크게 두 가지로 구분해서 설명할 수 있다.

첫째, 소셜테이너가 주로 유명 대중예술인이라는 사실이다. 이들은 연예인이기 때문에 이미 사람들의 관심대상이자 이슈의 대상이다. 따라서 정치사회에 큰 관심을 두지 않는 사람일지라도 소셜테이너의 활동에 대해서는 쉽게 관심을 갖게 되고 영향을 받을 수 있다.

둘째, 소셜테이너의 주된 활동 공간이 SNS라는 점이다. 스마트폰 등 모바일 환경의 등장은 SNS의 접근성을 높여 소셜테이너의 활동에 힘을 실어 주었다. 이와 같은 환경에서 늘어나는 소셜테이너 활동에 대한 언론의 보도도 증가하는 추세이다.

이러한 논의와 힘께 사회적 영향력이 큰 사람들의 정치·사회적 발언이나 행동을 다룬 보도들로 인해 다른 사람들이 이성적인 판단이나 논리적 근거 없이 유명 대중예술인의 생각에 무작정 동조하게 되는 것을 우려하는 현상도 나타나고 있다. 이는 이른바 '제3자 효과'와 관련하여 살필 수 있다.

'제3자 효과'는 데이비슨에 의해 최초로 제시된 개념으로, 자신을 타인보다 우월하게 생각하는 심리적 경향성을 기반으로 한 효과다.[196] 이것은 매스미디어 보도와 관련하여 주로 연구되었는데, 매스미디어가 미치는 영향에 대해 자신과 타인을 비교하여 예측할 때 자신보다는 다른 사람들이 매스미디어의 영향을 더 크게 받을 것이라고 생각하는 지각적 편향을 의미한다.

소셜테이너는 폴리테이너와 같이 갈수록 영향력을 키우면서 대중 예술인의 정치 참여 현상으로 굳어지고 있으나, 그 활동에 대한 논란 역시 커지고 있다.

우리나라 소셜테이너 논란의 발단은 배우 김여진이 한 방산 보안 업체 근로자 시위에 참여했다가 긴급 체포되고, 가수 김흥국이 2012년 4·27 재·보선에서 한나라당 유세활동에 참여했다는 이유로 라디오 DJ 자리에서 퇴출되면서 시작되었다는 관점이 있다.

특히 배우 김여진은 정치 및 사회적인 이슈에 목소리를 내는 자신의 소셜테이너 활동을 인터뷰 등을 통해 당당하게 드러냈다.

Q: 인도적 대북 지원 외에도 어떤 사회 문제에 관심이 있나요?
A: 4대강 사업입니다. 한반도의 강들은 수만 년 흘러온 강들입니다. 인간이 살아봐야 고작 100년 아닌가요. 오랜 세월 흘러온 강에 비하면 인간은 그저 물 한 방울도 안 되는 존재라고 생각해요. 도대체 무슨 근거로 강을 파헤치는 걸까요. 어떤 신뢰할 만한 연구 결과나 동의 절

---

196) Davison, W. P. 'The third−person effects in communication', 「Public Opinion Quarterly」, Vol.47, No.1, 1983.

차도 없이 그냥 밀어 붙이면 되는 건가요.

이명박 정부가 지금 이렇게 밀어 붙이는 것은 후딱 해치우지 않으면 안 된다고 판단하기 때문인 것 같아요. 수만 년 흘러온 강의 물줄기를 바꾸는 일인데 적어도 몇십년 계획을 세워 국민에게 묻고 허락도 받아야 하는 것 아닌가요. 왜 이런 식으로 졸속 처리하려는 건지 모르겠습니다. 물을 맑게 하고 홍수를 막겠다고 하는 일이라면 정말 긴 호흡으로 천천히 국민들에게 그 타당성을 설명한 다음에 해도 늦지 않을 것 같아요. 임기 내에 끝내야 한다고 이렇게 서두를 일이 아니죠.197)

록그룹 YB의 리더로 활발한 SNS 활동을 해온 대중가수 윤도현은 소셜테이너라는 호칭이 부담스럽다는 입장을 인터뷰에서 밝히기도 했다.

Q: 사회적 소통을 늘 강조하고 즐기는 편이잖아요. 사회적 활동을 적극적으로 하는 연예인을 일컬어 '소셜테이너'라 부르기도 하는데 이런 별칭 어떤가요?

A: 사회적 활동 안 하는 연예인이 어디 있나요? 그런 면에서 보자면 모두 소셜테이너죠. 정치·사회적 이슈가 되는 얘기를 한다고 해서 소셜테이너가 되는 건 아니라고 생각해요.

YB(윤도현 밴드) 스타일의 음악을 하는 그룹이 많지 않기 때문에 저희를 긴혹 '정치적 밴드'라고 부르는 분들이 있는데 그보다는 '사회적 밴드'에 가깝다고 생각해요. 그나저나 저는 그런 단어를 별로 좋아하지 않아요. '이 사람은 소셜테이너', '저 사람은 폴리테이너' 하는 식

197) 장윤선, 『소셜테이너』, 오마이북, 2012.

으로 규정하는 게 싫거든요. 어떤 굴레를 씌워놓는 것 같아요. 단지 저희가 생각하고 경험한 바를 여과 없이 음악으로 표현하고 싶은 것 뿐입니다. 특정 호칭이나 개념으로 한정시키지 말았으면 좋겠어요. 재미있는 사실이 하나 있는데요. 저도 나이가 들면서 점점 유해진다는 겁니다. 예전과 달리 말도 삼가게 돼요. 자식도 있는데 날 세우지 말고 살아야죠. 그런데 유독 음악만큼은 점점 날이 서요, 희한하죠? 그런데 전 그 점이 좋아요. 음악만큼은 냉정하고 까칠하게 하고 싶거든요.[198]

이와 같은 소셜테이너 활동은 긍정적 시각과 부정적 시각으로 나누어진다. 긍정적인 시각은 정치적·사회적 사안에 대한 의사 표명과 행동은 개인의 자유임을 강조하는 프레임이다. 또한 대중예술인들이 보다 나은 사회를 위해 고민하고 정치적인 문제, 사회적인 문제 해결을 위해 적극 참여하는 것은 바람직한 일이며, 여론의 다양성을 위해서도 격려할 만하다고 본다.

하지만 부정적인 시각은 소셜테이너의 사회적 영향력이 큰 데다 특히 연예인의 경우 청소년들의 무조건적인 추종을 불러올 수 있다는 점을 우려한다. 정치적 전문성이 부족한 소셜테이너의 사회적 발언은 신뢰도가 부족하고, 이는 여론을 선동할 수 있으므로 강력한 제재가 필요하다는 입장이다.

이러한 시각은 또한 소셜테이너의 사회적 발언이 이들의 인지도 상승을 위한 도구로 활용될 수 있다는 점에서 대중예술인은 본업에 전념하는 것이 옳다고 판단한다.

....

198) 장윤선, 앞의 책(2012).

II. 대중예술인의 정치적 발언

기본적으로 국회의원이나 지방자치단체장 등으로 정계에 발을 들여놓은 대중예술인들은 정치 현안에 대한 자신들의 소신을 비교적 뚜렷하게 표명해왔다. 이들은 정당과 후보자들을 지지하거나 투표를 격려하는 등의 방식으로 정치적 관심을 유발하는 역할을 마다하지 않는다. 이러한 행위는 대중예술인에 대한 유명세를 더하면서 이들이 정계로 나아가는 발판이 되었음은 주지의 사실이다.

그러나 정치인이 된 대중예술인 외에도 정치적 발언을 마다않는 대중예술인들은 도처에서 목격된다. 이와 같은 현상은 특히 정치·사회적 현안이 불거질 때 두드러지는 특성을 보인다.

1. 스크린쿼터제와 영화배우

대중예술인의 정치적 발언이 극명하게 나타난 사례는 한국 영화 의무상영제를 의미하는 스크린쿼터제[199] 갈등에서 찾을 수 있다.

한미 FTA가 추진되던 노무현 정부 시절인 2006년 3월, 당시 정부는 그해 7월부터 스크린쿼터 일수를 73일로 축소하는 것을 목표로 필요한 조치를 취하기로 했다고 전격적으로 발표했다.[200] 정부가 밝힌 73

---

199) 1927년 영국에서 처음으로 시행된 제도. 당시 영국 의회가 '영국 내 모든 극장은 국산영화를 30% 이상 의무적으로 상영해야 한다'는 규정을 담은 'Cinema-tograph Act'를 제정하면서 스크린쿼터제가 최초로 시삭되었다. 현재 우리나라를 비롯해 프랑스, 스페인, 브라질, 중국, 파키스탄 등 약 10여 개 국가에서 시행되고 있다. 김정수, '스크린쿼터제 해설: 개요와 쟁점', 「국회도서관보」 제43권 제3호, 2006.

200) 2004년 7월 1일부터 한국영화 의무상영 일수를 축소하는 내용의 영화진흥법 개정안이 시행되었다.

일은 당시 스크린쿼터 비율인 146일(1년의 40%)의 절반 수준이다.

이러한 소식이 알려지자 스크린쿼터를 사수하기 위한 영화인들의 모임인 '한미투자협정 저지와 스크린쿼터 지키기 영화인 대책위원회' 주도로 정부의 방침에 거세게 반대하면서 마찰이 심화하였다. "국익을 무시하는 영화판의 밥그릇 지키기"라는 일각의 지적과 관계없이 당시 영화배우 등 대중예술인들은 언론 인터뷰 등을 통해 실명으로 정부의 방침을 강도 높게 비판하면서 정면으로 맞섰다.

"미국은 다른 나라와 FTA 협정을 체결할 때 대부분 문화 분야를 예외규정으로 하는 것으로 알고 있는데 우리나라만 유독 그렇지 못하다. 정부는 국민과 영화인들에게 납득할 만한 이유를 대야 한다"(영화감독 정지영)

"정부가 미국과의 FTA를 앞두고 선결조건으로 스크린쿼터 축소를 약속했다는 것이 미국과의 힘의 논리에서 밀렸다는 사실을 말해주는 것 같아 마음 아프다. 최근 추세가 각국의 문화다양성을 인정하는 쪽으로 진행되는데 이번 사태는 형평성에 어긋나는 것 같다"(영화배우 안성기)

"스크린쿼터 유지에 대한 잘못된 일부의 생각을 바로잡아 줄 수 있는 중심이 없는 것이 안타깝다"(영화배우 최민식)

"연간 800여 편을 제작하는 할리우드와 연간 70여 편을 만드는 우리 영화계는 유통 면에서 비교 자체가 안된다. 영화 유통에서 힘이 있는 할리우드가 우리 영화산업을 위축시킬 것은 자명하다"(영화배우 박중훈)

주요한 영화정책이기도 한 스크린쿼터제에 대한 당시 예술인의 거센 반발이 정치적 행보인지에 대해선 논란의 여지가 있다. 스크린쿼터제가 미국과의 무역협정을 체결하는 과정에서 불거진 정치적 이슈임에 분명하지만, 이와 관련한 대중예술인 발언의 맥락을 살피면 정치적 성향을 띠고 있기보다는 스크린쿼터제가 갖고 올 부정적인 영향에 대한 개인적 우려를 표명한 내용이 적지 않기 때문이다. 그러나 "한국이 힘의 논리에서 미국에서 밀렸다"는 식의 일부 발언은 정치적 성격을 내포하고 있다는 지적도 있다.

이는 미국의 한국 영화 의무상영일수 축소 압박을 견디지 못한 한국 정부의 나약함을 비판한 것으로, 동시에 문화제국주의[201]의 논리가 여전히 작동하고 있음을 직접적으로 겨냥한 발언으로 이해할 수 있다.

---

201) 문화제국주의는 지배국가가 예속국가에 대한 지배력을 공고히 하고 이를 영구화하기 위해 자국의 문화를 강요하는 현상을 의미한다. 지배적 문화의 우월성을 반영하거나 소비문화와 같은 문화적 가치, 이념, 습관을 확산시키는 것으로 정의할 수 있으며, 고유의 토착 문화를 타락시키고 파괴한다고 본다. 또한 문화제국주의는 강대국와 약소국의 경제적, 군사적 불평등을 정치적, 문화적 불평등으로 확대시키며 글로벌 자본에 의한 약소국의 시장 잠식을 증대시키는 특징을 지니고 있다.

2004년 7월 서울 광화문에서 영화배우와 감독 등 영화인들이 '스크
린쿼터 사수와 한미투자협정 저지를 위한 영화진흥법 개정 촉구 및
대국민 보고대회'를 갖고 있다.

2. 선거와 대중예술인

대중예술인의 정치적 발언을 포함한 정치지향성이 극명하게 드러나는 것은 선거에서다.

우리나라는 대통령 선거를 비롯하여 국회의원을 뽑는 총선, 지방자치단체장을 선출하는 지방선거 등 주요한 선거 국면마다 대중예술인의 정치 참여는 보편적 흐름으로 나타났다.

지난 19대부터 최근 21대까지 대통령 선거는 이러한 현상이 극명하게 드러난 경우라고 볼 수 있다.

2012년 12월에 있었던 19대 대선에서는 '2012 올해의 여성영화인상'을 수상한 변영주 감독이 시상식 수상 소감에서 정권교체의 필요성을 언급하면서 당시 야당 후보 지지를 공개적으로 선언했다.

이 같은 야당 후보 지지는 영화감독들에서 두드러졌으며, 배우들은 특정 후보 지지보다는 투표 참여를 독려하는 방식으로 자신의 정치적 성향을 드러냈다. 반면 원로 영화인들은 여당 후보를 지지하는 경향이 뚜렷하게 나타났다.

눈여겨볼만한 대목은 이렇게 혼란스러운 상황에서도 자신의 정치적 색깔을 분명하게 표출한 대중예술인들도 적지 않다는 것이다.

"살면서요. 당구 치다가요. 멍하니 텔레비전 본 것도 처음이구요. 울컥한 것도 처음이구요. 많이 외로웠을 건데 싶었구요. 낙엽이 땅을 데워 봄꽃을 만든다네요. 되게 유치한 말이다 싶었는데 이제야 좀 알겠네요. 봄길을 연 그 마음. 잊지 않고 꽃 피울게요."(방송인 김제동)

"기시감. 시장 선거, 윤여준 전 장관의 발언에 온통 난리치던 타임라인. 박원순 시장님께 양보 후에 감동. 대선까지 그를 내몬 게 그때 그 감동이었는데, 오늘의 사퇴는 그때보다 훨씬 더 미안하다. 그가 안 나섰다면 애당초 질 싸움이었다"(배우 김여진)

"안철수 후보는 이제 온 국민의 진정한 멘토가 되었다. 그는 진정으로 정치가 국민을 위한 것이 되기를 염원하고 또 염원했다는 진심을 느낄 수 있었다"(대중음악 작곡가 김형석)

이와 같은 대중예술인들의 발언을 보면 특정 후보에 대한 지지 여부가 비교적 명확하게 드러나 있다. 자신이 지지하는 후보와 관련한 인식이 정치적 발언을 통해 표출되고 있는 것이다.

19대 대선에 이어 20대와 21대에서도 대중예술인의 정치적 관심과 이에 따른 정치적 행보는 계속되었다. 특히 여야 후보들이 치열한 접전을 벌였던 21대 대선에서는 대중예술인들의 정파성이 그 어느 때보다 두드러졌다.

영화감독 이창동, 배우 문성근 등 영화인 253명은 당시 여당 후보에 대한 지지를 공개적으로 선언하였다.

이들은 여당 후보의 문화예술 공약을 지지하는 영화인 선언문을 발표하면서 "우리는 과거 보수 정권의 블랙리스트 암흑 시절로 다시 돌아갈 수 없다. 한국영화의 새로운 미래를 여당 후보와 함께 만들어 가고자 한다"는 입장을 내놓았다.[202]

이에 맞서 이진영 한국배우협회 이사장, 배우 한지일, 배우 선우

---

202) 부산일보, '문성근 등 영화인 253명, 李 지지 선언', 2022년 2월 8일자 보도.

일란, 가수 김흥국 등은 당시 야당 후보 지지를 선언하였다. 이들은 "정권교체는 우리의 역사적 소명이며 영화의 한류 확장은 우리의 시대적 숙명"이라며 "야당 후보만이 영화 한류를 통한 대한민국의 국격을 높이고 문화강국을 구현할 것을 확신한다"고 말했다.[203]

대중예술인의 정치 및 사회 현안에 대한 입장은 주로 트위터, 페이스북, 인스타그램 등 SNS를 통해 이루어진다.

이것은 대중매체의 변화와 연관지어 논의할 수 있다. 인터넷과 모바일의 등장 이전에 여론을 주도하던 신문과 텔레비전, 라디오 같은 전통 매체들의 영향력이 2000년 이후 급속도로 약화하고, 대신 정보통신기술의 발달로 등장한 모바일과 SNS의 위력이 커진 데 따른 현상이 대중예술인의 정치 참여에도 나타나고 있는 것이다. 대중예술인이 팬과 소통하는 직접적인 도구는 SNS라는 사실을 적확하게 말해주고 있다.

정치인 커뮤니티를 통해 자신의 정치적 성향을 드러내는 대중예술인들도 있다. 배우 김의성은 21대 대선을 앞두고 특정 후보의 온라인 커뮤니티에 공개적으로 글을 올려 지지를 독려하였다.

"이제 세 번째 글 쓰니까 반말하겠다. 너희도 반말하라. 제발 여조(여론조사)에 휩쓸려 개복치짓 좀 하지 마라. 여조는 여조가 아닌 비뚤어진 선거운동 수단이 된 지 이미 오래다. 거기에 일희일비하는 거 자체가 저들이 원하는 거, 즉 저들을 이롭게 하는 이적행위다. 한두 번은 애교, 서너 번은 지능 부족, 그 이상은 분탕이다. 그냥 맘 속에 촛불 하나 딱 켜고 사람들 만나고 설득하고 촛불 나눠주고 같이 투표장에 나가라. 그러면

203) 뉴스파인더, '영화한류 윤석열과 함께 ⋯ 윤석열 대통령후보 영화인 지지성명서', 2022년 2월 5일자 보도.

이긴다"[204]

배우 김의성은 다른 경쟁 후보가 여론조사에서 앞서가는 결과가 나오자 이 같은 온라인 커뮤니티 글을 통해 동요하는 지지자들을 독려하였다. 가수 이승환도 정치적 목소리를 내는 대표적 폴리테이너형 대중예술인으로 분류된다. 이승환은 자신의 페이스북을 이용해 정치 이슈에 대한 발언을 거침없이 전개하고 있다. 예컨대 기소된 전 고위공직자의 글을 공유하거나, 전직 대통령의 일본 관련 발언을 지지하는 글과 함께 위인들의 초상화가 담긴 포스터 한 장을 게재하기도 했다.

대중예술인의 정치적 발언 등을 통한 간접적인 정치 참여는 앞으로도 지속성을 띠게 될 것이다. 특히 이들의 정치 참여 방법이 주로 SNS를 활용한 정치적 상호작용(political interaction)[205]이라는 점을 감안할 때 그 가능성을 충분히 높이고 있다.

대중예술인들은 SNS를 통해 오프라인 네트워크와 달리 지리적 경계를 뛰어넘어 더욱 폭넓고 다양한 소통대상과 일상적으로 접촉할 수 있다. 특히 SNS는 정치적 식견이 높은 이용자, 예를 들면 정치인을 비롯하여 정치평론가, 정책전문가, 언론인 등과의 접촉을 증가시킬 수 있는 장점이 있기에 정치적 성향을 갖고 있는 대중예술인에게는 최적화

----

204) 매일경제, "이재명 역대 최고급 후보" 김의성 공개지지, 2022년 2월 4일자보도. https://www.mk.co.kr/news/politics/view/2022/02/100107/
205) 정치적 상호작용은 정치적 이슈를 둘러싼 교류의 정도를 의미하는 개념이다. 라 듀 레이크와 허크펠트는 의미 있는 '정치적 사회자본', 즉 정치적 참여를 이끌어내는 종류의 사회자본을 구성하는 세 가지 요소 중 하나로 정치적 상호작용을 제시하였다. La Due Lake, R., & Huckfeldt, R, 'Social capital, social networks, and political participation', 「Political Psychology」, Vol.19, No.3, 1998.

된 플랫폼으로 역할하고 있다.

III. 문화예술과 현실정치의 관계맺기

한국적 상황에서 문화예술과 현실정치는 어떤 방식으로 관계를 맺고 있는가. 그 방식은 모호하거나 비공식적이라는 견해가 적지 않다.

우선 문화예술계는 정치권을 겨냥한 직접적인 발언은 저열하거나 속된 것으로 판단하는 경향이 있다.

대중예술인을 중심으로 문화예술인 개인적 소신으로 특정 정치인과 정당 지지 및 비판 발언을 하는 모습이 나타나고 있지만, 문화예술단체 명의의 정치적 발언은 일반적이지 않다. 다시 말해, 문화예술계의 정치적 경도는 외형적으로는 자제하는 분위기가 역력하다고 할 수 있다.

그러나 앞에서 살펴보았듯이 이러한 흐름이 일관되게 지켜지고 있다고 보기에는 무리가 따른다. 스크린쿼터제와 같은 정치적 이슈가 가미된 대형 문화예술 현안이 생길 경우 배우나 대중가수 등 문화예술인 개인의 정치적 발언 등의 의견 표명이 속출하고 있음은 물론이고 관련 단체들도 적극적 행보를 보이고 있다.

또한 대통령 선거 등 중차대한 정치 이벤트가 시작되면 대중예술인들이 특정 후보를 지지하거나 비판하는 발언에 머뭇거림이 없는 현상이 나타나고 있다. 이것은 문화예술과 정치의 관계가 '거리두기'가 아닌 '거리좁히기'의 양상으로 이미 진행되고 있음을 말해준다.

이처럼 문화예술계의 보편화된, 적극적인 정치 참여와 달리 정치권은 문화예술에 대해 이중적 태도를 취한다. 즉 문화예술을 존중하는 듯한 제스처를 보이면서도 한편으로는 전혀 무관심하거나 문화예술을 수단으로만 여기고 있는 경향이 나타난다.

정치가 원하는 문화예술은 기본적으로 다양한 문화예술 향유를 통해 시민들의 교양을 수준 있게 만들고 안정적으로 화합시키는 쪽에 집중되어 있다.

정치는 문화예술의 중요성을 인식하고 있으나, 체계적 관계 맺기는 부재한 편이다. 정치인들이 선거 당시의 지지 등의 이유로 친소 관계에 있는 예술가나 예술단체의 활동을 돕는 것 이상의 정치 행위를 하고 있는 장면을 확인하기는 쉽지 않다.

이러한 관점에서 한국의 문화예술과 정치권력의 소통은 원활하다고 보기엔 어렵다.

두 영역 사이의 소통의 부실은 현실정치의 직접적 수행 그룹인 정당 내에 문화예술정책 관련 전문성을 갖고 있는 인재들이 매우 부족한 것과 연관성을 띠고 있다.

각 정당들이 의원들의 의정활동을 지원하는 시스템을 갖추고 있지만 그 역량이 충분하다고 할 수 없으며, 대부분의 정당 정책이 경제와 사회, 외교 분야 등에 치중되어 있다.

특히 정치권과 문화예술계의 관계가 공식적이고 제도적인 소통의 창구보다는, 친소관계라는 사적이고 소극적인 소통이 중심부를 차지하고 있다는 시각도 존재한다.[206]

------

206) 염신규, ‘정치권력과 예술, 어떻게 만날 것인가’, 「미술세계」 52권, 2017.

제8장

외국의 대중예술인과 정치

I. 밥 딜런과 정치

밥 딜런(1941 -)은 1960년대 미국에서 정치적 포크 음악을 대표하는 대중예술인이자 기성 체제에 저항하는 젊은 세대의 상징이었다. 그는 노래를 통해 정치적으로 저항하였다.

밥 딜런은 20대 초반에 첫 번째 앨범을 내면서부터 곧바로 저항의 상징으로 부상하였으며, '바람에 실려서'(Blowin' in the Wind)[207]와 같은 그의 노래들은 시민운동의 성가(聖歌)처럼 인식되었다.

딜런이 정치적 색깔이 짙은 포크 음악 운동을 대표하면서 1960년대 민권운동의 상징으로 불리게 된 계기는 1963년 두 번째 앨범 '제 멋에 사는 밥 딜런'(The Freewheelin' Bob Dylan) 발표 시점을 전후해서다. 딜런은 이 곡에 이어 이듬해 발표한 앨범 '시대가 바뀌고 있다'(The

---

207) 1962년 밥 딜런이 작곡한 싱글곡. 이 곡은 민중가요로 알려져 있지만 이 외에도 평화, 전쟁, 자유에 대한 일련의 수사적인 질문들을 제기한다. 이 곡은 1994년 그래미 명예의 전당에 헌액되었으며, 2004년에는 미국의 전설적인 음악전문 잡지 '롤링 스톤'의 '가장 위대한 500곡' 목록에서 14위에 올랐다.

Times They Are A-Changin')에서 더 뚜렷하게 정치적인 노래들을 선 보였다.

밥 딜런 노래의 정치성은 20세이던 1960년 12월 뉴욕의 그리니치 빌리지(Greenwich Village)[208]에서 발아되기 시작하였다. 당시 그리니 치 빌리지는 다양한 포크 뮤지션들이 공연했던 커피하우스가 몰려 있 었고, 1960년대 소위 '포크부흥운동'(the Folk Revival)으로 불리는 좌 파 포크 음악 운동의 산실이었다.

미국 대공황기의 전설인 좌파 포크 가수 우디 거스리(Woodrow Wilson Guthrie, 1912-1967)[209]를 롤모델로 여겼던 딜런은 그리니치 빌리지의 커피하우스들을 돌면서 전통적인 포크송을 익히며 공연했으 며, 피트 시거(Peet Seeger, 1919-2014)[210]를 비롯한 여러 명의 좌파 포크 음악인들과 교류하며 자신의 음악 세계를 구축해 나갔다.

1960년대 딜런의 노래는 정치적 포크 음악으로 규정된다. 이렇게

----

208) 문화적으로 다양한 환경이 조성되어 있어 미국에서 예술가들이 살기 좋은 곳 으로 꼽힌다.

209) 미국의 대표적인 포크 음악가이자 민중가요를 만들고 부른 싱어송라이터. 1930년대 대공황 때 미국 민중의 어려운 현실을 보고 많은 음악적 영감을 얻 었고, 소설가 존 스타인벡과 음악가 피트 시거를 만나 관계를 맺으면서 사회 참여적 음악에 관심을 갖기 시작했다. 1940년대 수많은 민중가요를 작곡하고 불렀던 거스리는 파시즘에 적대적이었고 노동조합과 사회운동을 지지하면서 사회 현실에 대한 자신의 메시지와 민중에 대한 지지와 소망, 희망을 노래에 담았다. 대표곡으로는 '이 땅은 너의 땅'(This Land is Your Land) 등이 있다. 그래미 어워드 평생 공로상을 받았다. 그의 음악은 밥 딜런에게 절대적인 영 향을 미쳤다. 밥 딜런은 훗날 거스리에 대해 이렇게 평가했다. "거스리는 사물 을 정확히 파악하고 있었다. 깊은 감정이 넘쳐 흘렀고 힘찼으며 리듬이 살아 있었다. 진지하고 강렬했으며 그 목소리는 칼처럼 날카로웠다. 우디 거스리는 그때까지 들었던 다른 그 어떤 가수들과도 달랐다."

210) 미국의 포크송 가수이자 가곡 작가로 민요연구와 수집에 힘썼으며 포크송 그 룹인 '위버스'를 결성하여 활동했다. 인종차별과 전쟁에 반대하는 노래를 불러 다양한 계층의 지지를 받았다. 주요 작품으로는 '꽃은 어디로 갔나' 등이 있다.

규정지을 수 있는 근거는 당시 좌파 포크 음악 진영의 '음악적 정의'에 기인한다.

좌파 포크 음악 진영에서는 정치적이고 저항적인 노래가 갖춰야 할 몇 가지 원칙을 제시했으며, 이러한 원칙에 충실한 곡들은 '사회고발 노래'(finger-pointing songs), 또는 '시사노래'(topical songs)로 규정 되었다.

딜런은 이 같은 원칙에 입각하여 만든 노래를 '시대가 바뀌고 있 다'라는 앨범 제목으로 발표했다.[211]

Come gather 'round people Wherever you roam
And admit that the waters Around you have grown
And accept it that soon You'll be drenched to the bone.
If your time to you Is worth savin'
Then you better start swimmin' Or you'll sink like a stone
For the times they are a-changin'.
Come writers and critics Who prophesize with your pen
And keep your eyes wide The chance won't come again
And don't speak too soon For the wheel's still in spin
And there's no tellin' who That it's namin'.
For the loser now Will be later to win
For the times they are a-changin'.
Come senators, congressmen, Please heed the call
Don't stand in the doorway Don't block up the hall

211) 손광수, '밥 딜런을 풀기 위한 몇 가지 키워드들', 『문학들』 제24호, 2011.

For he that gets hurt Will be he who has stalled

There's a battle outside And it is ragin'.

It'll soon shake your windows And rattle your walls

For the times they are a－changin'.

Come mothers and fathers Throughout the land

And don't criticize What you can't understand

Your sons and your daughters Are beyond your command

Your old road is Rapidly agin'.

Please get out of the new one If you can't lend your hand

For the times they are a－changin'.

The line it is drawn, The curse it is cast

The slow one now Will later be fast

As the present now Will later be past

The order is Rapidly fadin'.

And the first data－one now Will later be last

For the times they are a－changin'

('Times They Are a－Changin'의 영어 가사 전문)

사람들아 모여라, 지금 어디에 존재하던/ 이 수면이 점점 높아지고 있음을 깨닫자

그리고 곧 뼛속까지 흠뻑 젖게 된다는 사실을 받아들이자. 당신의 세월이 그대 자신에게 소중하다면

슬슬 헤엄치기 시작하는 것이 좋을 것이다. 아니면 돌처럼 가라앉을지니 / 시대는 변하고 있으므로

펜으로 예언을 말하는 작가와 논객들이여 오라/ 항상 눈을 크게 뜨라, 기회는 다시 오지 않으니

톱니바퀴는 아직도 돌아가고 있는 중이니 섣불리 논하지 말라/ 그것에 대해 이름을 붙일 수 있는 사람은 아무도 없을지니

지금의 패자들은 훗날 승자가 되리라/ 시대는 변하고 있으므로

국회의원, 그리고 정치인들이여, 사람들의 부름을 경청하라/ 입구에 서서 회관을 봉쇄하지 말라

상처입는 것은 문을 걸어 잠그는 이들이 되리라/ 바깥세상의 싸움은 분노로 점점 가열되고 있으며

결국 그것들이 당신들의 집 창문을 흔들고 벽을 두들길 것이다/ 시대는 변하고 있으므로

온 세상의 어머니 아버지들이여/ 자신이 이해하지 못한 것들을 비난하지 말지어다

당신의 아들딸들은 이미 당신의 통제를 넘어서 있으며/ 그대들의 옛 노선은 빠르게 낡아간다

거들어주지 않을 거라면 가로막지는 말아주기를/ 시대는 변하고 있으므로

한계선이 그어지고, 저주가 퍼부어지고 있다/ 현재 느린 것은 훗날 빠르게 바뀔 것이며

현재 역시 훗날 과거가 되리라/ 세상의 질서는 급속히 쇠퇴하고

현재의 처음은 훗날 끝자락이 되리라/ 시대는 변하고 있으므로

('시대가 바뀌고 있다' 한글 가사)

이처럼 활발한 정치 참여적 음악 활동을 해오던 밥 딜런이지만, 이 같은 행보가 지속적이라고 보기엔 여러 논쟁이 뒤따른다. 이 과정에서 민권운동과 포크운동에 주력하면서 상업적 음악과는 거리를 두던 딜런의 변절 논란을 부른 사건이 발생한다. 그것은 1965년 7월 열렸던 뉴포트 포크 페스티벌 공연이었다.

정치색이 강한 포크 음악을 대변하던 딜런은 이 공연에서 전자 기타를 들고 '구르는 돌처럼'(Like a Rolling Stone) 등 몇 곡의 로큰롤을 연주했다. 이러한 장면은 딜런과 함께 정치적 포크 음악을 해온 피트 시거 등 동료 가수들과 팬들에게 충격으로 다가왔다.

전자 사운드를 배제한 어쿠스틱 음악을 정치적으로 급진적인 음악이자 진정한 민중 음악이라고 믿었던 이들에게, 정치적 포크 음악을 통해 주류 상업 음악에 대항해온 딜런의 로큰롤 연주는 믿기 어려운 순간이었다.

공연 당시 피트 시거는 이에 격분하여 케이블 선을 도끼로 잘라 내려했고, 딜런의 정치적 포크 음악을 기대했던 팬들은 그에게 조롱과 야유를 쏟아냈다.

뉴포트 포크 페스티벌 공연 이후 정치적 성향이 지배하던 밥 딜런의 음악 세계에 중대한 변화가 나타났다는 논의가 지금까지 이어지고 있다. 이러한 논의의 핵심은 딜런 음악의 상업주의로의 변화와 정치적 변절로 요약된다.

즉 민권운동에 기반한 정치적 성향의 포크 음악에서 록으로 변경함으로써 정치적 대의를 버리고 상업주의로 변질되었다고 보는 것이다. 이 같은 논의는 몇 가지 입장으로 정리할 수 있다.

첫째, 밥 딜런의 음악적 정체성은 정치적 포크 음악이 지배했다고 보기엔 어렵다는 입장이다. 이는 딜런이 처음부터 자의식이 강한 대중 예술인이었기에 정치적 성향과 저항적 성격의 음악이 그의 정체성의 전부라고 판단하는 것은 맞지 않다는 논의로 이어진다.

딜런은 2004년 출간한 자서전 '연대기 제1권'에서 뉴포트 포크 페스티벌을 회상하면서 "나로서는 전이나 지금이나 어느 누구의 소유물인 적이 없다"고 적었다.

페스티벌 공연 당시 사회자가 딜런을 무대에 소개하면서 "여러분도 알다시피, 딜런은 여러분의 것입니다"라고 말한 순간을 회상한 것으로, 이는 딜런이 정치적 저항 세력을 대변하는 특정 집단의 가수가 될 생각이 없었음을 시사한다고 볼 수 있다.

둘째, 뉴포트 포트 페스티벌 이후 딜런 노래의 가사를 주목할 필요가 있다. 이 공연 이전까지 개념과 이념에 충실한 정치적 자아의 성격을 띤 딜런은 이후 음악에서는 정치적 메시지를 담아 설교하는 리얼리즘에서 자유분방한, 파편화된 록의 서사로 바뀌게 된다.

체제 저항을 담은 포크 음악 시절과 달리 록으로 변화를 시도한 딜런은 정치적 메시지로 집단을 대변하게 되면 자신의 노래가 어떤 목적의 도구가 된다고 인식한 것으로 파악된다. 이것이 딜런이 현실 정치를 버린 이유로 볼 수 있다.

이러한 논쟁에도 불구하고 밥 딜런이 노래를 통한 정치 참여를 포기했다고는 보기엔 어렵다. 그가 좌파 포크 음악 운동의 원칙을 따랐던 시기는 매우 짧지만, 록으로 변화한 이후에도 그의 음악에서 저항적 성격은 여전히 유지되고 있기 때문이다.

싱어송라이터이자 작가, 화가이기도 한 밥 딜런은 2016년 대중가수로는
처음으로 노벨문학상을 수상했다. 1960년대 그의 정치적 성향의
포크 음악을 둘러싼 논란은 지금도 계속되고 있다.

II. 미국의 대중예술인과 정치적 활동

미국은 세계 1위의 대중예술 산업 시장이 형성되어 있는 문화예술 대국이다. 영화와 대중음악을 비롯하여 뮤지컬, 페스티벌 등 다양한 장르에서 대중예술 산업을 선도하고 있다.

이와 같은 세계 최대 규모의 시장에 걸맞게 대중예술인의 활동도 가장 왕성하다.

미국의 대중예술인들은 앞서 살펴보았던 밥 딜런의 1960년대 포크 음악 활동 사례처럼 정치적 사안과 관련하여 자신의 의견을 비교적 자신있고 구체적으로 밝히는 흐름을 보이고 있다. 특히 선거철이 다가오면 자신이 지지하는 정치인과 관련한 직설적인 정치적 발언이 보편적 현상으로 나타나고 있다. 그것은 다양한 형태를 띠고 있다.

미국에서 가장 인기 있는 대중가수로 분류되는 테일러 스위프트는 자신의 인스타그램을 통해 테네시주 민주당 상원 후보 필 브레드슨을 공개 지지하는 것을 넘어 브레드슨의 선거광고판 옆에 미국 국기를 흔들고 있는 자신과 어머니의 사진을 공유하였다.

2억 2,000만 명의 SNS 팔로워를 보유한 스위프트는 "이성적이고 신뢰할 만한 가치가 있는 정치인임이 입증된 브레드슨에게 투표했다"고 거침 없이 말했다. 특히 공화당을 겨냥해선 "공포에 기반한 극단주의는 안 된다"는 입장을 밝히기도 했다.

미국의 톱 가수인 스위프트의 이러한 특정 정치인 지지는 우선 대중예술인의 적극적이고 직접적인 정치 참여라는 시각에서 살필 수 있다. 그러나 한편으로는 이 같은 정치적 발언이 상대 진영의 반발을 사면서 논란의 중심에 서는 현상을 주목할 필요가 있다.

스위프트가 지지했던 브레드슨이 낙선하자 네티즌들은 "스위프트가 아직도 남자 보는 안목이 없는 모양이다"라는 말로 조롱하였고, 한 네티즌은 스위프트의 곡 '쉐이크 잇 오프'(Shake it off)의 가사를 인용하면서 "스위프트, 싫어하는 사람들은 계속 싫어한다. #무시해라"라는 댓글을 게시했다.

스위프트를 향해 노골적인 정치 참여와 특정 정치인 지지의 이유로 비난한 네티즌 중에는 공화당 지지자들도 포함되어 있을 것이다. 하지만 팬들의 특정 정당 지지 여부와 관계없이 톱스타의 정치적 발언을 도마에 올린 것은 스위프트의 정치적 성향에 대한 비판인 동시에, 유명 대중예술인으로서의 단정적인 행태, 정제되지 않은 발언을 문제삼은 것이라고 할 수 있다.

이러한 관점에서 스위프트처럼 자신의 정치적 성향을 가감없이 드러내고 있는 대중예술인은 정치 참여의 후폭풍을 감내해야 하는 과제가 주어져 있다고 볼 수 있다.

 **taylorswift** ✔
220M followers

View profile

View more on Instagram

♡ ◯ ⬆   ⬗

862,092 likes

taylorswift

These two Tennessee women voted for the candidate who has proven himself to be reasonable and trustworthy. We want leadership, not fear-based extremism. Early voting goes til Thursday and Election Day is November 6. Please don't sit this one out.

테일러 스위프트 인스타그램

미국에서 대중예술인의 특정 정치인 지지는 오랜 역사를 갖고 있다.

1920년 미국 대통령에 당선된 워렌 하딩(Warren Harding, 1865 –1923)[212]은 수많은 스타급 영화배우들의 지지로 이길 수 있었다. 1960년 35대 대통령에 당선된 존 F. 케네디(John F. Kennedy, 1917–1963) 또한 대중예술인의 높은 지지를 받은 경우에 속한다.

2008년 민주당 대통령 후보를 뽑는 예비선거에서 버락 오바마 당시 후보는 유명 방송인이자 배우인 오프라 윈프리의 전폭적인 지지를 받았다. 윈프리는 대권경쟁 초기인 2007년 5월 초선 연방 상원의원이 내세울 만한 경력의 전부인 오바마 상원의원 지지를 선언하면서 주목받았다. 윈프리는 그동안 역대 대통령 선거 때마다 정치권으로부터 지지선언 요청을 받아왔지만 일관되게 거부해왔다.

하지만 오바마를 공개적으로 지지한 것을 두고 미국 정계에서도 매우 이례적인 일로 받아들이고 있다. 대중적 스타인 윈프리는 특정 후보에 대한 단순 지지에 머문 것이 아니라, 민주당 경선 과정에 직접 나서 오바마 지원 연설을 하였다. 이는 '킹 메이커'로서의 본격적인 정치 활동을 의미한다고 볼 수 있다.

윈프리가 모습을 드러내는 행사장에는 수만명의 지지자들이 참가하였는데, 이것은 자연스럽게 오바마의 세 과시로 나타났다.[213]

결과적으로 윈프리의 이와 같은 오바마 지지 활동은 민주당내 대권 경쟁자인 힐러리 클린턴 상원의원에 비해 전국적 지지도에서 무명이나 다름없었던 오바마의 대권가도에 상승 작용을 일으켜 대선 승리

212) 미국의 제29대 대통령으로 재임 중 사망했다.
213) 당시 '오프라바마'(오프라+오바마)라는 신조어까지 등장했다. 오바마에 대한 윈프리의 영향력을 단적으로 보여준다.

로 이어지는 데 결정적인 역할을 했다는 평가가 있다.[214]

민주당 경선에서 오바마가 승리한 뒤 겉으로 드러나는 윈프리의 지원은 눈에 띄게 뜸해지긴 했지만, 윈프리는 오바마 선거자금 모금행사를 지원하는 등 오바마의 당선을 돕는 역할을 멈추지 않았다.

이처럼 윈프리의 적극적이고 직접적인 정치적 행보를 둘러싼 논란도 적지 않게 대두되었다. 특히 윈프리가 같은 여성인 힐러리가 아닌 피부색이 동일하고 인종적 유사성이 많은 오바마를 지지한 것에 대한 비난이 쏟아지기도 했다.

---

214) 미국 메릴랜드대 크레그 가드웨이트 교수와 티모시 무어 교수는 민주당 대선 후보 경선 과정에서 윈프리의 오바마 지지 선언은 오바마에게 100만 표 이상을 몰아주는 효과가 나타났다고 분석하였다.

유명 방송인 오프라 윈프리와 버락 오바마. 2008년 대통령 예비선거와 본선거에서 민주당 소속의 오바마를 공개적으로 지지하면서 직접적인 정치 활동을 벌여온 윈프리는 오바마의 대통령 당선에 결정적인 역할을 했다는 평가를 받고 있다.

민주당과 양강 정당 체제를 구축하는 공화당과 공화당 소속의 특정 정치인을 공개적으로 지지한 유명 대중예술인으로는 찰리 쉰, 존 보이트, 칸예 웨스트 등이 있다.

할리우드 배우 존 보이트는 2016년 미국 대선 당시 "도널드 트럼프를 공화당 후보로 지지한다. 그가 재미있고 장난기 많고 화려하지만 무엇보다 정직하다"고 주장했다.

보이트는 2017년 1월 대통령 취임식에 앞선 트럼프의 워싱턴DC 집회에서는 "링컨이 미국의 미래를 알고 미소를 짓고 있다. 모든 국민을 위해 일할 정직하고 선량한 사람에 의해 미국이 구원될 것"이라고 발언하였다.

배우 찰리 쉰은 2016년 대선 당시 공화당 지지를 표명하면서 "트럼프의 부통령이 되고 싶다"는 글을 트위터에 올리기도 했다. 찰리 쉰의 이와 같은 입장은 현실 정치에 직접 참여하고 싶다는 생각을 드러낸 것으로 볼 수 있다.

힙합 아티스트 칸예 웨스트는 흑인 대중예술인으로는 드물게 트럼프 대통령의 가장 시끄럽고 논란이 많은 지지자 중 한명이다. 웨스트는 공개 석상에서 트럼프를 지지하는 발언을 멈추지 않아 한때 흑인 사회로부터 외면받기도 했으나, 대선에서 트럼프에 대한 흑인 유권자 지지가 크게 높아지는 데 기여했다는 평가를 받고 있다.

그러나 대중예술인의 정치적 발언이 가장 활발한 미국에서도 특정 정치인 지지에 대한 불이익 논란이 벌어지고 있다.

그것은 전통적으로 민주당 지지세가 강한 할리우드가 트럼프 대통령을 지지하는 대중예술인을 역차별했다는 것으로, 이깃은 이른바 '미국판 블랙리스트'[215]논란으로 이해할 수 있다.

---

215) 전술한바와 같이 한국적 상황의 블랙리스트는 박근혜 정부 시절 논란을 빚었

이와 관련하여 인기 코미디 배우이자 공화당지지 성향을 보인 팀 앨런은 "할리우드에서 트럼프 지지자는 1930년대 독일 나치 치하에서 사는 것과 같다"는 주장을 내놓았다. 트럼프 대통령의 취임식에 참석하기도 했던 앨런은 2016년 대선 후 폭스뉴스 인터뷰에서도 비슷한 주장을 한 바 있다.

> "할리우드가 트럼프 대통령을 혐오하는 것은 약자를 따돌린다는 점 때문인데, 할리우드에서는 트럼프 대통령을 지지한다는 걸 내비치면 '왕따'를 당하게 된다. 이것은 위선이다"[216]

앨런은 미국 ABC방송의 인기 시트콤 '라스맨 스탠딩'에서 주연으로 활동하면서 오바마 대통령을 공산주의자로 빗대는 등 완고하고 독선적인 백인 중산층 가장을 연기한 바 있다.

이는 대본에 의한 연기였음에도 불구하고 앨런은 오바마 대통령을 공산주의자로 폄하하지 말라는 시청자들의 경고에서 자유롭지 못했다.

앨런의 주장이 사실인지에 대해선 확인되지 않았지만, 미국 대중예술계의 핵심인 할리우드 영화계에서 정치적 성향이 활동에 영향을 미치고 있다는 주장이 공식화 된 것은 대중예술과 정치의 연관성을 살피는 사례가 된다고 할 것이다.

던 문화예술계 블랙리스트를 의미한다. 문화예술계 블랙리스트는 특정 문화예술인과 문화예술단체 등을 정부의 예산지원에서 배제하려는 의도로 작성된 것으로 알려져 있다. 블랙리스트 사건은 문화예술에 대한 정치적 압력 행사로 파악할 수 있다.

216) 문화일보, '할리우드판 블랙리스트? … 트럼프지지 연예인 왕따', 2017년 3월 20일자 보도. http://www.munhwa.com/news/view.html?no=2017032001070209312001

표 18 미국 대중예술인의 정당 지지와 정치적 발언

대중예술인	지지 정치인 및 정당	주요 발언
테일러 스위프트(가수)	필 브레드슨 (민주당 상원 의원 후보)	브레드슨은 이성적이고 신뢰할 만한 가치가 있는 정치인이다.
오프라 윈프리 (방송인 겸 배우)	버락 오바마 (민주당 대선 후보)	기성 정치인들의 정치 행태에 식상했다. 워싱턴과 세계에 변화를 가져올 수 있는 판단력을 갖춘 지도자 오바마가 필요하다.
존 보이트(배우)	도널드 트럼프 (공화당 대선 후보)	트럼프는 재미있고 장난기 많고 화려하지만 무엇보다 정직하다.
찰리 쉰(배우)	도널드 트럼프 (공화당 대선 후보)	트럼프의 부통령이 되고 싶다.

제5부

문화예술정치의 미래

제9장
문화예술과 정치의 동행

I. 상호 긴밀성의 지속

지금까지 문화예술과 정치의 관계에 대해 이론적 모색과 함께 분야별로 구체적인 사례를 통해 다양한 논의와 실천적 접근을 도모하였다.

이러한 논의에서 순수예술과 대중예술(대중문화) 등 예술의 대분류와 상관없이 역사적으로 문화예술과 정치는 불가분의 관계를 맺어왔음을 확인할 수 있다.

예를 들어, 한때 가장 비정치적인 예술이라는 시각도 존재했던 클래식 음악의 경우 오페라를 중심으로 왕족과 귀족계급에 종속되면서 예술의 정치화에 단초를 제공하였다.

이러한 현상은 19세기에 들어 다소 둔화하는 듯 했으나, 바그너 등의 사례에서 살펴보았듯이 예술의 정치화는 재연됐다. 전체주의와 제국주의에 종속되는 흐름으로 나타난 것이다.

문화예술은 사회를 표현하는 것에서 나아가 사회적인 임무를 인식함으로써 정치적인 도구가 되는 것으로 파악된다. 정치적 역할을 수행하는 정치인들은 예술이 함축하고 있는 강력한 힘이기도 한 이미지를 정치적 힘으로 여기는 경향이 강하다. 어떻게 보면 문화예술과 정치의 접점은 여기서 발생한다.

정치권력은 시대와 상관없이 사회 곳곳에서 문화예술을 최대한 활용하여 각각의 정치적 이미지화를 시도하는 흐름이 이어지고 있다. 이는 정치의 예술화로 파악할 수 있을 것이다.

문화예술과 정치권력의 유착은 중세시대를 거쳐 르네상스 시대, 이탈리아 피렌체의 메디치 가문에 의해 전형적으로 드러났다. 레오나르도 다빈치, 보티첼리, 미켈란젤로 등 르네상스 최고의 예술가들을 후원했던 메디치 가문은 예술을 통해 이미지 정치를 실현했다.

메디치의 후원을 받은 예술가들은 주저하지 않고 메디치를 미화한 작품을 제작했으며, 이를 바탕으로 메디치가는 관대하고 현명한 지도자라는 이미지를 구축할 수 있었다.

본론에서 논의한 바와 같이 르네상스 이후 프랑스의 루이 14세는 본인 자신이 직접 예술가가 되어 예술을 활용한 고도의 정치적 전략을 보여주었다. 왕위에 즉위한 지 얼마 안 되어 '프롱드의 난'이 일어나자 과거의 모든 군주처럼 발레를 비롯한 예술 작품들을 통해 민중의 폭동에 대응하면서 지배자의 위엄과 통치를 강화하였다. 루이 14세는 직접 정치적 무대를 예술로 실현하여 자신의 존재를 각인시킨 데 이어 무용으로 주변 인물들과와 관계를 가시화시키는 시도를 했다.

20세기 가장 악명 높은 정치지도자였던 아돌프 히틀러도 예술을 이용한 정치선전에 몰두하였다. 이것은 예술의 정치화에 집중한 전형적인 사례에 해당될 것이다. 히틀러는 모든 현대 미술을 타락했다고 규정하면서 자연적이고 고상한 미학을 전면에 내세웠다.

그러면서도 시각적 이미지가 다른 어떤 예술장르보다 강한 영화를 통해 독일은 물론 전 세계에 이상적인 아리아인의 혈통과 나치를 선전했다. 히틀러는 영화예술이 자신의 이미지를 전 세계에 각인시킬 수 있는 도구가 된다고 파악했다.

히틀러의 영화에는 웅장한 바그너의 음악이 흐르고, 영화 속 히틀러의 모습은 그 누구보다 영웅화되어 있었으며, 이를 보는 대중들은 그에게 미친 듯이 열광했다.

결과적으로 나치 시절 영화라는 예술 매체는 정치 홍보와 국가 홍보의 효과적인 수단으로 작용한 셈이다. 나치는 히틀러를 미화한 다큐멘터리 영화를 통해 두 마리 토끼를 잡는 데 성공한다. 선동 매체를 등장시킴으로써 국민들을 사로잡을 수 있었고, 여기서 나아가 이 다큐멘터리 영화가 국제영화제에서 수상하는 '이변'으로 예술성까지 인정받았다.

히틀러가 정치선전을 목적으로 한 영화 제작을 멈추지 않은 이유가 여기에 있을 것이다.

히틀러의 사례는 어쩌면 예술이 정치권력과 함께 성장해나간다는 사실을 보여주면서, 동시에 정치권력은 예술을 이용하여 새로운 이미지 구축을 끊임없이 도모하고 있음을 시사한다.

1장에서의 논의를 정리할 필요가 있겠다. 문화예술과 정치가 관계를 맺는 이유, 다시 말해 문화예술이 정치와 연계되는 근본적인 요인은 예술에 내재된 이미지, 기호, 언어, 텍스트, 담론 등으로 구성되는 상징체계에 기인한다.

정치지도자와 정치인을 비롯한 이른바 정치권력은 자신에게 유리한 이미지를 예술을 통해 창출하고 유통시켜서 상징체계를 지속하거나 변화시킴으로써 자신의 권력을 유지하거나 장악하고자 한다. 정치가 이처럼 문화예술을 적극적으로 활용하고 있는 이유는 예술작품이 인간의 마음의 근저에 있는 이미지와 싱징을 제공하는 것과 깊은 연관성을 맺고 있다.

　기본적으로 문화예술은 인간의 상상력과 감성을 자극할 수 있는 이미지와 상징을 창조해내는 데 핵심적인 역할을 한다. 한 편의 영화, 연극, 오페라, 클래식 음악, 드라마 등은 인간의 사고와 감정에 영향을 미치고 새로운 실재를 창조하기도 한다. 즉 문화예술은 이미지와 상징을 통해 대중들이 직접 관찰하거나 경험하지 않은 것들을 내면화시켜 실재를 만들어 내는 것이다.

　이와 같은 관점에서 보자면 예술은 이미지를 특히 중시하는 정치 권력에 보다 근본적인 기초가 되는 셈이다.

　문화예술은 의미 생산의 메커니즘이라는 점에서 정치 현상과도 직접적으로 연결된다.

　두 영역의 관계는 대중매체에서 흔히 발견할 수 있다. 예를 들어 TV라는 영상예술 플랫폼에 비쳐지는 집무실에서의 대통령 모습을 보면 이해가 어렵지 않다.

　컴퓨터 앞에 앉아 집무에 집중하는 모습이 있는가 하면, 어떤 대통령은 끊임없이 결재서류에 결재하는 장면이 등장한다.

　대표적인 대중예술 매체인 TV 속의 대통령 모습에서 일반 대중들은 여러 생각을 하게 될 것이다. 국민과 소통하는 친근한 이미지를 떠올리게 되거나, 결재서류와 함께 등장하는 대통령의 모습은 국정에 전념하는 대통령의 이미지를 연상시킨다.

이러한 모습들은 실제 의미와는 다른 문화예술이 제공하는 기호에 의한 이미지 재현이라고 볼 수 있다. 예술은 궁극적으로 이미지 재현을 통해 정치 현상과 연결되며, 이 같은 이미지 재현은 정치현상의 복잡한 메커니즘을 통해 만들어진다.

압축하자면, 문화예술이 지니고 있는 이미지와 상징, 기호의 형성은 복잡한 정치사회 구조적 메커니즘을 갖는다. 동시에 예술은 이미지, 상징, 의미 재생산을 통해 고도의 정치적 의미를 띠게 된다.

II. 문화예술과 정치의 향배

이론적으로도, 실제적으로도 문화예술과 정치는 톱니바퀴처럼 맞물리면서 적대적 관계가 아닌 동반자적 관계의 흐름, 즉 불화가 아닌 포용적 관계를 대체로 유지해왔다. 이와 같은 관계는 상호 긴밀성으로 압축해도 무리가 없을 것이다.

무엇보다도 문화예술은 이미지, 의미 재생산 등을 통해 고도의 정치적 의미를 내포하고 있다.

고대에서 현대에 이르기까지 정치 분야에서 예술은 중요한 역할을 해왔음을 다수의 현상학적 사례를 통해 논의한 바 있다.

특히 현대 사회에서는 온라인 인터넷과 오프라인 TV 공간에서의 상업광고, 드라마, 영화 등 대중예술의 영역에서조차 다양한 정치·사회적 의미가 개입되어 있다.

TV 일일드라마의 경우 젠더 문제, 인종문제, 빈부 격차 문제, 계급 문제, 가족 문제 등의 정치·사회적 문제들이 다루어진다. 이는 대부분 직접적이기보다는 간접적인 방식으로 의미를 전달하고 특정 의미를 재생산하는 경향이 높다.

이 부분만 놓고 본다면 정치는 '문화예술 정치'로 치환하기에 무리가 없다. 이는 정치 권력이 문화예술을 활용하는 측면으로 이해할 수 있지만, 정치 자체가 문화예술에 의해 변화를 겪는다는 것으로 이해해도 될 것이다.

거듭 주목해야 할 대목은 문화예술과 정치가 서로에게 많은 영향을 끼친 시기는 사회 대격변기였다는 점이다. 종교개혁 당시 화가들이 앞다퉈 프로테스탄트와 가톨릭의 선전담당자 역할을 하였고, 프랑스 대혁명기에 정치적 상황변동과 함께 수많은 작가들이 장르별로 자신의 정치적 견해를 표현한 바 있다.

더욱이 프랑스 대혁명은 문화예술 전반에 큰 영향을 미쳤는데, 프랑스는 대혁명 이후 정치, 예술, 문학 등이 귀족의 전유물에서 벗어나게 되었다. 이것은 일반 대중도 정치적 참여는 물론이고 다양한 문화예술 작품의 소유 및 향유자로서의 지위를 갖게 되었음을 의미한다.

결국 프랑스 대혁명이란 일대 사건이 일반 대중들로 하여금 정치 활동을 넘어 문화예술의 적극적 수용자로의 변모를 가져왔다는 점은 매우 흥미롭다.

우리나라도 군사정권 시절인 1970년대 문화예술은 정권 및 체제 유지를 위해 창작 및 보급이 이루어진 측면이 크다. 예컨대 반공이데올로기를 주입시키기 위해 생소하기 짝이 없던 범국민 계몽가요를 창작 및 보급하거나, 미국의 히피문화에 영향을 받는 대중가요 금지 및 옷차림 규제 등의 조치를 시행하기도 하였다.

역사적으로 예술가는 그것이 자의든, 타의든 정치 영역의 한가운데로 소환되는 사태가 빈발했으며, 현대 사회에서도 이러한 현상은 형태만 달라졌을 뿐 재연되는 현상이 지속되고 있다.

여기서 예술가의 현실 정치 참여의 딜레마가 생길 수 있다.

기본적으로 예술가는 인식이나 관념을 효율적으로 형성하게 하는 이미지와 상징을 제공하는 사람으로, 정치 권력 입장에서는 매우 유용한 부류로 간주될 수밖에 없다. 그것은 문화예술 작품의 특정 이미지가 사람들의 침묵을 강화하거나 조장하게 되는데, 이는 아이러니하게 정치적 상징 조작 및 사실 은폐에 최적의 기제로 작동하는 결과로 이어지게 된다.

다시 말해, 문화예술은 정치 권력의 특정 이데올로기나 이미지를 만들거나 변화시키는 주역이 될 수 있다는 의미이자, 동시에 문화예술이 정치권력의 장악과 유지, 변화에 중요한 영향을 미치는 수단이 되는 것이다. 이 대목에서 예술가의 고민이 깊어지는 것은 자연스럽게 파악할 수 있다.

예를 들어, 아일랜드 출신으로 노벨문학상을 받은 20세기 시인 예이츠(William Butler Yeats · 1865 - 1939)는 정치가 제기능을 하지 못하고 다른 대안이 없을 때 그것을 대체할 수 있는 방안으로 예술을 생각했다. 그 이유는 예이츠가 추구했던 시인이자 예술가로서 정치에 참여하는 방법인 '예술을 통한 정치'라는 것은 '예술'이 정치에 영향을 준다는 점을 전제하기 때문이다.

그러나 현실은 예이츠의 생각과 정반대로 나타났다. 예술가로서 활발한 정치 참여를 통해 자신의 조국 아일랜드를 영국의 영향력으로부터 벗어나려는 시도를 반복했지만 결과는 그의 예상을 빗나갔다. 영국의 폭력에 휘둘리는 아일랜드에 예술이 어떤 영향도 줄 수 없는 것을 지켜보면서 크게 실망할 수밖에 없었던 것이다.

어떻게 보면 예이츠의 사례는 20세기 초반 정치와의 관계 설정을 숙고하던 예술가들의 공통된 고민이었을 수도 있다. 지금처럼 SNS 등 기술 기반의 다양한 뉴미디어 플랫폼을 활용한 정치적 의사 표현을 비롯한 정치 참여가 원천적으로 불가능했던 시기의 예술가들의 고충을 읽을 수 있다.

향후 문화예술과 정치는 그 상관성이 더욱 강화될 것으로 전망할 수 있다. 특히 기술의 발달로 문화예술 분야에도 융·복합적인 성격의 작품들이 생성되면서, 문화예술의 특성인 이미지와 상징의 결과물은 더욱 다양해지는 흐름이 나타나고 있다. 이는 상징과 의미생산의 영역이자 정치적 현상에 중요한 이데올로기 작동 영역이기도 한 문화예술의 영향력 확대로 결과지어지고, 정치 권력은 문화예술을 적극적으로 활용하면서 두 영역의 '동행'은 가속화될 것이다.

참고문헌

강내희, '문화와 정치', 『현대정치의 이해』, 인간사랑, 2003.

검열연구회, 『식민지 검열: 제도·텍스트·실천』, 소명출판, 2012.

고윤정, '모더니즘, 포스트모더니즘, 뉴미디어 사회의 문화권력주체와 패션체계', 서울대학교 대학원 박사학위논문, 2009.

고토 가즈코 저·임상오 역, 『문화정책학』, 시유시, 2004.

김경란, 『프랑스 예술과 성』, 예림기획, 2008.

김규찬, '한국 문화콘텐츠산업 진흥 정책의 내용과 성과: 1974 – 2011 문화부예산 분석을 통한 통시적 고찰', 「언론정보연구」 제50권 1호, 2013.

김문환, 『바그너의 생애와 예술 – 총체예술의 원류』, 느타나무, 1989.

김민주·윤성식, 『문화정책과 경영』, 박영사, 2016.

김선미·최준식, '프랑스 문화정책 준거의 발전과 문화의 민주화', 「인문학연구」 21호, 2012.

김수진, '음악의 정치성: 민중가요 <상록수>와 소셜테이너 이효리의 사례를 중심으로', 「대중음악」 14권, 2014.

김승수, '문화제국주의 변동에 관한 고찰', 「한국방송학보」 제22권 3호, 2008.

김영명, '군부 – 권위주의 체제의 심화와 붕괴: 유신체제와 전두환 정권', 『현대한국정치론』 2판, 법문사. 1995.

김영희, 『프랑스 오페라 작곡가』, 비즈앤비즈, 2012.

김인숙, '원자력에 대한 위험인식과 지각된 지식, 커뮤니케이션 채널의 이용, 제3자 효과가 낙관적 편견에 미치는 영향', 『언론과학연구』 12권 3호, 2012.

김정수, '스크린쿼터제 해설: 개요와 쟁점', 「국회도서관보」 제43권 제3호, 2006.

김정수, 『문화행정론』, 집문당, 2010.

김정희, 『문명화, 문화주의, 기업문화 – 영국 정부와 예술정책』, 서울대학교 출판문화원, 2011.

김지혜, '프랑스 68혁명과 예술운동 – 예술의 대중화와 정치화', 「마르크스주의 연구」 제5권 2호, 2008.

김진각, 『문화예술지원론: 체계와 쟁점』, 박영사, 2021.

김진각, 『문화예술산업총론: 창조예술과 편집예술 산업의 이해』, 박영사, 2022.

김춘규·최상민, 『현대대중문화와 예술』, 책만드는집, 2016.

김향숙, '미술과 정치: 통일의 굴곡에 투영된 독일 현대미술과 정치의 헤게모니', 「미술사학」 제22호, 2008.

그람시 저·이상훈 옮김, 『그람시의 옥중수고2』, 2007.

나은, '예술인의 법적 지위와 사회보장제도 – 국내외 예술인 정책 사례를 중심으로', 서울대학교 대학원 석사학위논문, 2012.

노먼 레브레히트, '당신이 모르는 게르기예프에 대하여', 월간 『객석』 2022년 6월호.

노창희, '문화자본이 미디어 이용행태에 미치는 영향에 관한 연구', 중앙대학교 대학원 박사학위 논문, 2014.

달하우스 저·주동률 역, 『음악에 있어서의 미적 가치와 정치적 가치』, 노래2, 1986.

로르 도트리슈 저·이세진 역, 『역사를 만든 음악가들』, 프란츠, 2022.

로버트 O. 팩스턴 저, 손명희·최희영 역, 『파시즘』, 교양인, 2005.

리처드 오버리 저·조행복 역, 『독재자들』, 교양인, 2008.

문화관광부, 『창의한국: 21세기 새로운 문화의 비전』, 문화관광부, 2004.

매기 브라이언 저·김병화 역, 『트리스탄 코드』, 심산출판사, 2005

바츨라프 하벨 저·이택광 역, 『불가능의 예술』, 경희대학교 출판문화원, 2016.

박을미, 『모두를 위한 서양 음악사1』, 가람기획, 2001.

박준·최홍·박성민, '소셜미디어가 여는 새로운 정책환경', 『삼성경제연구소 CEO Information 808호』, 2011.

박지연, '박정희 근대화 체제의 영화정책', 『한국영화의 근대성』, 소도, 2000.

박찬호·이준희, 『한국 가요사2』, 미지북스, 2009.

박홍규, 『예술, 정치를 만나다』, 이다미디어, 2007.

변창자, '문화분석 방법론으로서의 부르디외 문화사회학 연구', 홍익대학교 대학원 박사학위 논문, 2008.

빅토리아 D. 알렉산더 저·김은하 외 역,『예술사회학』, 살림, 2017.

백은영, '예술가의 사상과 작품이 정치에 미치는 영향 – 바그너와 히틀러를 중심
　　으로', 경북대학교 대학원 석사학위 논문, 2010.

서정복,『프랑스의 절대왕정시대』, 푸른사상, 2012.

서평주, '복합 매체를 통한 정치 미술 연구', 부산대학교 대학원 미술학석사학위
　　논문, 2014.

성연주, '한국문화예술위원회의 퇴색된 자율성 – 2005~2013년을 중심으로',「경
　　제와 사회」, 제108권, 2015.

손광수, '밥 딜런을 풀기 위한 몇 가지 키워드들',『문학들』제24호, 2011.

솔소 저, 신현정·유상옥 역,『시각심리한』, 시그마프레스, 2000.

송아름, '1970년대 한국영화 검열의 역할과 문화정치', 서울대학교 대학원 박사
　　학위논문, 2019.

스티브 페펏 저·이영아 역,『오페라의 유혹』, 예담, 2004.

아돌프 히틀러 저·황성모 역,『나의 투쟁』, 동서문화사, 2015.

아르놀트 하우저 저, 백낙청·반성완 역,『문학과 에술의 사회사2』, 창비, 2016.

안차수, '정치참여 연예인 및 인기 지식인의 선거 영향력',「정치커뮤니케이션
　　연구」, 2013.

앙드레 모루아 저·신용석 역,『프랑스사』, 김영사, 1991.

양영철, '우리영화 심의제도에 대한 논의',「영화연구」37권, 2007.

염신규, '정치권력과 예술, 어떻게 만날 것인가',「미술세계」52권, 2017.

오경택, '20세기의 역사적 사건들과 쇼스타코비치의 음악: 음악과 정치의 관계
　　에 관한 소고',「문화와 정치」, 제6권 4호, 2019.

앤더슨 매튜 저·장호연 역,『죽은 자들의 도시를 위한 교향곡』, 돌베개, 2018.

원용진,『새로 쓴 대중문화의 패러다임』, 한나래, 2014.

이득재, '역사와 인물: 스탈린과 쇼스타코비치',「사회평론」, 제92권 4호, 1992.

이순응, '그림시의 이데올로기 개념의 형성',「시대와 철학」19, 한국철학사상연
　　구회, 2008.

이영림,『루이 14세는 없다』, 푸른역사, 2010.

이정희, '스탈린의 문화혁명과 그 사회적 의미에 관한 일고찰, 1928~32년'.「슬
　　라브학보」제16권 2호, 2001.

이종은, '상징으로서 예술과 정치', 「한국정치연구」, 제9권 3호, 2010.

이준일, '블랙리스트의 헌법적 쟁점', 「세계헌법연구」 제23권 제1호, 2017.

이진경 편저, 『문화정치학의 영토들』, 그린비, 2006.

이재영, '시각 이미지의 정치성과 비평적 담론: 인문학적 접근을 위해', 「미술과 교육」 16권 4호, 2015.

이호영 외, '인터넷으로 인한 문화권력의 변동', 21세기 한국메가트렌드시리즈V, 정보통신정책연구원, 2007.

임진모, 『젊음의 코드, 록』, 북하우스, 2011.

임재정, '정치와 문화예술의 상호 관계성에 관한 고찰', 「인문사회21」 제6권 제3호, 2015.

장윤선, 『소셜테이너』, 오마이북, 2012.

장인종, '68혁명과 음악 – 정치적 음악에 대한 비판적 고찰', 한국예술종합학교 예술전문사학위논문, 2003.

정광렬, 『맞춤형 문화복지 정책 및 서비스 전달체계 구축방안 연구』, 한국문화관광연구원, 2015.

정근식 외, 『검열의 제국: 문화의 통제와 재생산』, 푸른역사, 2016.

정의진, '발테 벤야민의 역사 유물론적 문학예술론이 제기하는 예술과 정치성의 문제', 「서강인문논총」 40집, 2014.

정태수, '정치적 기능으로서의 영화와 창작으로서의 영화 – 1920년대 소비에트 영화', 「영화연구」, 한국영화학회, 2005.

전경옥, 『문화와 정치』, 숙명여자대학교 출판국, 2006.

조기영, '직권남용과 블랙리스트', 「비교형사법연구」 제20권 제2호, 2018.

조준형, '한국영화산업과 정책: 1980~1997', 『한국영화사공부2』, 이채, 2005.

조흡, 『문화정치와 감성이론』, 개마고원, 2016.

진휘연, 'When Attitudes Become Form, 1969년 아방가르드 미술의 집결장', 「서양미술사학회 논문집」 제19집, 2003.

제임스 보우건 저·연희원 역, 『사회주의 리얼리즘론: 기원과 이론』, 녹진, 1990.

천정환·권보드래, 『1960년을 묻다』, 천년의 상상, 2012.

최보연, 『주요국 문화예술정책 최근 동향과 행정체계 분석연구』, 한국문화관광연구원, 2016.

최상진·조윤동·박정열, '대중가요 가사분석을 통한 한국인의 정서탐색: 해방이후 부터 1996년까지의 가요를 대상으로', 「한국심리학회지」 제20권, 2001.

최샛별·김수정, 『예술의 사회학적 읽기-우리는 왜 그 작품에 끌릴까』, 동녘, 2022.

최정운, '문화와 권력', 「세계정치」, 제28권1호, 2007.

최지향, 'SNS 이용과 정치참여: 정치적 사회자본과 정보 및 오락추구 동기의 조 절된 매개효과를 중심으로', 한국언론학보 제60권 5호, 2016.

채오병, '지배와 저항의 문화정치', 『문화사회학』, 살림, 2012.

채혜연, '1930년대 소련 음악', 「노어노문학」, 제21권 4호, 2009.

토비 클락 저·이순령 옮김, 『20세기 정치 선전 예술』, 예경, 2000.

피에르 부르디외 저·최종철 역, 『구별짓기:문화와 취향의 사회화 上』, 새물결, 2006.

필립 스미스 저·한국문화사회학회 역, 『문화이론: 사회학적 접근』, 이학사, 2008.

크나이프, 『티보르 크나이프의 음악사회학 강의』, 1999.

캐서린 하킴 저·이현주 역, 『매력자본』, 민음사, 2013.

하상복, 『부르디외 & 기든스』, 김영사, 2006.

한국문화관광연구원, 『문화예술통계 중장기발전 실행방안 연구』, 2011.

한국콘텐츠진흥원, 『대중문화예술산업 중장기 발전전략 수립을 위한 기초연구』, 2018.

한승준·박치성·정창호, '문화예술지원 거버넌스 체계에 관한 비교연구: 영국, 프랑 스, 한국 사례를 중심으로', 「행정논총」 제50권 2호, 2012.

할 포스터, 로잘린드 크라우스, 이브-알랭 브아, 벤자민 H.D. 부클로 저·배수 희 외 옮김, 『1900년 이후의 미술사:모더니즘, 반모더니즘, 포스트모더니즘』, 세미 콜론, 2007.

홍설이, '자기표현과 검열의 상관관계', 홍익대학교 대학원 석사학위논문, 2017.

홍성철, '국회의원이 된 유명인들의 의정활동 및 평가: 연예인 및 스포츠 스타 출 신을 중심으로', 「정치커뮤니케이션연구」, 43호, 2016.

황승흠·박민·이동기, 『대중문화예술기획업자의 준수사항I』, 한국콘텐츠진흥 원, 2015.

<외국 문헌>

August Kubizek, 'Adolf Hitler Mein Jugendfreund', Graz: Leopold Stocker Verlag, 1953.

Arnold Hauser, 『Soziologie der Kunst』, München, 1988.

Robb, Due & Venning, A., 'Exploring psychological wellbeing in a sample of Australian actors', 「Australian Psychologist」, Vol.53, No.1, 2018.

Brian Wallis, Marianne Weems, and Philip Yenawine, 『How the Culture Wars Changed America』, New York; New York University Press, 1999.

Carl Dahlhaus, Thesen uber engagierte Musik, in Musik zwischen Engagement und Kunst, 1972.

Cesare Zavavttini, 'Some Ideas on the Cinema', 「Sight and Sound」 Vol.13, 1953.

Clark Kenneth, 『Civilization: A Persional View』, New York and Evanston: Harper & Row Publishers, 1969.

Cloonan, Martin, 『Banned! Censorship of Popular Music in Britain, 1967~1992』, Aldershot: Ashgate, 1996.

David Chaillou, 『L'Opéra de Paris sous le Consulat et l'Empire』, In: Bourdin, Philippe & Loubinoux, Gérard, 『Les arts de la scène & la Révolution française』, Presses Universitaires Blaise—Pascal, 2004.

David Chaillou, 『Napoléon et l'opéra, La politique sur la scène 1810~1815』, Fayard, 2004.

Davison, W. P. 'The third—person effects in communication', 「Public Opinion Quarterly」, Vol.47, No.1, 1983.

Denise Leprou, 『Napoléon et la Musique』, In : Le Souvenir Napoleonien, n. 342, 48e année, Août, 1985.

Durant, Will & Ariel, 『The Age of Napoleon, A history of European civi—lization from 1789 to 1815』, Simon and Schuster, New York, 1975.

Edelman, Murray. 『From Art to Politics: How Artistic Creations Shape Political Cinceptions』, Chicago: CUP Press, 1995.

Evans, Jessica and David Hesmondhalgh(eds). 『Understanding Media: Inside

Celebrity』, Maidenhead, England: Open University Press, 2005.

Jenkins H, 『Textual poachers: Television fans and participatory culture』, London: Routledge, 1992.

Fedelity, Mark and Linda Keefe, 'Political Pop, Political Fans: A Content Analysis of Music in Music Fan Blog', 「Music and Politics」, Vol(4), No(1), 2010.

John Fiske, 'The cultural economy of fandom'. In L. A. Lewis (ed.) 『The Adoring audience: Fan culture and popular media』, NY:Routledge, 1992.

McKernan, Brian. 'Politics and Celebrity: A Sociological Understanding', 「Sociology Campass」, Vol.5, No.3, 2011.

Michel Foucault, 『Discipline and Punish: The Birth of the Prison』, New York: Vintage Books, 1979.

Hansjorg Pauli, Fur wen komponieren Sie eigentlich?, 1971.

Hans Rudolf Vaget,"Wieviel 'Hitler' ist in Wagner?: Anmerkungen zu Hitler, Wagner und Thomas Mann', in 『Richard Wagner und die Juden』, hrsg. Dieter Borchmeyer, Ami Maayani und Susanne Vill, Stuttgart und Weimar: Metzler, 2000.

't Hart, P. and Tindall. K,'Leadership by the famous: Celebrity as political capital', In Kane, J., Patapan, H., and't Hart,P.(Eds.), 『Dispersed demo−cratic leadership』, Oxford: Oxford University Press, 2009.

Howard S. Becker, 「Arts World』, Berkeley: University of California Press, 1982.

Interview mit Hanno Tauterberg, 'in: Die Zeit', Nr.47 16.11. 2006.

Jeannotte, Sharon, 'Going with Flow: Neoliberalism and Cultural Policy in Manitoba and Saskatchewan', 「Canadian Journal of Communication」 Vol.35, No.2, 2010.

Jerold M. Starr, 'Cultural Politics in the 1960s', in 『Cultural Politics: Radical Movements in Modern History』, ed. Jerold M. Starr, New York: Praeger, 1985.

Jin, Dal Yong, 'The Power of the Nation−state amid Neoliberal Reform:

shifting cultural politics in the new Korean Wave', 「Pacific Affairs」 Vol.87, No.1, 2014.

Joan Jeffri and Robert Greenbaltt, 'Between Extremities: The Artist Described', Journal of Arts Management and Law, 1989.

John Storey, 『An Introduction to Theories of Popular Culture』, London: Routledge, 1993.

John Street, 『Rebel Rock: The Politics of Popular Music』, Oxford: Blackwell Publishing, 1986.

La Due Lake, R., & Huckfeldt, R, 'Social capital, social networks, and politi— cal participation', 「Political Psychology」, Vol.19, No.3, 1998.

Lee, Jung Yup, 'Constituting the National Cultural Economy: the KOCCA and Cultural Policy Discourse in South Korea', paper presentd at the Annual Conference of International Communication Association, June.22, 2010.

Lenin, 『Party Organization and Party Literature』, ed, Solomon, 1965.

Loader, B. D., Vromen, A., and Xenos, M. A, 'Performing for the young net— worked citizen? Celebrity politics, social networking and the political en— gagement of young people', 「Media, Culture & Society」, Vol.38, No.3, 2015.

McKernan, Brian. 'Politics and Celebrity: A Sociological Understanding', 「Sociology Campass」, Vol.5, No.3, 2011.

Matthew Arnold, 『Culture and Anarchy』, London: Cambridge University, 1960.

Mikkel Bolt Rasmussen, 'The Politics of Interventionist Art: The Situationist International, Artist Placement Group, and Art Worker's Coalition', 「Rethinking Marxism」, Vol.21, No.1, 2009.

0 André Cabanis, 『Roederer』, Dictionnaire Napoléon, éd., Jean Tulard, Paris, Fayard, 1999.

Otto Kolleritsch, Musik zwischen Engagement und Kunst, in Musik zwischen Engagement und Kunst, 1972.

Peter Muck(Hg.), 'Einhundert Jahre Berliner Philarmonisches Orchester', 「Darstellung in Dokumenten III」, Tutzing, 1982.

Peter Wicke, 『Von Mozart zu Modonna: Eine Kulturgeschichte der Popmusik』, Suhrkamp, 2001.

Postman, N. 『Amusing ourselves to death: Public discourse in the age of show business』, London: Penguin Book, 1985.

Ray Pratt, 『Rhythm and Resistance: The Political Uses of American Popular Music』, Washington: Smithsonian Institution Press, 1994.

Rev. Donald Wildmon, 'letter concerning Serrano's "Piss Christ"', April 5, 1989, reprinted in Culture Wars: Documents from the Recent Controversies in the Arts, ed. Richard Bolton, New York: New Press, 1992.

Robb, Due & Venning, A., 'Exploring psychological wellbeing in a sample of Australian actors', 「Australian Psychologist」, Vol.53, No.1, 2018.

R. Williams, 『Marxism and Literature』, Oxford: Oxford University Press, 1977.

Saul Friedländer, 'Hitler und Wagner', in 『Richard Wagner im dritten Reich』, hrsg. Saul Friedländer und Jörn Rüsen, München: Verlag C. H. Beck, 2000.

Schwartz Boris, 『Music and Musical Life in Soviet Russia, 1917~1970』, New York: W. W. Norton and Company, 1972.

Solveig Serre, 『L'Opéra de Paris, 1749~1790, Politique culturelle au temps des Lumières』, CNRS Editions, 2011.

Street, J., 'Celebrity politicians: Popular culture and political representation', 「The British Journal of Politics & International Relations」, Vol.6, No.4. 2004.

TC. hou(e'd.), 『Mai 68, Les affiches de l'Atelier Populaire de l'e'cole des Beaux−Arts』, Paris, 1968.

Théo Fleischman, 『Napoléon et la musique』, Editions Brepols, Bruxelles, 1965.

van Krieken, Robert. 『Celebrity Society』, London and New York: Routledge, 2012.

Winfried Schüler, 『Der Bayreuther Kreis. Wagnerkult und Kulturreform im

Geiste völkischer Weltanschauung』, Münster 1971.

Vaget, "Wieviel 'Hitler' ist in Wagner?: Anmerkungen zu Hitler, Wagner und Thomas Mann,", 2000.

Yim, Haksoon, 'Cultural Identity and Cultural Policy in South Korea', 「The International Journal of Cultural Policy」, Vol.8, No.1, 2002.

기타

나무위키, '우디 거스리' (검색일 2022년 10월28일)

노컷뉴스, '헌재, 박근혜정부 문화예술계 블랙리스트 위헌', 2020년 12월 23일자 보도.

뉴스파인더, '영화한류 윤석열과 함께…윤석열 대통령후보 영화인 지지성명서', 2022년 2월 5일자 보도.

동아일보, '정치인–연예인 벽이 사라졌다…'폴리테이너 2.0'시대', 2011년 11월 26일자 보도.

리뷰스타, '이효리 등 소셜테이너, 우리 활동 이대로 괜찮나?', 2013년 1월 3일. 보도.

매일경제, "이재명 역대 최고급 후보" 김의성 공개지지, 2022년 2월 4일자 보도. 문화일보, '할리우드판 블랙리스트?…트럼프지지 연예인 왕따', 2017년 3월 20일자 보도.

부산일보, '문성근 등 영화인 253명, 李 지지 선언', 2022년 2월 8일자 보도.

법제처 국가법령정보센터, '문화예술진흥법', https://www.law.go.kr/법령/문화예술진흥법, 검색일 2022년 9월 19일.

오마이스타, '이효리와 은지원… 그들에게 표현의 자유를!', 2013년 2월 17일자 보도.

조선일보, 'BTS·에스파… 벌써 네번째 초대, 유엔은 왜 K팝을 편애하나', 2022년 7월 7일자 보도.

중앙선데이, '세계 공연계, 친푸틴 게르기예프 등 러 예술가들 줄퇴출', 2022년 3월 24일자 보도.

BBC 뉴스, '미국 중간선거 결과: 유명 연예인들의 지지가 미국 중간선거 결과에 미친 영향', 2018년 11월 8일자 보도.

찾아보기

저자 약력

김진각

성신여자대학교 문화예술경영학과 교수로 재직하고 있다. 고려대학교를 졸업하고 서강대학교 대학원을 거쳐 단국대학교 대학원에서 문화예술학 박사학위를 받았다. 미국 아메리칸대학교(AU) 아시아연구소 visiting scholar를 지냈으며, 현재 한국문화예술위원회 비상임 위원을 맡고 있다. 한국동북아학회 부회장 겸 문화예술분과위원장, 한국지역문화학회 편집위원 등으로도 활동하고 있다. 주로 연구하는 분야는 문화예술정책, 문화예술과 정치, 문화예술경영, 문화예술콘텐츠, 문화재단, 문화예술홍보 등이며, 순수예술과 대중예술의 융합 관련 연구를 병행하고 있다. 문화예술 콘텐츠 관련 기획도 직접 하고 있다.

주요 저서로는 『문화예술지원론: 체계와 쟁점』, 『문화예술산업총론: 창조예술과 편집예술의 이해』, 주요 연구논문으로는 <문화콘텐츠 기업 문화재단의 예술지원 차별적 특성 연구: CJ문화재단을 중심으로>, <문화예술지원기관의 역할 정립 방안 연구: 합의제 기구 전환 15년, 한국문화예술위원회를 중심으로>, <문화예술분야 공공지원금의 재정 안정성 및 정책적 개선 방안에 관한 탐색적 연구: 문화예술진흥기금을 중심으로>, <문화예술 지원체계 개선을 위한 연구> 등이 있다.

문화예술정치: 이론과 실제

초판발행	2023년 8월 9일
지은이	김진각
펴낸이	안종만·안상준
편 집	배근하
기획/마케팅	김한유
표지디자인	BEN STORY
제 작	고철민·조영환
펴낸곳	(주) 박영사
	서울특별시 금천구 가산디지털2로 53, 210호(가산동, 한라시그마밸리)
	등록 1959. 3. 11. 제300-1959-1호(倫)
전 화	02)733-6771
f a x	02)736-4818
e-mail	pys@pybook.co.kr
homepage	www.pybook.co.kr
ISBN	979-11-303-1841-7 93680

* 이 지시는 2023년 성신여자대학교 학술연구비 지원으로 이루어졌습니다.

정 가   21,000원